CONTROLE E MODELAGEM FUZZY

Blucher

MARCELO GODOY SIMÕES
IAN S. SHAW

CONTROLE E MODELAGEM FUZZY

2.ª edição revista e ampliada

Em co-edição com:

FAPESP

Fundação de Amparo à Pesquisa do Estado de São Paulo

Controle e modelagem fuzzy
© 2007 Marcelo Godoy Simões
2ª edição - 2007
3ª reimpressão - 2017
Editora Edgard Blücher Ltda.

Blucher

Rua Pedroso Alvarenga, 1245, 4º andar
04531-934 - São Paulo - SP - Brasil
Tel.: 55 11 3078-5366
contato@blucher.com.br
www.blucher.com.br

FICHA CATALOGRÁFICA

Simões, Marcelo Godoy
Controle e modelagem fuzzy /Marcelo Godoy Simões, Ian S. Shaw. - São Paulo: Blucher: FAPESP, 2007.

Bibliografia.
ISBN 978-85-212-0416-9

1. Controle - Teoria 2. Controle de processos
3. Inteligência artificial 4. Lógica "fuzzy"
4. Modelagem matemática 6. Sistemas "fuzzy"
I. Shaw, Ian S. II. Título.

07-4123 CDD-620.001171

Índices para catálogo sistemático:
1. Controle e modelagem "fuzzy": Engenharia de Sistemas 620.001171

Dedico esta obra ao amor, carinho
e inspiração de Luzia, Ahriel e Lira.
M. Godoy Simões

PREFÁCIO PARA A SEGUNDA EDIÇÃO

Prezados Leitores

A área de inteligência artificial tem se estabelecido nos últimos anos em diversas frentes. Certamente o uso de computadores, microcontroladores, processadores digitais de sinais, aliados à aplicação de técnicas de controle tem permitido um campo fértil para viabilizar complexos algoritmos em aplicações industriais, geração de energia e transportes bem como em aplicações de entretenimento e domésticas. Além do aspecto tecnólogico, as nações estão preocupadas com o desenvolvimento sustentável. Desta forma a aplicação de inteligência artificial, particularmente o de controle e modelagem fuzzy, tem encontrado um campo fértil na aplicação em sistemas de geração renováveis, na interação com a rede de distribuição e transmissão e de energia elétrica e na modelagem de sistemas interdisciplinares, tais como os que possam associar sistemas sociais, econômicos, políticos e a respectiva influência na tomada de decisões.

A comunidade brasileira em inteligência artificial amadureceu e se posiciona atualmente perante a comunidade internacional em posição de liderança, com contribuições significativas o desenvolvimento na área. Portanto, é com grande privilégio e satisfação que o autor presencia a segunda edição deste livro, e agradece o apoio de tantos colegas, amigos, alunos, e tantas pessoas que se interessaram por esta obra. Gostaria de agradecer ao apoio e sugestões de Felix A. Farret, Newton Maruyama, Paulo E. M. Almeida, Petrônio Vieira, Nilson N. Franceschetti, Silvio Szafir, Javier R. Peláez e Paulo E. Miyagi.

Espero, sinceramente, que muitos outros leitores possam usufruir da segunda edição deste livro. Um forte abraço,

Marcelo Godoy Simões

PREFÁCIO I

Este livro é o resultado de uma Coooperação Internacional entre duas instituições de ensino, em dois continentes: o IETR – Institute of Electronics Technology Research da Rand Afrikaans University (África do Sul) e a EPUSP – Escola Politécnica da Universidade de São Paulo (Brasil). Essa cooperação se iniciou quando o Dr. Marcelo Godoy Simões durante seus estudos de doutoramento na University of Tennessee, sob a orientação do Prof. Dr. Bimal K. Bose, entrou em contato com o Dr. Ian Shaw, devido aos interesses comuns em sistemas de controle e modelagem baseados em lógica *fuzzy*.

O Prof. Dr. Ian Shaw trabalhou no período de 1997 a 1998 como professor-visitante no Laboratório de Automação e Sistemas (Mecatrônica) da EPUSP. Ambos os autores mantiveram atividades de cooperação, tais como projetos em conjunto, orientação de alunos de graduação e pós-graduação, visitas e palestras em institutos e centros de pesquisa, ensino e organização de cursos.

Nesse livro, os autores apresentam os conceitos principais relativos às técnicas de Controle Inteligente, ou seja, o ramo da área de automação e sistemas de controle que utiliza de lógica *fuzzy*, redes neurais artificiais e algoritmos genéticos, com foco principal na aplicação de processos industriais.

Pode-se afirmar que este trabalho representa uma contribuição original e fundamental às pessoas que trabalham com automação e controle de processos. O enfoque é original, porque é proveniente de uma experiência de cooperação internacional, e o livro fundamental, devido sua apresentação de conceitos e estratégias efetivamente aplicadas às teorias relacionadas com controle de processos.

Este livro em suas versões preliminares foi adotado em cursos de Engenharia da Mecatrônica na EPUSP, tendo se mostrado muito útil para o ensino, treinamento e educação de engenheiros, técnicos, estudantes e profissionais engajados em engenharia de controle. A presente versão tem um valor inestimável, por não haver ainda livros-textos sobre lógica *fuzzy* em Português. Assim, os autores estão contribuindo para a expansão das publicações brasileiras em livros técnicos de alta qualidade.

São Paulo, Julho de 1999

Prof. Dr. Paulo Eigi Miyagi
Professor Titular da EPUSP

PREFÁCIO II

Em nossa sociedade industrial atual, a teoria e a aplicação de controle têm sido uma das mais importantes tecnologias que possibilitou a revolução industrial, desde os primários níveis de processos movidos por motores a vapor, ao estado atual onde há uma interação profunda com sistemas de informação e processos de fabricação. Durante toda essa transformação, promovida pela teoria de controles, a modelagem matemática de plantas e processos foi baseada em linearização. Todavia, como sempre ocorre na ciência, o sucesso geralmente carrega o germe da destruição, e no caso da teoria de controles, chegou-se a um estágio em que a metodologia de modelagem matemática com precisão tornou-se tarefa árdua ou até impossível.

Na verdade, a Natureza é completamente indiferente aos nossos esforços em modelar matematicamente seus processos, e freqüentemente, é possível que um operador humano seja capaz de controlar diversos sistemas sem compreender a matemática, ou todos os detalhes físicos envolvidos. Esse operador é no entanto, inteligentemente capaz de manejar variáveis de entrada que influenciem as saídas do processo. Essa realização fundamental levou a um novo enfoque na teoria de processos (complexos) industriais onde o conceito de "inteligência artificial", através da emulação de características do comportamento humano no controle de processos surgiu como uma alternativa de controle e modelagem. Um fato importante nesse enfoque é que a tarefa de modelagem matemática de plantas ou processos industriais deu lugar ao favorecimento a uma metodologia que possibilitasse a manipulação das variáveis de controle de forma a alcançar as saídas desejadas.

A inteligência artificial compreende uma família de ferramentas para experimentação nesses problemas complexos, e as técnicas *fuzzy* e neuro*fuzzy* têm se mostrado, e se firmado, como enfoques bem fundamentados e desenvolvidos, ao ponto de que este livro é um excelente exemplo de como usá-las no campo de controle de processos industriais.

Outro ponto de vista importantíssimo que esse livro fundamenta é que, recentemente, a união de forças e intelectos de diversas nações, rompendo os limites culturais e de língua, têm permitido avanços significativos em engenharia. O livro atual é mais do que um testamento para isso: após uma Cooperação Internacional entre a EPUSP – Escola Politécnica da Universidade de São Paulo (Brasil) e o IETR – Institute of Electronics Technology Research da Rand Afrikaans University (África do Sul), a participação do Dr. Ian Shaw no Laboratório de Automação e Sistemas (Mecatrônica), permitiu que seu trabalho com o Prof. Dr. Marcelo Godoy Simões, resultasse nesse livro. O conteúdo consolida material previamente utilizado em cursos de pós-graduação em ambas as instituições, mostrando o caráter bilateral de tal cooperação, indicando que qualquer que seja o modelo científico de interação, é a dedicação pessoal dos pesquisadores que trazem os resultados. Dou os parabéns a ambos os autores nesse marco e desejo sucesso nas futuras interações internacionais entre IETR (RAU) e EPUSP (Brasil).

Johannesburg (África do Sul), Julho, 1999

Prof. Dr. Sc.Tech J.D. van Wyk
Industrial Electronics Technology Research Group - Rand Afrikaans University
University Council Research Professor and Programme Director

CONTEÚDO

1. **INTRODUÇÃO** 1

2. **O QUE É UM SISTEMA INTELIGENTE ?** 2

3. **MODELAGEM DE PLANTAS E PROCESSOS EM SISTEMAS DE CONTROLE** 4

3.1 A necessidade de modelagem de sistemas 4
3.2 Método experimental 4
3.3 Método de modelagem matemática 5
3.4 Método heurístico 7
3.5 Por que é necessária a lógica *fuzzy* ? 8
3.6 Metodologia de modelagem convencional comparada ao controle inteligente 8
3.7 O controlador correto para a aplicação correta 10
3.8 Implementação *fuzzy* de estratégias de controle inteligentes 11
3.9 Aplicações bem sucedidas de controle *fuzzy* 11

4. **PRINCÍPIOS BÁSICOS DE LÓGICA *FUZZY*** 13

4.1 Bivalência 13
4.2 Multivalência 13
4.3 Números *fuzzy* 14
4.4 Implicação lógica e regras de inferência 15
4.5 Fuzzificação e defuzzificação natural 16
4.6 Um resumo qualitativo de lógica *fuzzy* 16

5. **INTRODUÇÃO À TEORIA DE CONJUNTOS** 18

5.1 Análise de sistemas sob o enfoque da teoria de conjuntos 18
5.2 Noções básicas sobre conjuntos 18
5.3 Probabilidade e possibilidade 21
5.4 Subconjunto 21
5.5 Pares ordenados 22
5.6 Definição de um conjunto 22
5.7 Conjunto vazio 23
5.8 Conjunto universal 23
5.9 Universo de discurso 23
5.10 Números *fuzzy* 23
5.11 Variáveis lingüísticas 24

6. OPERAÇÕES ENTRE CONJUNTOS NO MESMO UNIVERSO DE DISCURSO 25
6.1 Operações entre conjuntos em geral 25
6.2 Intersecção de conjuntos booleanos 25
6.3 Conjuntos booleanos disjuntos 27
6.4 União de conjuntos booleanos 27
6.5 Complemento de conjuntos booleanos 28
6.6 Propriedades fundamentais de conjuntos booleanos 29
6.7 Vetores de possibilidade 29
6.8 Subconjuntos *fuzzy* 29
6.9 Intersecção de conjuntos *fuzzy* 30
6.10 Operadores de intersecção *fuzzy* gerais 31
6.11 União de conjuntos *fuzzy* 32
6.12 Operadores de união *fuzzy* gerais 33
6.13 Complemento de um conjunto *fuzzy* 34
6.14 Propriedades fundamentais de conjuntos *fuzzy* 35
6.15 Resumo 35
6.16 O teorema de aproximação *fuzzy* 36
6.17 Propriedades dos conjuntos *fuzzy* 37

7. OPERAÇÕES ENTRE CONJUNTOS EM UNIVERSOS DE DISCURSO DIFERENTES. 39
7.1 Geral 39
7.2 Produto cartesiano de conjuntos discretos 39
7.3 Produto cartesiano de conjuntos *fuzzy* 40
7.4 Relação 40
7.5 Matriz relacional 41
7.6 Conjuntos *fuzzy* condicionados 42
7.7 A regra composicional de inferência 42
7.8 Relações *fuzzy* como base de conhecimento 43
7.9 Composição inversa 44

8. BLOCOS FUNCIONAIS, FUNÇÕES DE PERTINÊNCIA, FUZZIFICAÇÃO E DEFUZZIFICAÇÃO PARA CONTROLADORES *FUZZY*. 45
8.1 Configuração básica de um controlador *fuzzy* 45
8.1.1 Funções da interface de fuzzificação 45
8.1.2 Base de conhecimento 45
8.1.3 Lógica de tomada de decisões 45
8.1.4 Funções da interface de defuzzificação 46
8.2 Estrutura do controlador *fuzzy* e funções de pertinência *fuzzy* 46
8.3 Funções de pertinência *fuzzy* 46
8.4 Fuzzificação 50
8.5 Vetor de possibilidades 51
8.6 Fuzzificação por tabela em memória 51
8.7 Defuzzificação 52

8.7.1 Defuzzificação Centro-da-Área (*C-o-A*) ... 52
8.7.2 Defuzzificação Centro-do-Máximo (*C-o-M*) ... 53
8.7.3 Defuzzificação Média-do-Máximo (*M-o-M*) ... 55
8.7.4 O conceito de continuidade na defuzzificação ... 55
8.7.5 Qual método de defuzzificação deve-se usar? ... 56

9. CONTROLADORES *FUZZY* BASEADOS EM REGRAS. ... 57
9.1 Regras de inferência *fuzzy* ... 57
9.2 A escolha da inferência *fuzzy* ... 59
9.3 Exemplo de controlador *fuzzy* usando inferência *máx-mín* ... 59
9.4 Tabela (ou mapa) de regras *fuzzy* ... 62
9.5 Composições que não são *s*-normas ... 63
9.6 Vantagens de controladores industriais *fuzzy* baseados em regras ... 64
9.7 Controladores *PID* ... 65
9.8 Problemas com controle *PID* e com modelagem de processos em geral ... 66
9.9 Controladores *PID fuzzy* ... 68
9.9.1 Controlador *fuzzy* proporcional ... 70
9.9.2 Controlador proporcional-integral (*PI*) *fuzzy* ... 70
9.9.3 Controlador proporcional-integral-diferencial (*PID*) *fuzzy* ... 70
9.9.4 Observações gerais sobre controladores *PID fuzzy* ... 71
9.9.5 Controlador *fuzzy* supervisório ... 71

10. CONTROLADORES *FUZZY* PARAMÉTRICOS ... 73
10.1 Princípios básicos ... 73
10.2 Comparação entre as abordagens *fuzzy* baseadas em regras e paramétrica ... 76
10.3 Aplicação à estimação de formas de onda em eletrônica da potência ... 76
10.4 Avaliação de desempenho ... 77

11. EQUAÇÕES RELACIONAIS *FUZZY*. ... 79
11.1 Sistemas *fuzzy* baseados em equações relacionais ... 79
11.1.1 Identificação de sistemas *fuzzy* ... 79
11.1.2 Aprendizagem *fuzzy* ... 79
11.1.3 Avaliação: vantagens e desvantagens ... 80
11.1.4 Estimação, defuzzificação e otimização heurística. ... 80
11.2 Operações para a modelagem *fuzzy* com equações relacionais ... 81
11.3 Identificador *fuzzy* ... 83
11.4 Estimação *fuzzy* ... 84
11.5 Otimização heurística ... 85
11.6 Conexão entre sistemas *fuzzy* baseados em regras e em equações relacionais ... 85

12. IDENTIFICAÇÃO DE SISTEMAS BASEADOS EM REGRAS. ... 88
12.1 De onde as regras fuzzy e as funções de pertinência são provenientes ? ... 88
12.1.1 Entrevistas com operadores humanos ... 88
12.1.2 Avaliação de princípios físicos ... 91

12.1.3 Variáveis inerentemente *fuzzy* 92
12.2 Sistemas de aprendizado 92
12.2.1 Aprendizado *fuzzy* 93
12.3 Sistema de aprendizado *fuzzy* baseado em regras 94
12.3.1 Adaptando as regras: 94
12.3.2 Adaptando as funções de pertinência: 94
12.4 Mecanismo de adaptação de sistemas de aprendizado fuzzy 95
12.5 Sistema *fuzzy* adaptativo baseado em regras por espaço de produtos 96
12.6 O postulado fundamental da previsibilidade 97
12.7 Síntese lingüística de uma função de entrada-saída 97
12.7.1 Aplicação a um sistema de uma entrada e uma saída 98
12.7.2 Aplicação a um sistema de duas entradas e uma saída 99

13. ESTABILIDADE DE SISTEMAS DE CONTROLE *FUZZY* 102
13.1 Introdução 102
13.2 Análise de estabilidade de um sistema *fuzzy* 102
13.3 O método do campo vetorial 103
13.4 Procedimento de análise 104

14. CONTROLADORES NEUROFUZZY 107
14.1 Neurônios e redes neurais 107
14.2 Treinamento de uma rede neural 107
14.3 Fase de estimação 108
14.4 Reconhecimento de padrões na presença de ruído 108
14.5 Tolerância à falhas 109
14.6 Algoritmo de aprendizado "backpropagation" 109
14.6.1 Uma descrição qualitativa do algoritmo "backpropagation" 109
14.6.2 Descrição analítica do "backpropagation" 110
14.6.3 Preparação dos dados de treinamento para o projeto de uma rede neural 111
14.6.4 Diagrama de blocos e etapas de projeto de uma rede neural 112
14.6.5 Critério de parada de treinamento 113
14.6.6 Testes com a rede neural 113
14.7 Lógica *fuzzy* e redes neurais como ferramentas inteligentes 113
14.8 Redes neurais: pontos fortes e fracos 114
14.8.1 Redes *fuzzy* neurais 115
14.9 Um resumo qualitativo das tecnologias neural e neurofuzzy 119

15. PROJETO DE CONTROLADORES *FUZZY* NA PRÁTICA 120
15.1 Software para o desenvolvimento de controladores *fuzzy* 120
15.2 Sistemas de desenvolvimento *fuzzy* baseados em software 120
15.2.1 Manipulação gráfica em vez de programação 121
15.2.2 Sintonia e "debugging" de controladores *fuzzy* 122
15.2.3 Implementação em hardware de controladores *fuzzy* 122
15.2.4 Características do sistema de desenvolvimento 123
15.2.5 Configurações típicas de controladores 123

15.3 Exemplo de simulação: ponte rolante de contêineres 124
15.3.1 Estrutura de controle 125
15.3.2 Estrutura de regras 126
15.3.3 Variáveis lingüísticas 126
15.3.4 Modo de sintonia interativo 127
15.3.5 Analisadores 127
15.4 Implementação industrial de controlador *fuzzy* de ponte rolante 128
15.5 Metodologia de projeto 128

16. EXEMPLOS DE CONTROLE *FUZZY*. 131
16.1 Objetivo 131
16.2 Identificação de características específicas de plantas ou processos 131

17. MODELAGEM *FUZZY* DE CONTROLE POR OPERADORES HUMANOS. 138
17.1 Atividades de operadores em malhas de controle 138
17.2 Modelo senoidal quase-linear 139
17.3 Modelo simplificado para freqüência de cruzamento 140
17.4 Por que modelar rastreamento de operadores humanos com lógica *fuzzy*? 142
17.5 Características de modelagem *fuzzy* de operadores 142
17.6 Identificação e validação de modelos *fuzzy* 143
17.7 Resultados 144
17.8 Variabilidade entre tópicos 144

18. APLICAÇÃO DE LÓGICA *FUZZY* EM CONTROLE DE ENERGIA ALTERNATIVA. 147
18. Introdução 147
18.2 Princípios de otimização *fuzzy* 147
18.3 Controle *fuzzy* de uma turbina eólica 149
18.3.1 Programação *fuzzy* do gerador de velocidade 150
18.3.2 Programação do fluxo do gerador de indução 153
18.3.3 Controle *fuzzy* da malha de velocidade do gerador 154
18.4 Geração de energia solar usando controle *fuzzy* 156

19. USANDO MATLAB PARA O PROJETO DE CONTROLADORES *FUZZY* 160

20. CONCLUSÕES. 180

REFERÊNCIAS BIBLIOGRÁFICAS. 181

1 INTRODUÇÃO

Este trabalho apresenta a fundamentação de conceitos necessários para a implementação de sistemas de controle inteligente, através de lógica fuzzy, redes neurais e sistemas neurofuzzy. Tanto os aspectos teóricos quanto práticos são apresentados. Os sistemas fuzzy são relativamente fáceis de se entender e de se usar na prática, e o conhecimento matemático não é tão complexo como parece à primeira vista. Entretanto, o projetista de controladores fuzzy necessita de uma profunda compreensão de como as imprecisões e incertezas ocorrem em processos e plantas industriais e como elas afetam as aplicações usuais da teoria de controle moderno, possibilitando a aferição da relevância e confiabilidade dos resultados obtidos através da aplicação da teoria da lógica fuzzy.

Os que estiverem interessados nos aspectos científicos e gerais dessa forma de pensar e de como isso afeta a relação diária do ser humano, certamente apreciarão as implicações culturais e filosóficas da lógica *fuzzy*. A meta da formação acadêmica visa o embasamento cultural através de uma visão universal, e em tópicos de aplicação como a engenharia há um processo clássico onde algumas preferências culturais são induzidas por axiomas, postuladas centenas de anos atrás, podendo no entanto serem excedidas por algo novo que, além de incluirem os aspectos já contemplados, resolvem incongruências. Assim, se enquadra a lógica *fuzzy*, ao contemplar aspectos imprecisos no raciocínio lógico utilizado pelos seres humanos ! Não será a primeira vez que um conhecimento científico novo resolve problemas postulados anteriormente, tendo já acontecido em aspectos que culminaram com a teoria da relatividade, o aspecto dual das propriedades da luz na física, ou a relação de incerteza em mecânica quântica, típicos exemplos de alterações drásticas em ponto de vista científicos.

A característica especial da lógica *fuzzy* (também referida *como lógica nebulosa* e em alguns casos por *teoria de possibilidades*) é a de representar uma forma inovadora de manuseio de informações imprecisas, de forma muito distinta da *teoria de probabilidades*. A lógica *fuzzy* provê um método de traduzir expressões verbais, vagas, imprecisas e qualitativas, comuns na comunicação humana em valores numéricos. Isso abre as portas para se converter a experiência humana em uma forma compreensível pelos computadores. Assim, a tecnologia possibilitada pelo *enfoque fuzzy* tem um imenso valor prático, na qual se torna possível a inclusão da experiência de operadores humanos, os quais controlam processos e plantas industriais, em controladores computadorizados, possibilitando estratégias de tomadas de decisão em problemas complexos.

A teoria *fuzzy* pode também ser agregada aos sistemas de redes neurais, os chamados sistemas *neurofuzzy*, que aumentam a capacidade de aprendizado através de interface com dados numéricos. Informações vagas, incertas, qualitativas, comunicações verbais, capacidade de aprendizado e de formulação de estratégias de tomadas de decisão são características humanas, portanto, a teoria *fuzzy*, redes neurais e redes neurofuzzy são freqüentemente referidas como *inteligentes*, devido ao fato de emularem a inteligência humana. O sucesso mundialmente reconhecido, de sistemas de modelagem e controle baseados em lógica *fuzzy*, em aplicações industriais, tem comprovado sua utilização como mais uma ferramenta (ou tecnologia) para as disciplinas de engenharia de controle industrial, manufatura, comunicação homem-máquina e em sistemas de tomadas de decisão.

2 O QUE É UM SISTEMA INTELIGENTE

OBJETIVOS DO CAPÍTULO

- Abordar conceitos relativos a sistemas inteligentes
- Entender os objetivos fundamentais de controle inteligente

Sistemas de controle fornecem resposta à uma determinada entrada de acordo com sua função de transferência. Os assim chamados "sistemas inteligentes" são aqueles que *fornecem respostas que solucionam problemas*, tais respostas apropriadas às situações específicas destes problemas, mesmo que sejam novas ou inesperadas, fazendo com que tal comportamento seja "único" ou até mesmo considerado "criativo". A operação de sistemas inteligentes é geralmente associada às analogias com sistemas biológicos: por exemplo, ao se observar uma pessoa cumprindo determinadas tarefas de controle, reconhecendo padrões, ou tomando decisões. Até o presente momento, existe um grande descompasso entre a capacidade criativa dos seres humanos e a possiblidade de solução que as máquinas computacionais proporcionam, devido ao fato de que as pessoas raciocinam de forma incerta, imprecisa, difusa ou nebulosa, enquanto que as máquinas e computadores são movidas por raciocínio preciso e binário. A eliminação de tal restrição faria com que as máquinas fossem *inteligentes*, isto é, pudessem raciocinar da mesma maneira imprecisa, como os seres humanos. Tal forma de raciocínio é chamada em inglês por "fuzzy" e será aqui utilizada como sinônimo de incerto, impreciso, difuso ou nebuloso.

Inteligência Artificial é uma disciplina que estuda como as pessoas resolvem problemas e como as máquinas podem emular este comportamento humano de "solução de problemas". Em outras palavras, como fazer com que as máquinas sejam mais atribuídas de características da inteligência humana.

A *Lógica Fuzzy* é uma técnica que incorpora a forma humana de pensar em um sistema de controle. Um controlador *fuzzy* típico pode ser projetado para comportar-se conforme o raciocínio *dedutivo*, isto é, o processo que as pessoas utilizam para inferir conclusões baseadas em informações que elas já conhecem. Por exemplo, operadores humanos podem controlar processos industriais e plantas com características não-lineares e até com comportamento dinâmico pouco conhecido, através de experiência e inferência de relações entre as variáveis do processo. A *Lógica Fuzzy* pode capturar esse conhecimento em um controlador *fuzzy*, possibilitando a implementação de um controlador computacional com desempenho equivalente ao do operador humano.

Outra forma de raciocínio é o *indutivo*, que também pode ser utilizado no projeto de controladores fuzzy, onde seria possível o aprendizado e generalização através de exemplos particulares provenientes da observação do comportamento do processo numa situação dinâmica, ou variante no tempo. Esse enfoque é geralmente referido como controle *fuzzy* "aprendiz" ou então como controle *fuzzy adaptativo*.

Vantagens significativas podem ser obtidas de controladores que podem aprender com a experiência, de tal forma que quando uma situação é encontrada repetidamente, estes controladores saberão como gerenciar o problema. Os sistemas *fuzzy* adaptativos podem se ajustar às mudanças no ambiente devido à sua habilidade de aprender e explicar seu raciocínio, além de poderem ser modificados e estendidos. Tal equilíbrio entre a aprendizagem por exemplos e a codificação do conhecimento humano explícito, fazem que tais sistemas sejam muito robustos, extensíveis e passíveis de serem aplicados em uma larga gama de problemas.

Controladores que combinam técnicas convencionais e inteligentes são geralmente utilizados no controle inteligente de sistemas dinâmicos complexos. *Controladores fuzzy operacionais ou supervisórios* representam um típico exemplo onde apenas uma função de controle da estratégia global utiliza o enfoque *fuzzy*. *Controladores fuzzy operacionais* automatizam apenas o que tradicionalmente tem sido legado aos seres humanos como tarefa. Por exemplo, os *sistemas supervisórios de controle industriais*, onde o valor de referência (set-point) de muitos controladores PID podem ser controlados por uma estratégia *fuzzy*, representam uma aplicação bem sucedida na área industrial. Nesses casos, a experiência de um operador humano pode ser capturada em um controlador *fuzzy*, providenciando uma técnica heurística para se projetar os algoritmos de supervisão.

Uma outra ferramenta muito poderosa em controle inteligente é a aplicação de *redes neurais artificiais,* que emulam as funções biológicas de baixo nível em nosso cérebro para resolver tarefas de controle. Redes neurais têm a capacidade de aprender como controlar um sistema, através de exemplos numéricos entre dados de entrada e saída do mesmo, enquanto que a técnica *fuzzy* pode aprender através de exemplos semânticos.

Um sistema inteligente ideal permitiria a criação de *sistemas autônomos*, os quais poderiam executar complexas tarefas de controle sob todas as condições de operação de um processo ou de uma planta, mesmo na presença de falhas, sem supervisão ou intervenção de operadores externos.

QUESTÕES DE REVISÃO

1. Qual a diferença entre sistemas inteligentes e convencionais?
2. Por que um sistema baseado em lógica *fuzzy* pode ser considerado um sistema inteligente?
3. Qual é a finalidade do estudo de sistemas inteligentes?
4. Qual a principal caracteristica de um sistema inteligente?
5. Qual é a diferença entre um sistema *indutivo* e um *dedutivo*?

3 MODELAGEM DE PLANTAS E PROCESSOS EM SISTEMAS DE CONTROLE

OBJETIVOS DO CAPÍTULO
• Reconhecer problemas relativos à modelagem matemática • Entender o que é modelagem heurística • Definir a utilização básica de lógica *fuzzy* • Distinguir a metodologia de identificação de sistemas convencional da baseada em *fuzzy* • Entender as vantagens das estratégias de controle *fuzzy* • Apresentar aplicações bem sucedidas de controle *fuzzy*

3.1 — A NECESSIDADE DE MODELAGEM DE SISTEMAS

A modelagem de situações reais é necessária por poder ser objeto de utilização em ensaios e experimentos de uma forma mais fácil, e com menores custos, do que a utilização dos sistemas reais. Destacam-se enfoques de modelagem baseados em (1) Método experimental, (2) Modelagem matemática (ou analítica) e (3) Método heurístico.

3.2 — MÉTODO EXPERIMENTAL

Considere um determinado sistema, com uma única entrada e uma única saída, de parâmetros invariantes no tempo, caracterizado por uma tabela (Figura 3.1), a qual foi construída experimentalmente, através da medição da resposta na saída para um conjunto de valores na entrada. O método é equivalente ao de se plotar pontos discretos de uma curva característica de entrada versus saída, utilizando-se o eixo horizontal para a entrada e o eixo vertical para a saída.

ENTRADA	SAÍDA
0	1.5
2.6	4.5
4.7	7.9
9.1	15.3
2.6	29.8

Figura 3.1 — *Tabela de dados de entrada e saída*

Geralmente, os equipamentos físicos de que se constitui o processo não estão facilmente disponíveis. Conseqüentemente, não se pode efetuar experimentos para determinar como o processo reage às diversas entradas, não se podendo portanto projetar o sistema de controle apropriado. Mesmo que os equipamentos do processo estejam disponíveis para experimentação, o procedimento experimental pode ser caro, e muitas vezes há problemas de segurança em plantas industriais que inibem a operação em malha aberta. Além disso, um número muito grande de valores de entrada pode ser impraticável de se medir, e uma interpolação entre tais medidas é sempre necessária. Um estudo cuidadoso também faz-se necessário para avaliar se as faixas de valores de entrada e saída são cobertas pelos instrumentos de medição. É muito mais desejável de se calcular, isto é, de se predizer dos possíveis valores de entrada, sem a necessidade de utilizar medições. Assim, é preciso uma descrição de como o processo reage para várias entradas, sendo exatamente isso o que os modelos matemáticos fazem.

3.3 — MÉTODO DE MODELAGEM MATEMÁTICA

O enfoque tradicionalmente utilizado em engenharia de controle é o de se obter um modelo idealizado do processo a ser controlado, geralmente na forma de equações diferenciais ou equações de diferença. Utilizam-se normalmente de transformadas de *Laplace* ou *z* para tais descrições. De forma a se obter modelos matemáticos simples, certas restrições são feitas; assumindo-se por exemplo que o processo é *linear*, ou seja, que variações nas entradas produzem variações proporcionais nas saídas. Ao se assumir a propriedade de linearidade, pode-se utilizar de técnicas extremamente poderosas e conhecidas na área de engenharia e tecnologia, com soluções analíticas ideais. Sistemas não-lineares, todavia, não possuem uma teoria geral para solução analítica, e muitas vezes necessitam ser linearizados em torno de um ponto de operação. Outra restrição muito utilizada em análises de sistemas lineares é que os parâmetros de processo não se alteram, ou seja, que o sistema seja *invariante no tempo*, apesar de na realidade ocorrer deterioração dos componentes dos sistemas com o passar do tempo, além de impactos ambientais, tais como influências de temperatura e pressão. Devido a tais simplificações, o projetista em geral encontra sérias dificuldades no desenvolvimento de uma descrição matemática significativa e realista de um processo industrial. As causas de tais dificuldades podem ser classificadas como:

- **Fenômenos físicos ou químicos "pobremente" compreendidos**

  O entendimento completo dos fenômenos físicos e químicos que ocorrem em muitos processos, é em geral impossível. Há diversos fenômenos físicos ou químicos em que até um grau aceitável de conhecimento é um fator complexo: relacionamento de reações químicas em reatores nucleares com temperaturas e pressões no vaso, controle de temperatura e coloração de chamas, deslocamento de materiais em fluidos, processos de fermentação, dentre outros.

- **Valores imprecisos de parâmetros**

  Valores precisos de parâmetros de modelos são indispensáveis para uma análise quantitativa do comportamento de processos, e infelizmente, são raramente disponíveis. Além disso, os valores dos parâmetros variam com o tempo, precisando-se de uma descrição de como isso ocorre. Um exemplo pode ser descrito: a variação do valor de resistência elétrica de enrolamentos estatóricos de motores de indução depende do ciclo de torque e velocidade da máquina, da geometria eletromecânica e do material de fabricação da máquina. O enfoque matemático encontra muitas dificuldades para trabalhar com a incerteza de parâmetros, e suas mudanças devido às variações ambientais. O *tempo-morto* (dead-time) é um parâmetro típico em processos industriais e muito crítico de se avaliar, sendo tanto imprecisamente conhecido ou variante com o tempo, podendo inclusive causar sérios problemas de instabilidade.

- **A dimensão e a complexidade do modelo**

  A dimensão e complexidade de modelos de processos industriais tende a aumentar significativamente, quando se objetiva o desenvolvimento de um modelo preciso e de alta resolução, Cuidados são necessários para que a complexidade não exceda um certo grau, após o que o modelo perde seu valor, por se distanciar demasiadamente da realidade. Uma prova dessa preocupação em manter os controladores dentro de níveis de dimensão gerenciáveis pode ser observado pelo fato que o parque industrial atual utiliza 80 % de controladores baseados em *PID*; já controladores multivariáveis complexos, baseados em controle moderno avançado, têm menor representatividade. Por outro, lado deve-se enfatizar que os controladores *PID* são *lineares*, e não são adequados para aplicações em plantas extremamente não-lineares. Uma observação feita recentemente em pesquisa sobre o assunto é que na maioria das instalações industriais atuais os controladores *PID* não estão propriamente sintonizados, tendo sido encontrados muitas vezes operando em modo manual. Uma análise poderia ser feita para se concluir se os operadores não teriam "perdido sua paciência" com a necessidade de constantes reajustes e sintonias, pois por sua própria natureza os controladores *PID* não são apropriados para controlar plantas não-lineares, além de não possibilitar uma interação com esses operadores.

- **Distúrbios externos**

  É fato conhecido que distúrbios externos influenciam o sistema, e nem sempre tais distúrbios são levados em consideração no modelo; quando os distúrbios são de impacto pequeno no processo, eles são negligenciados, porém os que afetam demasiadamente devem ser inclusos no modelo. Para se considerar distúrbios, deve-se analisar quais variáveis devem ser utilizadas, afetando de uma certa forma o grau de complexidade do modelo.

- **Deficiência de qualificação técnica**

  Certamente diversos desenvolvimentos teóricos foram e têm sido relevantes para alcançarmos o nível tecnológico atual. Na área de controle automático, muitas contribuições foram feitas basea-das na teoria de *controle moderno*. Assim, os que aplicam tal conhecimento devem ser capazes de compreender processos estocásticos, álgebra multivariável e processamento digital de sinais, dentre outros tópicos. O conhecimento necessário para se projetar, implementar e manter um sistema de controle desse porte está muito além do que é necessário para se operar sistemas *PID* em plantas industriais. Tem sido observado também que as contribuições da teoria de controle moderno não afetaram significativamente as aplicações industriais, podendo-se atribuir tal constatação à deficiência de mão-de-obra técnica, geralmente treinada para operar e manter "o trivial" ! Na realidade, parece que os controladores *PID* representam exatamente o máximo de teoria compreensível pela maioria dos operadores de plantas industriais, enquanto que equipamentos que utilizam teoria de controle multivariável necessitam de pessoal com um nível maior de compreensão matemática. Além disso, pessoas com nível técnico elevado não são empregadas em grupos de operação e manutenção de plantas industriais, desviando-se da carreira técnica para a a administrativa ! É uma pena que esse relevante problema nunca tenha sido seriamente discutido pelas autoridades mundiais em teoria de controles. Aqui deve-se notar que a propriedade fundamental de controladores inteligentes, especialmente os controladores fuzzy, é de serem baseados em experiência de operadores humanos e em padrões de raciocínio, em vez de utilizarem de modelos matemáticos, fazendo com que o treinamento de operadores e técnicos de manutenção seja muito mais fácil e barato, e pessoal menos qualificado possa ser utilizado para operar uma planta industrial. *Esse fator, por si só, pode se tornar um argumento poderoso ao se decidir pela adoção de controladores fuzzy em certas aplicações específicas.*

É claro que, ao se assumir simplificações em modelos matemáticos, pode-se ignorar informações importantes, e esta perda de informações resulta em *reajustes e ressintonia* do controlador na planta real, na operação do processo. Isso é o que ocorre na prática, e pode ser até bem sucedido, todavia, quando a complexidade do processo excede um determinado grau, os modelos matemáticos não apenas se tornam intratáveis, como também sua precisão e confiabilidade relativas à realidade física se tornam questionáveis. Na verdade, a teoria avançada de controle, tem incorporada um tal grau de sofisticação, que o tratamento matemático necessário se torna completamente divorciado da realidade física. Como resultado, hoje em dia acredita-se mais que a teoria de controles é parte das disciplinas de matemática do que um conhecimento na área de engenharia.

A noção de precisão matemática tem sido tão fortemente enraizada na cultura tecnológica que, até os meados da década de 60 e início de 70, nenhum engenheiro ou cientista respeitado ousaria desafiar tal conceito. Porém, os engenheiros voltados às aplicações práticas já chegaram à conclusão que, devido às diversas simplificações feitas devido às limitações físicas, torna-se contraditório a busca cada vez maior de precisão na modelagem matemática.

3.4 — MÉTODO HEURÍSTICO

O método heurístico consiste em se realizar uma tarefa de acordo com a experiência prévia, com regras práticas ou "dicas" e estratégias já freqüentemente utilizadas. Uma regra heurística é uma implicação lógica da forma:

SE *<condição>* ENTÃO *<conseqüência>*

ou então em uma regra típica de uma situação de controle:

SE *<condição>* ENTÃO *<ação>*

Regras associam conclusões (ou conseqüências) com condições (ou antecedentes). O método heurístico é similar ao método experimental de se construir uma tabela de entradas e saídas. Para cada linha da tabela, têm-se uma relação entre as variáveis de entrada(s) e as de saída(s). Pode-se escrever uma linha de regra heurística da seguinte forma:

$$\text{SE } e_{\text{ent}} = 1 \text{ volt ENTÃO } e_{\text{saída}} = 3{,}5 \text{ volts}$$

Em vez de se utilizar números reais, as entradas e saídas podem ser descritas através de "valores fuzzy":

$$\text{SE } e_{\text{ent}} = \mathit{MÉDIO} \text{ então } e_{\text{saída}} = \mathit{GRANDE}$$

onde *MÉDIO* e *GRANDE* são definidos através de funções de pertinência que descrevem a imprecisão de tais valores de entrada e saída.

Notar que em vez de se utilizar uma expressão numérica, uma expressão *lingüística* (ou verbal) pode ser utilizada, para descrever a relação entre a variável de entrada e a de saída. Mais importante que isso, a restrição de linearidade não é mais necessária ou mesmo relevante, uma vez que a função entrada-saída é descrita ponto a ponto, exatamente como no método experimental. Em outras palavras, o poder do método heurístico está em sua habilidade de se possibilitar a construção de uma função de entrada versus saída, não matemática, porém útil na descrição de uma planta ou processo. Isso pode ser feito sempre que um modelo equivalente matemático for muito difícil ou complexo de se obter, mesmo com a presença de parâmetros incertos, desconhecidos ou variantes no tempo.

Por exemplo, no enfoque *fuzzy*, uma função real de entrada-saída é aproximada por seções que cobrem regiões da função. Em vez de se especificar um valor exato de um ponto na função de entrada-saída, a seção indicaria um conjunto de valores plausíveis. Quanto maior a cobertura da região, mais incerta (ou seja, mais *fuzzy*) seria um valor nesse conjunto para representar um ponto real. Cada região é expressa por uma regra heurística *SE ... ENTÃO*. Da mesma forma, quanto menos incertas (*fuzzy*) forem as regras, as regiões serão menores. Se as regras contiverem números reais, em vez de conjuntos *fuzzy*, elas se tornariam pontos. De acordo com o *Teorema de Aproximação Fuzzy*, uma curva pode ser sempre convertida em descrições verbais através de um número finito de regiões *fuzzy*.

Essa estrutura de regras é usada explicitamente por alguns sistemas inteligentes, tais como sistemas *fuzzy* e sistemas especialistas, inclusive os sistemas neurofuzzy.

3.5 — POR QUE É NECESSÁRIA A LÓGICA FUZZY ?

Novas tecnologias são inventadas devido às necessidades específicas. O advento da lógica fuzzy foi causado pela necessidade de um método capaz de *expressar de uma maneira sistemática quantidades imprecisas, vagas, mal-definidas*. Por exemplo, em vez de se utilizar um modelo matemático, os controladores industriais baseados em lógica *fuzzy* podem ser investidos com o conhecimento experimental de operadores humanos já treinados, fazendo com que a ação de controle seja tão boa quanto a deles (em geral melhor) e sempre consistente.

Operadores humanos, treinados, podem trabalhar com plantas industriais não completamente compreendidas, processos mal-definidos, e sistemas com dinâmica não conhecida. Esses operadores sabem qual *ação* tomar, quando observam certas *condições*, tais como uma combinação de leitura de instrumentos, padrões indicados por sinais luminosos ou sonoros, ou outros eventos. Assim a vantagem de controladores inteligentes é permitir que regras heurísticas possam capturar tais estratégias de controle de operadores humanos. Isso resolve o problema de se automatizar funções de controle, geralmente delegadas para controle manual.

A lógica *fuzzy* é também útil em tarefas de tomadas de decisão, onde as variáveis individuais não são definidas em termos exatos. Por exemplo, no seqüenciamento de tarefas de uma linha de produção industrial, ou na aplicação em logística e planejamento de manutenção, o uso de lógica *fuzzy* pode significar vantagens adicionais em minimização de custos, devido à facilidade de implementação dessas estratégias.

Um fator interessante a se notar é que a lógica *fuzzy* não tem sido aceita facilmente, porque a conceituação utilizada nos princípios da lógica *fuzzy* parece ser contrária às tradições e culturas ocidentais, as quais são baseadas em uma definição precisa, bivalente, entre o ser ou o não-ser, entre o claro e o escuro. Embora a cultura ocidental, fundamentada na lógica binária, resolva de forma extraordinária muitos problemas, é necessário que se preencha os espaços não adequadamente endereçados pelos métodos tradicionais. Nesse sentido, a lógica *fuzzy* permitiria ver *os graus de verdade* entre ser e não-ser e *os graus de cinza* entre claro e escuro.

Lógica *fuzzy*, redes neurais, sistemas especialistas, algoritmos genéticos dentre outras, pertencem a esse novo paradigma chamado coletivamente por *sistemas inteligentes*. Como esperado, qualquer tecnologia nova tem seus proponentes e seus oponentes. Ao se decidir em se adotar ou não uma tecnologia *fuzzy*, os engenheiros e os gerentes de projeto, devem se basear nos requisitos de confiabilidade, utilidade e viabilidade econômica, sendo essencial que se pense nas seguintes questões:

- É a lógica *fuzzy* apenas mais uma "moda" ou efetivamente oferece vantagens objetivas e tangíveis?
- A lógica *fuzzy* permitiria a solução de problemas que tradicionalmente têm sido difíceis ou mesmo impossíveis de se resolver ?
- A lógica *fuzzy* é economicamente viável de se utilizar ?
- Que nível de treinamento é requerido para se manter e reparar controladores *fuzzy*?
- Entende-se de antemão em quais aplicações específicas as vantagens da lógica *fuzzy* podem ser alcançadas ?

3.6 — METODOLOGIA DE MODELAGEM CONVENCIONAL COMPARADA AO CONTROLE INTELIGENTE

Na metodologia convencional de projeto de sistemas de controle, mostrada na Figura 3.2, *o que é modelada é a planta ou processo que está sendo controlado*. Esse procedimento é chamado por *identificação de sistemas*, onde o sistema é assumido como linear, ou aproximadamente linear, caracterizado por um conjunto de equações diferenciais, cuja solução indicaria ao controlador como os parâmetros deveriam ser ajustados para um determinado comportamento do sistema (tais como, amortecimento, sobre-sinal, velocidade de resposta, tempo de acomodação e erro em regime permanente).

Por outro lado, em muitos sistemas não afeitos ao controle automático, operadores humanos estão sendo ainda empregados, e a metodologia de projeto está focalizada no comportamento dos operadores, isto é, como eles ajustariam os parâmetros de controle para um determinado conjunto de circunstâncias. Por exemplo, em metodologia fuzzy *é o operador cujo modelo está sendo identificado*; enquanto ele está controlando o sistema, conforme mostra a Figura 3.3. Assim, o controlador fuzzy, baseado no modelo identificado do operador humano, torna-se um modelo lógico da forma com que o operador raciocina ao manipular o sistema. *Esse deslocamento de ponto de vista de modelagem do sistema físico para o operador humano muda o enfoque dos problemas de controle automático.*

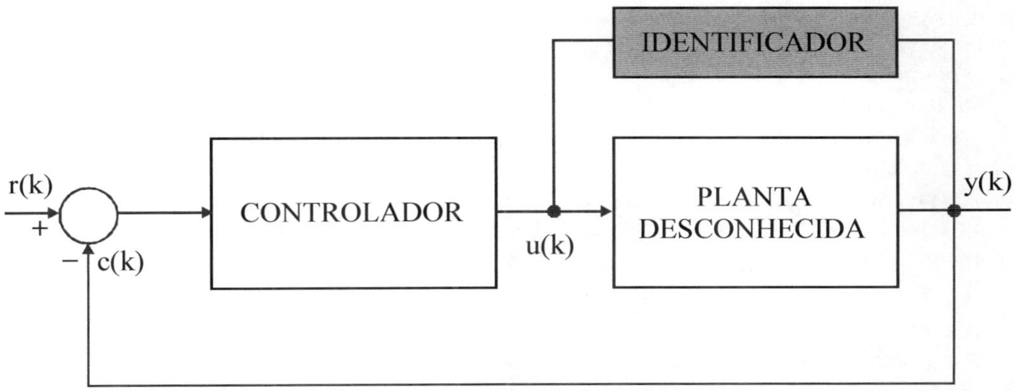

Figura 3.2 *— Identificação da dinâmica do processo ou planta*

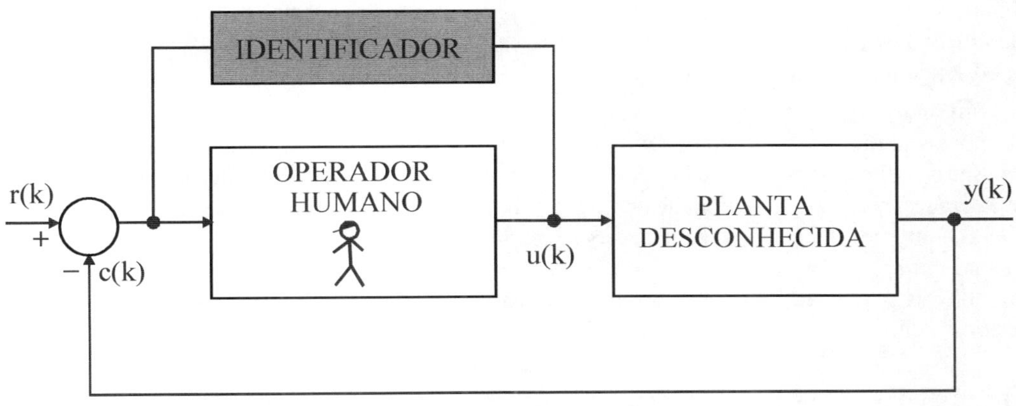

Figura 3.3 *— Identificação do comportamento do operador de controles*

3.7 — O CONTROLADOR CORRETO PARA A APLICAÇÃO CORRETA

A utilização de controle inteligente não pode ser vista como uma "panacéia universal", sendo incorreta a atitude de simplesmente trocar todos os controladores convencionais por controladores *fuzzy*. Há diversas análises que devem ser feitas ao se decidir qual controlador deve ser implementado.

Se a planta ou o processo que está sendo controlado não é completamente linear, porém a não linearidade entre a entrada e a saída é conhecidamente uma função suave, sem descontinuidades, ou se apesar do processo ser não linear ele operar em um ponto quiescente, em torno do qual variações pequenas são lineares, a solução com controladores *PID* ou com controlador lógico programável (*PLC*) operando na função *PID* é ainda uma excelente solução custo/benefício. Em tais condições, os controladores *PID* podem controlar plantas, mesmo com dinâmica desconhecida, uma vez que a componente-*P* representa o erro de realimentação instantâneo, a componente-*I* representa a integral do erro que contribui para a história passada da realimentação e a componente-*D* representa a derivada do erro, a qual tende a antecipar o comportamento futuro do erro de realimentação.

Se os parâmetros de cada componente são sintonizados para o desempenho específico da planta, a ação do controlador será satisfatória. A tarefa de *sintonia* implica na mútua otimização de características de resposta, tais como amortecimento, sobre-sinal, tempo de acomodação e erro em regime permanente ("off-set"). A propriedade de linearidade (ou quase-linearidade) garante que as três estratégias individuais de controle ($P + I + D$) possam ser combinadas em uma forma aditiva, fazendo com que a malha de realimentação consiga compensar, por mudanças nos parâmetros da planta, ruído e alterações ambientais, enquanto que a ocorrência de não-linearidade impõe uma certa interação entre tais fenômenos, podendo portanto tornar difícil a sintonia, ou até mesmo impossível. Assim o controlador *PID* representa três estratégias de controle, que dinamicamente ajustam o comportamento do sistema através do erro da malha de realimentação.

Devido ao fato dos controladores *PID* serem de entrada-única e saída-única, e a maioria das plantas e processos industriais serem multivariáveis por natureza, verifica-se que cada variável controlada necessita de seu próprio controle e valor de referência. Daí a necessidade de um *sistema de controle supervisório*, capaz de ajustar os valores de referência de uma multitude de malhas de controle. Em muitos sistemas, essa tarefa pode ser realizada por um escalonamento no tempo de ajustes nos valores de referência, geralmente através de interface com computadores. Há diversos casos em que a mudança de valores de referência deve ser feita baseada em decisões tomadas pela observação das saídas de processos, tarefa tipicamente realizada por operadores humanos. Além disso, é muito freqüente que processos e plantas possuam dinâmica sujeita à variação de parâmetros, faixa de variação de variáveis de controle muito larga, fazendo com que os pontos de operação se desloquem devido às essas características. Nesse caso os controladores *PID* não conseguem fornecer um desempenho satisfatório.

Em muitos processos, tais como extrusões de borracha ou elastômeros, fabricação de pneus de automóveis, a função de entrada de um misturador tipo Banbury ou de uma canaleta extrudora não pode ser descrita matematicamente, devido às complexas reações e à dinâmica não completamente formalizadas, mesmo por pessoal de operação muito experiente. Há, entretanto, um grande corpo de receitas empíricas que são conhecidas, para se produzir resultados aceitáveis. Tais receitas podem ser tomadas como funções de entrada-saída, porque elas relacionam variáveis de entrada fundamentais para obter as saídas, mesmo que as unidades dimensionais sejam incompatíveis, como por exemplo pressão de entrada e composição de material de borracha versus a vida útil de um pneu.

Uma das mais importantes características de controladores *fuzzy* é a habilidade em se executar controle multiobjetivos, mesmo com requisições conflitantes, de forma a se obter um bom compromisso na estratégia de controle. Um exemplo pode ser dado: um elevador de uma ponte-rolante, muito utilizado para transporte de cargas em portos, onde o contêiner suspenso em uma corrente deve ser transferido do navio para um vagão de um trem. De uma forma simplificada, as duas variáveis de entrada de tal controlador são: a *distância* entre o navio e o vagão, o *ângulo* da corrente onde a carga se balançará, enquanto que a variável de saída é a potência do motor que impulsiona a carga de sua posição inicial até o seu destino. Um operador humano observa ambas as variáveis, simultaneamente, e ajusta a velocidade de transferência por meio de um controlador do motor, de forma a se obter o deslocamento do material o mais rapidamente possível, e mantendo o ângulo de balanço dentro de limites razoáveis. Usando-se sensores apropriados, um controlador *fuzzy* de duas entradas e uma saída é capaz de emular a ação de controle multi-objetiva do operador humano. Seria muito difícil se utilizar um controlador *PID* de entrada e saída únicas, para tal propósito multi-objetivo. Outro exemplo de controle multiobjetivos é o de injeção de plásticos em moldes, onde a temperatura de saída e a pressão no parafuso de entrada estão inter-relacionadas: o fluxo de resina é dependente de ambos, temperatura e pressão.

Controladores *PID* convencionais e controladores fuzzy são, às vezes, combinados. Por exemplo, em controladores de temperatura comerciais, onde o *PID* pode impor uma resposta muitíssimo rápida, e antes que o sobressinal ocorra, um controlador *fuzzy* toma lugar, fazendo com que a resposta seja plana, exatamente no valor de referência.

Um número considerável de controladores *fuzzy* estão sendo atualmente utilizados em aplicações operacionais, onde executam apenas algumas das funções de um controlador convencional. Tem sido estimado que, antes de 2010, cerca de 80% de todos os controladores serão embutidos com sistemas *fuzzy* operacionais. A razão é que os microcontroladores têm se tornado cada vez menores, mais poderosos, e fáceis de serem programados, com programas que executam funções *fuzzy* em muitas aplicações.

3.8 — IMPLEMENTAÇÃO FUZZY DE ESTRATÉGIAS DE CONTROLE INTELIGENTE

Embora as estratégias de controle inteligente possam ser implementadas por outros meios, as implementações por lógica *fuzzy* freqüentemente se tornam muito mais eficientes, devido aos seguintes pontos:

- Estratégias de controle *fuzzy* nascem da experiência e de experimentos, em vez de modelos matemáticos. Portanto, uma implementação lingüística é muito mais rápida e efetiva de se implementar.
- Estratégias de controle *fuzzy* envolvem um número muito grande de entradas, a maioria das quais relevantes apenas para condições especiais. Tais entradas são ativadas apenas quando condições específicas prevalecem. Dessa forma, algumas condições raras ou excepcionais (tais como alarmes) podem ser incorporadas com pouquíssimo "overhead" computacional, e ainda assim a estrutura de software permanece transparente e compreensível.
- Estratégias de lógica *fuzzy* implementadas em produtos comerciais, voltadas para o mercado de massa, devem ser de custo baixo. Comparadas com soluções convencionais de controle, a lógica *fuzzy* é freqüentemente mais eficiente, ao se comparar a codificação e o tempo computacional de execução.

3.9 — APLICAÇÕES BEM SUCEDIDAS DE CONTROLE FUZZY

- Sempre que ocorrerem ajustes em máquinas com o objetivo de redução de perdas e de matéria-prima, como função de julgamento de um operador. Um exemplo é o corte de madeiras através de serra automática. O controle *fuzzy* fornece um meio de embutir o conhecimento e a experiência dos operadores.

- Sempre que o sistema depender de habilidades do operador e de atenção. Um exemplo é a produção de asfalto ou de concreto, onde mesmo o mais experimentado operador não consegue manter consistência na qualidade do produto.
- Sempre que um parâmetro de um processo afetar outro parâmetro de outro processo. Um exemplo é o do elevador de contêiner, já mencionado, onde o operador deseja controlar simultaneamente a velocidade de transferência e o ângulo de balanço. Outro exemplo é o da injeção de plásticos em moldes.
- Sempre que os processos possam ser modelados lingüisticamente, ou seja, através de descrições verbais, mas não matematicamente. Um exemplo é o de controle de tensão de uma lâmina de papel, em um sistema de roletes, cuja posições são descritas verbalmente.
- Sempre que um controlador *fuzzy* possa ser utilizado como um sistema aconselhador a um operador humano, tarefa muito útil para simuladores de processo, simuladores de vôo, treinamento de operadores. É freqüente a preocupação de se introduzir um controle automático em uma instalação que sempre foi controlada por operadores humanos; nesse caso é possível se mostrar em uma tela a saída do controlador *fuzzy* apenas como uma sugestão para o controlador humano, o qual executa a função de controle. O operador pode aceitar que a saída do controle *fuzzy* seja razoável, baseado em seu conhecimento do processo. As inconsistências devem ser anotadas para se melhorar a base de regras do controlador, e assim que o potencial de conhecimento seja transferido para o controlador *fuzzy*, o processo pode ser finalmente automatizado.

QUESTÕES DE REVISÃO

1. Por que é necessário modelagem de sistemas ?
2. Quais as vantagens e desvantagens da modelagem matemática ?
3. O que é um sistema linear invariante no tempo ?
4. Discuta o conceito de "modelagem complexa".
5. Qual a vantagem, e de fato a principal função, da lógica *fuzzy* ?
6. O modelo matemático de um sistema físico é mais preciso que um modelo *fuzzy* ?
7. Quais são as limitações do controlador *PID* ? Em sua explanação inclua o controle de sistemas multivariáveis.
8. Discuta a alternativa de escolha entre se usar o controle de um operador humano ou um controlador *fuzzy* capaz das mesmas funções específicas.
9. Se você for um consultor em controle industrial, e um administrador lhe perguntar quando você recomendaria controle *fuzzy*, qual seria sua resposta ?
10. Quando você poderia recomendar controle *fuzzy* embutido ?
11. Quando você não recomendaria a utilização de controle *fuzzy* ?

4 PRINCÍPIOS BÁSICOS DE LÓGICA FUZZY

OBJETIVOS DO CAPÍTULO
• Reconhecer a bivalência como uma questão cultural • Reconhecer a multivalência como um atributo do mundo real • A relação entre a imprecisão devido à comunicação humana e a modelagem • Entender o conceito de implicação lógica • Entender como se utilizar de números *fuzzy* • Definir qualitativamente a fuzzificação e a defuzzificação • Entender os limites inerentes da precisão

4.1 — BIVALÊNCIA

O atributo da bivalência significa a utilização de dois valores: algo é verdadeiro ou não- verdadeiro, branco ou preto, ou é um ou zero. A lógica clássica de *Aristóteles* fez do atributo da bivalência um marco histórico em nossa cultura ocidental. Espera-se sempre que uma determinada afirmação seja *verdadeira*, ou *falsa*. Não há nada entre ambas, o meio é excluído. A bivalência está profundamente enraizada em nosso modo de pensar, em nossa tradição, e até em nosso comportamento ético. Tal bivalência torna-se uma "lei do raciocínio", que a primeira vista parece auto-explicativa. Por exemplo, alguém é amigo, ou inimigo. As conseqüências normais de tal ética são certamente ruins. Em geral temos pouca tolerância com o meio excluído, por exemplo contra pessoas que dizem "meia-verdades".

A ciência da computação, ou informática, é baseada na bivalência. A álgebra *booleana* é considerada como uma ferramenta, que possibilita embarcar "as leis da verdade" em linguagem matemática. Em nossa ciência e tecnologia, a verdade e a precisão tem se tornado inter-relacionadas e consideradas como uma parte indispensável do método científico: se algo não é absolutamente correto, então não é verdade. Duas vezes dois é quatro, absolutamente. As pessoas costumavam rir das primeiras máquinas de calcular que resultavam em 3.9999999 !

4.2 — MULTIVALÊNCIA

Há um considerável descompasso entre o mundo real e nossa visão bivalente do mesmo, a começar pelo fato que o mundo real contém um número infinito de sombreamentos e graus de cinza entre as cores preta e branca. Um outro exemplo típico ocorre em diagnósticos médicos: o profissional necessita contabilizar em sua mente um número enorme de fatores diferentes, e até contraditórios, para se descrever a doença do paciente; em decisões judiciais a situação é a de o júri e o juiz terem que apreciar quão culpado é o acusado. Parece que no mundo real, *tudo é uma questão de ponto de vista ou de graduação,* ou seja, tudo *depende*. O mundo real não é bivalente, é na realidade multivalente com um infinito espectro de opções em vez de duas. Em termos técnicos, o mundo real é analógico, não digital, com muitos tons de cinza entre o branco e o preto. Verdade absoluta e precisão existem apenas como "casos extremos", a insistência nos extremos como válidas deve-se apenas a uma polarização cultural, nada mais. Assim, o objetivo da lógica *fuzzy* é o de capturar esses tons de cinza e graus de verdade. A lógica *fuzzy* trabalha, com tal *incerteza* e *verdade parcial* os fenômenos naturais, de uma maneira sistemática e rigorosa.

A comunicação humana contém diversas incertezas na forma de expressões verbais, que são vagas, imprecisas, com pouca resolução. Às vezes utilizam das mesmas palavras com significados diferentes. Para os seres humanos, as palavras não representam uma idéia única, mas *representam um conjunto de idéias*: por exemplo, casa, escola, carro. Nós usamos um julgamento intuitivo para se avaliar em que grau, a casa, a escola, ou o carro pertencem à nossa concepção dos mesmos. Talvez uma cabana seja uma casa com um grau de 5%, um prédio de escola seja uma escola com um grau de 50%, e um carro BMW seja um carro com grau de 100%. Os conjuntos "casa", "escola", e "carro" são conjuntos *fuzzy*, e os seres humanos conseguem raciocinar com eles.

Por outro lado, os computadores podem apenas "raciocinar" de forma bivalente: *0* e *1*. Os computadores não conseguem entender os termos *fuzzy* da comunicação humana. A lógica *fuzzy* pode preencher esse vazio e traduzir os graus de verdade das afirmações de uma maneira que os computadores possam processar tal informação. A lógica *fuzzy* pode fazer com que os computadores "raciocinem" conforme os humanos.

4.3 — NÚMEROS FUZZY

Considere um risco desenhado com um giz em um quadro-negro, como o mostrado na Figura 4.1, indicando o número 0 no eixo horizontal, a altura pode ser considerada normalizada (unitária), e visualmente observa-se que ela é muito bem definida, um número real. Um número real pode ser considerado como um conjunto onde seus membros pertençam por completo (100%) ou não sejam membros de maneira alguma (0%). Ao risco desenhado no valor zero, pode-se chamar tal conjunto de *ZERO*, portanto, todos os números da linha horizontal da Figura 4.1 ou pertencem ao conjunto *ZERO*, ou não. Supondo-se que visualmente a linha riscada seja borrada, conforme indica a Figura 4.2(a), à esse novo conjunto chamado por *QUASE ZERO*, há uma área maior coberta no eixo horizontal. Observa-se que o conjunto *ZERO* tem uma abstração matemática de área nula, enquanto que o conjunto *QUASE ZERO* tem uma área finita. Pode-se agora desenhar um conjunto triangular, observado na Figura 4.2(b), qual será chamado por *PRÓXIMO DE ZERO*, que é um pouco mais alargado para esquerda e direita, tendo uma área maior, que o conjunto *QUASE ZERO*. Intuitivamente o conjunto *PRÓXIMO DE ZERO* é "mais *fuzzy*" que o conjunto *QUASE ZERO*. Os termos "número *fuzzy*" e "conjuntos *fuzzy*" podem, nesse caso, significar a mesma coisa, há no entanto definições matemáticas mais rigorosas em textos com embasamento mais teórico. Pode-se observar que o conjunto dos números reais representa, nesse contexto, um caso especial dos números *fuzzy*.

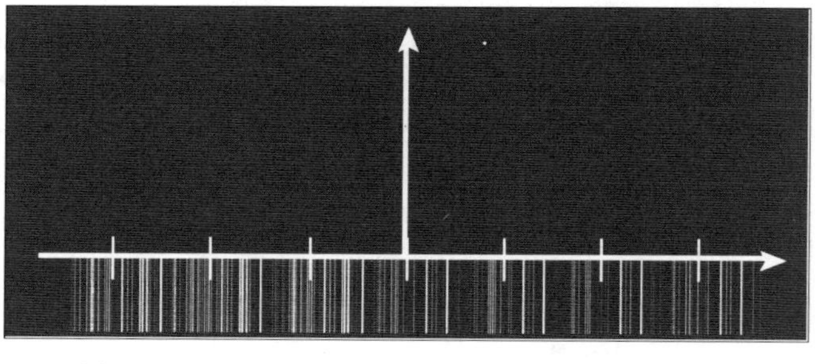

Figura 4.1 *— Representação de número real "0"*

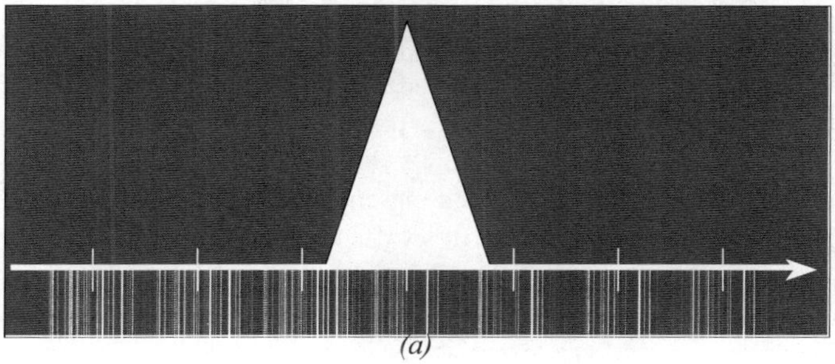

(a)

(b)

Figura 4.2 *— Representação de número fuzzy (a) "Quase Zero", (b) "Próximo de Zero"*

4. 4 — IMPLICAÇÃO LÓGICA E REGRAS DE INFERÊNCIA

Há um aspecto relevante na forma de pensar dos seres humanos: a *implicação lógica*, que consiste na formulação de uma conexão entre causa e efeito, ou uma condição e sua conseqüência. Em carreiras técnicas tais implicações lógicas são virtualmente encontradas em todas as situações, por exemplo, ao se operar uma máquina, ao se resolver problemas matemáticos, programar um computador, seguir um procedimento em um manual de instruções, ou até tomar uma decisão de qual instrumento comprar. Nesses casos, segue-se consciente ou inconscientemente certas *regras de inferência,* da seguinte forma:

$$\text{SE causa}_1 = A \qquad \text{e causa}_2 = B \qquad \text{ENTÃO efeito} = C$$

onde A, B e C são conjuntos. Em lógica *fuzzy* há um *raciocínio* com números *fuzzy* e conjuntos *fuzzy,* e as afirmações podem ser consideradas como regras práticas, como na seguinte situação:

SE o trânsito está *PESADO* na Rua #2 ENTÃO mantenha o semáforo verde *MAIS TEMPO ACESO*

onde os termos *PESADO* e *MAIS TEMPO ACESO* representam *conjuntos fuzzy*. *PESADO* é uma função que define o grau de densidade do trânsito, enquanto *MAIS TEMPO ACESO* é uma função que define o grau de duração do tempo de operação do semáforo. O fato de se implantar "inteligência" no controlador de semáforo consiste então em associar esses termos *fuzzy* através de uma *inferência fuzzy,* expressa por uma estrutura SE...ENTÃO.

4.5 — FUZZIFICAÇÃO E DEFUZZIFICAÇÃO NATURAL

A operação das atividades humanas requer uma aproximação de dados e informações sensoriais, através de termos vagos ou imprecisos. O cérebro humano codifica tais imprecisões naturais através de conjuntos e números *fuzzy*. Uma pessoa que esteja numa função de operador de processos não precisa de um valor exato e definido para uma variável, por exemplo, velocidade. Tal operador consegue classificar a informação de velocidade em conjuntos, tipo *BAIXA, MÉDIA*, e *ALTA*. Esses conjuntos representam valores "fuzzificados" dos valores exatos de velocidade. A seguir, o operador formula e executa um estratégia de controle baseada na compreensão de cada variável de entrada e de saída, o fluxo de dados no cérebro fica reduzido apenas ao que é necessário para se executar a tarefa requerida com a precisão e resolução necessárias; assim o operador humano processa as quantidades *fuzzy*, chegando a uma variável *fuzzy* com sua ação de controle. O ser humano naturalmente trabalha com características incertas, mas as máquinas, equipamentos e controles industriais precisam de um número real que represente o valor de referência necessário. Dessa maneira, é necessário um processo de conversão do valor *fuzzy* – resultante da saída da inferência – para um número real, tal como acionar uma alavanca ou ajustar um botão para uma determinada posição; esse processo é chamado por *defuzzificação*. Há diversos exemplos que mostram que o ser humano tem essa capacidade de defuzzificação natural, na habilidade de decifrar caligrafia, em entender linguajar com sotaque, ou até na de reconhecer pessoas após um longo período de ausência, mesmo que tal pessoa tenha perdido peso, cortado a barba, alterado seu cabelo ou o formato dos óculos !

Está demonstrado que a habilidade de se manipular conjuntos e números *fuzzy* é uma das atividades mais importantes do cérebro humano. Uma vez que não há modelo matemático para se seguir, o processo de decisões *fuzzy* tem um processamento computacional mínimo. Provavelmente, essa habilidade humana desenvolveu-se através das gerações, já que o fato de se trocar precisão por velocidade é decisivo para a sobrevivência biológica em situações críticas, ou de perigos naturais. Além dos fatores descritos, há uma característica que em sistemas complexos a precisão matemática perde seu significado. Em *O Princípio da Incompatibilidade,* Zadeh afirma que "Conforme a complexidade de um sistema aumenta, nossa habilidade de fazer afirmações precisas e significativas sobre seu comportamento diminui, até um limiar em que a precisão e relevância tornam-se praticamente características mutuamente exclusivas."

4.6 — UM RESUMO QUALITATIVO DE LÓGICA FUZZY

- A lógica clássica aristotélica é *bivalente*, isto é, reconhece apenas dois valores: verdadeiro ou falso. A lógica *fuzzy* é *multivalente*, isto é, reconhece uma multitude de valores, assegurando que a *verdade é uma questão de ponto de vista ou de graduação*, definindo o grau de veracidade em um intervalo numérico [0,1].
- A lógica *fuzzy* é uma forma de *gerenciamento de incertezas,* através da expressão de termos com um *grau de certeza*, num intervalo numérico [0,1], onde a certeza absoluta é representada pelo valor *1*.
- Expressões verbais, imprecisas, qualitativas, inerentes da comunicação humana, que possuem vários graus de incerteza, são perfeitamente manuseáveis através da lógica *fuzzy*.
- No raciocínio humano, consistindo de *implicações lógicas*, ou também chamado por *inferência lógica*, a entrada ou condição e a saída ou conseqüência, são associadas por regras de raciocínio, com graus de verdade no intervalo [0,1].
- A lógica *fuzzy* pode sistematicamente traduzir os temos *fuzzy* da comunicação humana em valores compreensíveis por computadores. Já que os computadores são máquinas de aplicações gerais que podem interfacear com processos físicos, químicos, térmicos e biológicos, a forma

de comunicação humana pode ser utilizada para diretamente intercambiar as informações entre operadores e tais processos.

- O propósito deste livro é o de fornecer a metodologia para tal intercâmbio de informações.

QUESTÕES DE REVISÃO

1. O que é uma implicação lógica?
2. Assuma que você quer descontar um cheque no banco. Escreva um conjunto de regras de inferência que o gerente do banco deveria seguir para autorizar essa transação. Neste caso as variáveis são reais ou *fuzzy* ?
3. Como você poderia abordar a fuzzificação feita por pessoas ?
4. Como você poderia explanar a defuzzificação feita por pessoas ?
5. Qual a principal função da lógica *fuzzy* como uma intermediação entre as pessoa e os computadores ?
6. Ao se afirmar que *verdade é uma questão de graduação*, $2 \times 2 = 4$ é uma verdade ?
7. Como a lógica *fuzzy* manipula incertezas, especialmente no que diz respeito aos aspectos da comunicação humana ?
8. O que é número *fuzzy* ?
9. O que é conjunto *fuzzy* ?

5 INTRODUÇÃO À TEORIA DE CONJUNTOS

OBJETIVOS DO CAPÍTULO
• Apresentar a teoria básica fundamental de conjuntos reais e conjuntos *fuzzy* • Mostrar a diferença entre teoria da probabilidade e teoria da possibilidade

5.1 — ANÁLISE DE SISTEMAS SOB O ENFOQUE DA TEORIA DE CONJUNTOS

Em um sistema de múltiplas entradas e múltiplas saídas, com m terminais de entrada e p terminais de saídas, pode-se aplicar um conjunto de possíveis sinais nas entradas, de forma se obter as respectivas saídas. De forma a se determinar a saída desse sistema, há uma combinação desses m x p sinais, que podem ser definidos por conjuntos. É importante portanto o estudo de algumas operações da *teoria de conjuntos*, possibilitando o raciocínio de combinação entre entradas e saídas.

Em teoria de análise de sistemas e sinais estuda-se como as entradas afetam as saídas, em outras palavras, como a entrada é mapeada na saída pelo referido sistema: o sistema transforma a combinação de m conjuntos de entrada em p conjuntos de saída. As *operações de teoria de conjuntos* fornecem um mapeamento entrada-saída, análogo às funções de transferência da teoria de sistemas lineares.

5.2 — NOÇÕES BÁSICAS SOBRE CONJUNTOS

Uma noção básica da teoria de conjuntos é a *pertinência de um elemento* x em um conjunto A, indicada pelo símbolo $\in$:

$$x \in A \tag{5.1}$$

Uma forma de se indicar essa pertinência pode ser através de uma *função de pertinência* $\mu_A(x)$, cujo valor indica se o elemento x pertence ou não ao conjunto A. Por exemplo, no seguinte caso, $\mu_A(x)$ é uma função bivalente:

$$\mu_A(x) = \begin{cases} 1 & \text{se} \quad x \in A \\ 0 & \text{se} \quad x \notin A \end{cases} \tag{5.2}$$

A Figura 5.1 ilustra tais casos. Pode-se observar que se o elemento X_2 for movido em direção ao limite do conjunto A, no ponto de cruzamento ocorrerá subitamente um degrau no comportamento de sua pertinência: originalmente de não-membro do conjunto para membro. Outra observação é que a pertinência de um elemento que esteja exatamente nos limites é indeterminada. Um exemplo pode ser dado através de uma porta lógica tipo TTL, onde sua saída é definida, nominalmente, como 0 volts para nível lógico "0" e 5 volts para nível lógico "1". Se a porta lógica estiver danificada, sua saída poderá ficar "presa" em algum valor intermediário, portanto em um estado indefinido, demonstrando na prática que *a propriedade fundamental da lógica convencional, ou booleana, é que a função de pertinência é bivalente.*

A propriedade fundamental da lógica convencional, ou booleana, é que a função de pertinência é bivalente.

Na teoria convencional de conjuntos, uma escala de valores físicos pode indicar um conjunto de elementos, por exemplo, "0...100 volts"; um determinado valor pode ser um elemento deste conjunto (como "25 volts"), ou pode não ser um elemento deste conjunto (como "134 volts").

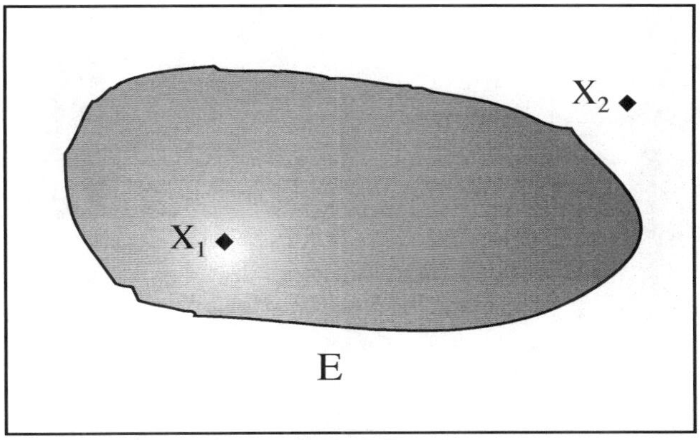

***Figura 5.1** — Pertinência de elemento a um determinado conjunto*

Um outro exemplo prático pode ser observado através da Figura 5.2, onde a velocidade de um carro é plotada em termos da função bivalente da Equação 5.2 e o limite de velocidade é mostrado como 80 km/hora. Os que dirigirem mais rápido que 80 km/hora pertencem ao grupo dos infratores (A), e sua função de pertinência tem o valor *1*. Por outro lado, aqueles que dirigem mais lentamente não pertencem ao conjunto A. A transição brusca entre pertinência e não-pertinência é similar àquela observada na Equação 5.1. Na prática, a transição brusca entre infratores e não-infratores é realista ? Deveria existir uma multa aos motoristas dirigindo com velocidade de 80,5 km/hora? Ou a 80,8 km/h? Em termos de teoria de conjunto, as pessoas dirigindo a 80,5 km/hora ou a 80,8 km/hora pertencem ao conjunto de infratores ? Na realidade, os policiais conhecem a imprecisão de seus instrumentos de medição de velocidade, e muito provavelmente darão permissões para pequenas infrações, provavelmente tomando um limite de 85 km/hora para a emissão de multas. Esse exemplo mostra claramente a falta de casamento entre a teoria bivalente de conjuntos e os aspectos multivalentes práticos da vida. Uma forma muito mais realista de definir a função de pertinência seria algo do tipo:

$$\begin{array}{ll} x_1 = 78{,}0 & \mu_A(x_1) = 0{,}0 \\ x_2 = 80{,}0 & \mu_A(x_2) = 0{,}2 \\ x_3 = 82{,}0 & \mu_A(x_3) = 0{,}4 \\ x_4 = 84{,}0 & \mu_A(x_4) = 0{,}6 \\ x_5 = 86{,}5 & \mu_A(x_5) = 0{,}8 \\ x_6 = 88{,}0 & \mu_A(x_6) = 1{,}0 \end{array} \tag{5.3}$$

Este comportamento é mostrado no diagrama da Figura 5.3, onde a transição entre a pertinência e a não pertinência dos infratores é gradual, em vez de brusca. Alguns poderiam, por exemplo, indicar o grau de pertinência $\mu(x) = 1{,}0$ para motoristas que estritamente desobedeceram a lei (80,0 km/hora), enquanto que outros poderiam assumir que, com a velocidade de 83,0 km/hora, os motoristas são infratores apenas ao grau de $\mu_A(x) = 0{,}5$, não devendo portanto ser multados.

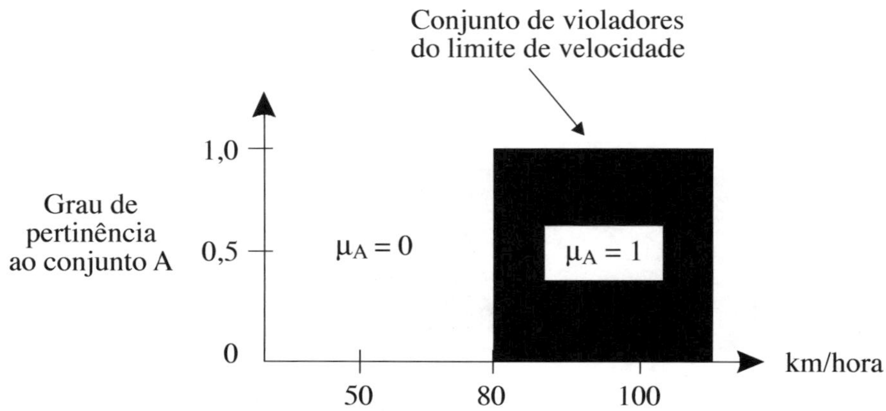

***Figura 5.2** — Exemplo de motoristas que violam o limite máximo de velocidade: Função de pertinência booleana*

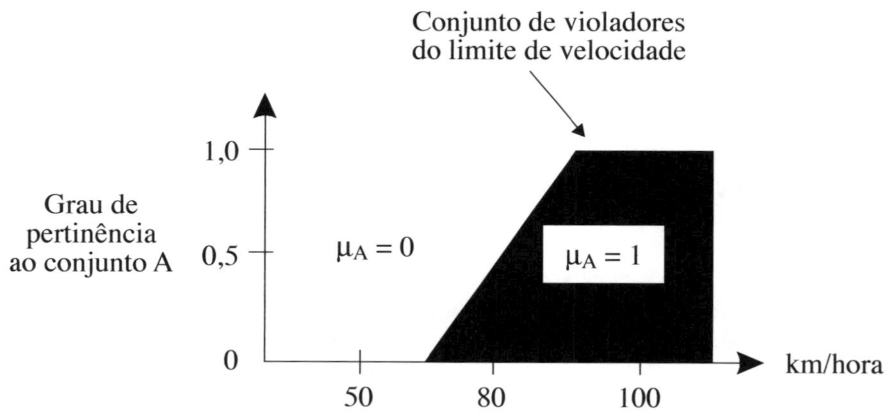

***Figura 5.3** — Exemplo de motoristas que violam o limite máximo de velocidade: Função de pertinência fuzzy*

> *A propriedade fundamental da lógica fuzzy é que a função de pertinência $\mu_A(x)$ tem todos os valores dentro do intervalo* [0,1]. *Isso significa que um elemento pode ser membro parcialmente de um conjunto, indicado por um valor fracionário dentro do intervalo numérico.*

A função de pertinência $\mu_A(x)$ pode ser uma função contínua ou discreta. Neste texto, os conjuntos discutidos são *finitos*, isto é, consistem de um número finito de elementos *discretos*. A razão para isso é que no campo de engenharia de controles tal teoria deve ser implementada em computadores digitais, que requerem valores finitos e discretos. Portanto, as funções de pertinência serão também consideradas como finitas e discretas.

5. 3 — PROBABILIDADE E POSSIBILIDADE

A teoria de conjuntos *fuzzy* é baseada no fato de que os conjuntos existentes no mundo real não possuem limites precisos. Um conjunto *fuzzy* é um agrupamento impreciso e indefinido, onde a transição de não-pertinência para pertinência é gradual, não abrupta. A "característica *fuzzy*" implica em existência de imprecisão, incerteza, definições qualitativas. A teoria *fuzzy* de conjuntos provê um método para manipulação de conjuntos, cujos limites são imprecisos em vez de restritos. A incerteza de um elemento, isto é, seu grau fracionário de pertinência, pode ser concebido como uma *medida de possibilidade*, ou seja, a *possibilidade* de que um elemento seja membro do conjunto. O conceito de possibilidade não é o mesmo que o de *probabilidade*. A probabilidade expressa a *chance* de que um elemento seja membro de um conjunto, sendo também expressa no intervalo numérico [0,1].

Exemplo 5.1:

Supor que a probabilidade de um certo elemento pertencer ao conjunto seja 0,8 ou 80%. A possibilidade, por outro lado, expressaria o grau em que o elemento é membro do conjunto. Para ilustrar esse conceito, suponha a seguinte escala de pertinência:

1,0 = MEMBRO; 0,8 = QUASE-MEMBRO; 0,6 = MAIS-OU-MENOS MEMBRO;
0,4 = NÃO-MUITO MEMBRO; 0,2 = POUQUÍSSIMO MEMBRO;
0 = NÃO MEMBRO.

Portanto, a possibilidade de que um dado elemento seja *QUASE MEMBRO* é 0,8.

A possibilidade e probabilidade se encontram onde ambas são nulas ou de valor unitário. Um exemplo prático para ilustrar a diferença entre probabilidade e possibilidade pode ser demonstrado como segue.

Exemplo 5.2:

De acordo com o relatório da meteorologia, a chance de chuva amanhã é de 0,8. Essa é uma expressão sobre a probabilidade de chuva. Porém, a probabilidade não indica o grau, qualidade, ou a força da chuva de amanhã.

Ao se usar o conceito de possibilidade para a chuva, deve-se primeiramente construir uma escala de possibilidades como segue: 1,0 = *TEMPESTADE;* 0,8 = *CHUVA FORTE;* 0,6 = *CHUVAS INTERMITENTES;* 0,4 = *GAROA;* 0,2 = *GAROA FINA*. Assim, se a possibilidade de chuva amanhã for 0,4, haverá uma *GAROA*. Além de ser uma medida de possibilidade de 0,4, a expressão lingüística *GAROA* também representa o valor de pertinência do elemento, ou seja, a força chuva de amanhã no conjunto *CHUVA*

5.4 — SUBCONJUNTO

Seja E um conjunto e A um subconjunto de E : $A \subset E$. Logo, cada elemento de E é também um elemento de A.

Exemplo 5.3:

$$E = \{x_1, x_2, x_3, x_4, x_5, x_6\};\ A = \{x_3, x_4, x_5\};\ A \subset E;\ x \in E;$$

Determine a função de pertinência para o subconjunto A com relação a cada elemento do conjunto E:

$$\mu_A(x_1) = 0;\ \mu_A(x_2) = 0;\ \mu_A(x_3) = 1;\ \mu_A(x_4) = 1;\ \mu_A(x_5) = 1;\ \mu_A(x_6) = 0;$$

Um valor de pertinência $\mu_A(x)$ de um elemento, *em relação ao conjunto dos elementos que fazem parte de E, onde* $A \subset E$ significa qual o valor da participação de um elemento E no conjunto A. De forma mais geral que o Exemplo 5.3, um grau de pertinência de subconjunto de E, onde $A \subset E$ pode ser qualquer valor no intervalo [0,1].

Utilizando uma convenção algébrica, o conjunto A pode ser escrito em uma forma em que cada argumento do conjunto mostra o elemento com seu respectivo valor de pertinência:

$$A = \{\{x_1,0), (x_2, 0), (x_3, 1), (x_4,1), (x_5,1), (x_6,0)\} \tag{5.4}$$

5.5 — PARES ORDENADOS

Em um conjunto com um argumentos de pares ordenados, como os da Equação 5.4, o argumento consiste de dois elementos, a e b, em uma ordem preestabelecida, ou seja, o par ordenado é composto pelas coordenadas a e b, de forma que indiquem o elemento do conjunto *fuzzy* e sua respectiva pertinência.

5.6 — DEFINIÇÃO DE UM CONJUNTO

Uma definição um pouco mais rigorosa de um conjunto é: Seja E um conjunto e x um elemento de E; então, o subconjunto A de E é um conjunto de pares ordenados;

$$\{[x, \mu_A(x)]\}, \qquad \forall\, x \in E \tag{5.5}$$

onde $\mu_A(x)$ é o grau de pertinência de x em A.

Se $\mu_A(x)$ toma seus valores em um conjunto M, chamado por conjunto de pertinência, pode-se afirmar que x toma seus valores em M através da função $\mu_A(x)$:

$$x \xrightarrow{\mu_A(x)} M \tag{5.6}$$

Essa função é chamada por função de pertinência. Se $M = \{0,1\}$, o subconjunto A é tomado como um conjunto bivalente, e a função $\mu_A(x)$ será a função *booleana* (binária). Se $M = [0,1]$, o subconjunto A é um conjunto *fuzzy* e a função $\mu_A(x)$ será uma função de pertinência *fuzzy*. Os símbolos dos elementos podem ser omitidos apenas por clareza, e o conjunto pode ser escrito em termos de seus valores de pertinência, formando o vetor de pertinências:

$$A = \{0, 0, 1, 1, 1, 0\} \tag{5.7}$$

De uma forma geral:

$$A = \{\mu_1(x), \mu_2(x), \ldots, \mu_n(x)\} \tag{5.8}$$

Definição: *Um conjunto é completamente definido por seu vetor de pertinências. Isto é, para determinar um conjunto é suficiente se calcular os valores individuais de seu vetor de pertinências.*

5.7 — CONJUNTO VAZIO

Um conjunto vazio é definido como um conjunto sem quaisquer membros, indicado pelo símbolo ϕ.

5.8 — CONJUNTO UNIVERSAL

O conjunto universal é o conjunto de todos os conjuntos, indicado pelo símbolo $\mathcal{E}$.

5.9 — UNIVERSO DE DISCURSO

Como já visto no Exemplo 5.1, onde definiu-se E como uma escala de um instrumento com seis elementos, e um subconjunto A com três elementos, que são membros de E, o qual é chamado por *universo de discurso* (ou espaço, ou faixa) de A.

Exemplo 5.4:

Sejam k entradas discretas $u[k]$ de um sistema de controle de entrada única, os quais são membros de um conjunto de entradas $U = \{u[k]\}$. U é, portanto, o universo de discurso da entrada, o qual contém todos os possíveis valores de $u[k]$ que podem ocorrer.

Matematicamente, o universo de discurso é um conjunto de valores finitos, assim todo conjunto *fuzzy* seria na realidade sempre um subconjunto. Todavia, nas aplicações em engenharia, essa distinção não faz diferença, e denominaremos por conjuntos *fuzzy* como universo de discurso contínuo, de forma a simplificar o tratamento.

5.10 — NÚMEROS FUZZY

A Figura 4.2 mostrou um gráfico que representa um número X que está em um conjunto *fuzzy*, com uma área finita plotada em termos do eixo horizontal, ou seja, em um contínuo universo de discurso U. No que se refere à forma de X, há algumas restrições que seguem:

- X deve ser *normal*: $$max\ \mu_X(u) = 1, \quad u \in U \tag{5.9}$$

Isso significa que para qualquer elemento $u \in U$, a máxima altura da função de pertinência deve ter o valor 1.

- X deve ser *convexo*: $$\mu_X[\lambda\, u_1 + (1 - \lambda)\, u_2] \geq min\,[\mu_X(u_1), \mu_X(u_2)] \quad \text{para } u_1, u_2 \in U, \lambda \in [0,1] \tag{5.10}$$

A convexidade carrega informação sobre a conectividade interior e o formato do número *fuzzy*. Em outras palavras, a convexidade previne "buracos" e "baías" nos limites, conforme a Figura 5.4. Funções de pertinência não-convexas não possibilitam unicidade na avaliação numérica do valor no eixo horizontal.

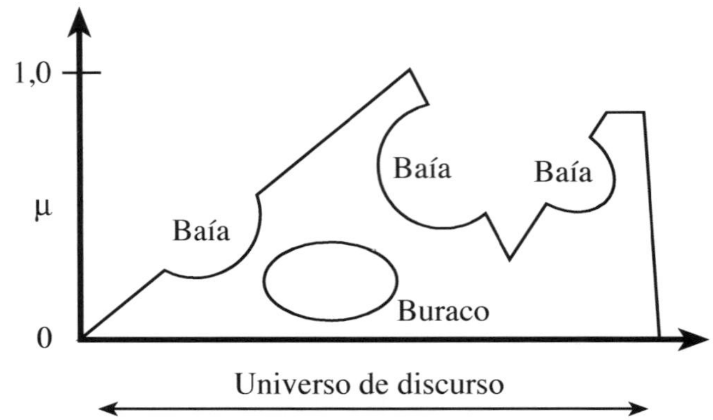

***Figura 5.4** — Requisitos para funções de pertinência de números ou conjuntos fuzzy*

A não-convexidade geralmente não ocorre quando se projetam controladores *fuzzy* através de observações naturais da operação de processos, podendo todavia ocorrer em controladores *fuzzy* com sintonia automática das funções de pertinência. Portanto a equação 5.10 é conveniente para impor tal restrição em controladores *fuzzy* adaptativos.

5.11 — VARIÁVEIS LINGÜÍSTICAS

Uma variável lingüística *u* no universo de discurso *U* é definida em um conjunto de termos (ou terminologia), nomes ou rótulos, *T(u)*, com cada valor sendo um número *fuzzy* definido em *U*. Por exemplo, se *u* for velocidade, então seu conjuntos de termos *T(u)* poderia ser:

$$T(velocidade) = \{baixa,\ média,\ rápida\}$$

sobre o universo de discurso U = [0, 100], onde *baixa, média* e *rápida* são termos, ou variáveis lingüísticas da grandeza *velocidade*.

QUESTÕES DE REVISÃO

1. Por que a convexidade é um requisito importante ?
2. Qual a diferença entre a teoria de probabilidades e de possibilidades?
3. O que é uma variável lingüística ?
4. Defina: grau de pertinência, função de pertinência e vetor de pertinência.
5. Defina o termo: universo de discurso.

6 OPERAÇÕES ENTRE CONJUNTOS NO MESMO UNIVERSO DE DISCURSO

OBJETIVOS DO CAPÍTULO
• Apresentar operações entre conjuntos em um mesmo universo de discurso • Distinguir entre as propriedades fundamentais da lógica booleana e *fuzzy* • Entender o conceito que um sistema *fuzzy* é um aproximador universal

6.1 — OPERAÇÕES ENTRE CONJUNTOS EM GERAL

Plantas e processos industriais são sistemas físicos comandados de forma a transformar uma determinada matéria-prima em algo útil. Há, portanto, uma interação no fluxo energético do sistema para que ocorra tal transformação; tal interação implica em várias operações, que devem ser executadas através das regras de operação desse sistema. Se a energia, quer seja mecânica, elétrica, térmica ou química, e os sistemas ou os modelos matemáticos dos sistemas, forem expressos em números e conjuntos, há de se determinar as regras de interação entre eles, consubstanciando a importância do estudo de operações entre conjuntos com universo de discurso diferentes. Por exemplo, o universo de discurso da variável de entrada de uma planta ou processo, dado por U, contém todos os conjuntos de sinais de entrada $u[k] \in U$; o universo de discurso da variável de saída, Y, contém todos os conjuntos dos sinais de saída $y[k] \in Y$. Uma vez que as regras de interação afetam os vetores de pertinência dos respectivos conjuntos, deve-se inicialmente estabelecer as regras que permitem combiná-los, possibilitando que sejam feitas implicações lógicas tipo *SE ... ENTÃO*.

Embora em lógica tradicional as operações com conjuntos sejam essencialmente as operações booleanas possibilitadas pelos conectivos *E*, *OU* e *NÃO*, na lógica *fuzzy*, há diversos operadores para se realizar as operações lógicas, os quais são basicamente divididos em duas classes (ou normas): as *normas triangulares*, chamadas por normas-t e as normas duais, chamadas por normas-s, ou co-normas-t. Portanto, o projetista de um sistema *fuzzy* tem diversos graus de liberdade para escolher implicações *fuzzy* em tarefas de controle. Neste capítulo será dada uma introdução às formas gerais dos operadores s e t. Para quem desejar se especializar em lógica *fuzzy*, é importante conhecer tais operadores, porém em aplicações de controle industrial, vários deles não são utilizados. A seguir serão definidas as operações entre conjuntos booleanos, os quais representam sinais discretos. No final do capítulo, as propriedades dos conjuntos *fuzzy* serão apresentadas.

6.2 — INTERSECÇÃO DE CONJUNTOS BOOLEANOS

Dados dois conjuntos A e B, onde, $A \subset E$, $B \subset E$, ou seja, E é um universo de discurso comum a ambos, define-se a intersecção $A \cap B$ como o conjunto de todos os elementos x, que são membros de ambos os conjuntos A e B. Isso está ilustrado no diagrama de *Venn* na Figura 6.1.

Dados os vetores de pertinência individuais dos elementos (x) de cada conjunto, A e B, pode-se determinar a pertinência da intersecção da seguinte forma:

O vetor de pertinência de A: $$\mu_A(x) = \begin{cases} 1 & \text{se} \quad x \in A \\ 2 & \text{se} \quad x \notin A \end{cases}$$

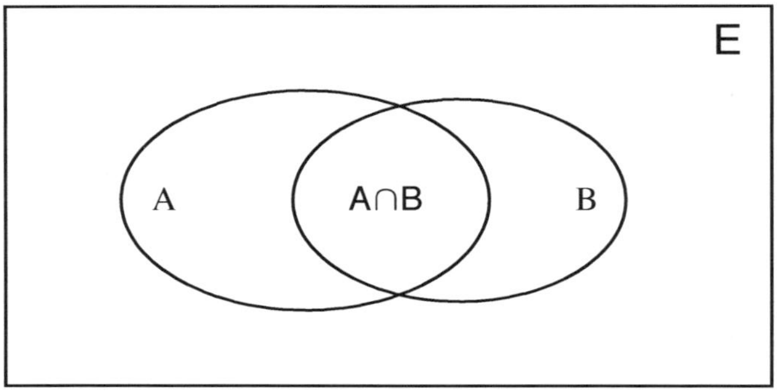

Figura 6.1 *— Intersecção de conjuntos booleanos*

O vetor de pertinência de B: $$\mu_B(x) = \begin{cases} 1 & \text{se} \quad x \in B \\ 2 & \text{se} \quad x \notin B \end{cases}$$

O vetor intersecção contém todos os elementos, que são membros de *A* e *B*. Logo:

$$\mu_{A \cap B}(x) = \begin{cases} 1 & \text{se} \quad x \in A \cap B \\ 0 & \text{se} \quad x \notin A \cap B \end{cases}$$

Portanto:

$$\mu_{A \cap B}(x) = \mu_A(x) \cdot \mu_B(x) \qquad (6.1)$$

onde o operador "." simboliza a função *booleana E* que é executada em cada par de elementos conforme a tabela abaixo:

A	*B*	*A* ∩ *B*	**Pertinência**
0	0	0	não-membro
0	1	0	não-membro
1	0	0	não-membro
1	1	1	membro

Observar que a intersecção é o maior subconjunto do universo de discurso *E*, que é ao mesmo tempo parte de *A* e também de *B*, e portanto é sempre *menor* que os conjuntos individuais *A* e *B*. Por essa razão, pode-se considerar o vetor de pertinência para a intersecção (ou seja, os componentes do vetor de pertinência, que são os graus de pertinência) calculado como segue:

$$\mu_{A \cap B}(x) = min\,[\mu_A(x), \mu_B(x)] \qquad (6.2)$$

O exemplo seguinte ilustra o cálculo do vetor de pertinência de intersecção.

Exemplo 6.1:

$E = \{ x_1, x_2, x_3, x_4, x_5 \}; A = \{ 0, 1, 1, 0, 1\}; B = \{ 1, 0, 1, 0, 1 \}; A \subset E; B \subset E;$

A interseção com o conjunto é:

$A \cap B = \{ (0 , 1), (1 , 0), (1 , 1), (0 , 0), (1 , 1) \}$ onde "." é o *E booleano*

O vetor de pertinência:

$$\mu_{A \cap B}(x) = \{ 0, 0, 1, 0, 1 \}$$

6.3 — CONJUNTOS BOOLEANOS DISJUNTOS

Conjuntos que não possuem membros em comum são chamados por conjuntos disjuntos. Isto é, a intersecção entre ambos é o conjunto vazio: $A \cap B = \phi$. O diagrama de *Venn* na Figura 6.2 mostra conjuntos disjuntos.

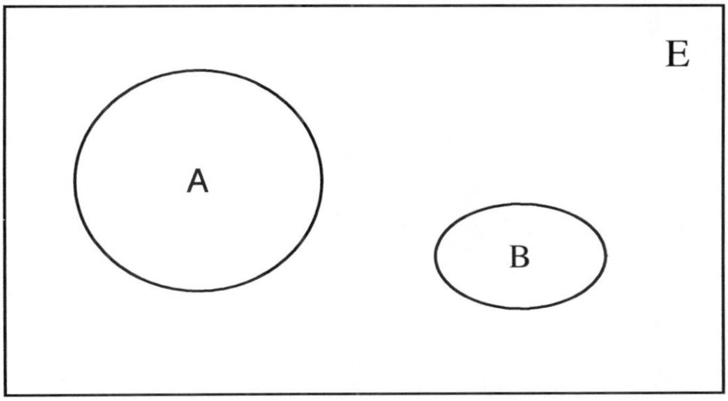

Figura 6.2 *— Conjuntos booleanos disjuntos*

6.4 — UNIÃO DE CONJUNTOS BOOLEANOS

Dados dois conjuntos A e B, $A \subset B$, $B \subset E$, ou seja, E é um universo de discurso comum a ambos, a união $A \cup B$ é o conjunto de todos os elementos x que pertencem ou ao conjunto A, ou ao conjunto B, ou a ambos A e B. Isto é ilustrado com o diagrama de *Venn* da Figura 6.3. Dados os vetores de pertinência individuais dos elementos (x) de cada conjunto, A e B, pode-se determinar a pertinência união $A \cup B$ da seguinte forma:

O vetor de pertinência de A: $$\mu_A(x) = \begin{cases} 1 & \text{se} \quad x \in A \\ 2 & \text{se} \quad x \notin A \end{cases}$$

O vetor de pertinência de B: $$\mu_B(x) = \begin{cases} 1 & \text{se} \quad x \in B \\ 2 & \text{se} \quad x \notin B \end{cases}$$

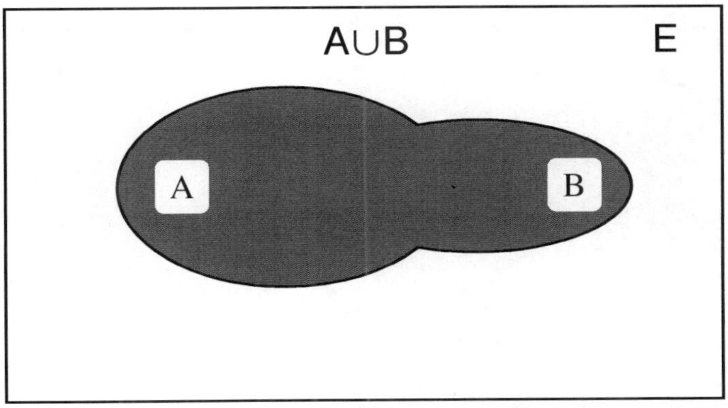

Figura 6.3 *— União de conjuntos booleanos*

O vetor união contém todos os elementos que são membros de A ou B, ou de ambos. Logo:

$$\mu_{A\cap B}(x)=\begin{cases}1 & \text{se} \quad x\in A\cup B\\ 0 & \text{se} \quad x\notin A\cup B\end{cases}$$

Portanto:

$$\mu_{A\cup B}(x) = \mu_A(x) + \mu_B(x) \qquad (6.3)$$

onde o operador "+" simboliza a função *booleana OU* que é executada em cada par de elementos, de acordo com a seguinte tabela:

A	*B*	*A∪B*	**Pertinência**
0	0	0	não- membro
0	1	1	membro
1	0	1	membro
1	1	1	membro

Observa-se que a união é o menor subconjunto do universo de discurso E, que inclui ambos os conjuntos A e B. A união é o *contorno* que inclui ambos os conjuntos A e B, o resultado é sempre *maio*r que os conjuntos individuais. Por essa razão, pode-se considerar o vetor de pertinência para a união $A \cup B$ (ou seja, os componentes do vetor de pertinência, que são os graus de pertinência) calculado como segue:

$$\mu_A \cup_B(x) = max\ [\mu_A(x), \mu_B(x)] \qquad (6.4)$$

O seguinte exemplo ilustra o cálculo do vetor de pertinência de união.

Exemplo 6.2:

$E = \{ x_1, x_2, x_3, x_4, x_5 \}; A = \{ 0, 1, 1, 0, 1\}; B = \{ 1, 0, 1, 0, 1 \}; A \subset E; B \subset E;$

A união pode ser calculada

$A \cup B = \{ (0 + 1), (1+ 0), (1+ 1), (0 + 0), (1 + 1) \}$ onde " +" é um *OU booleano.* O vetor de pertinência é:

$$\mu_{A\cup B}(x) = \{1, 1, 1, 0, 1 \}$$

6.5 — COMPLEMENTO DE CONJUNTOS BOOLEANOS

Seja A um subconjunto de um universo de discurso E. O complemento de A em relação à E, é A', um conjunto de elementos $x \in E$ que não são membros de A. Isto é mostrado no diagrama de *Venn* da Figura 6.4.

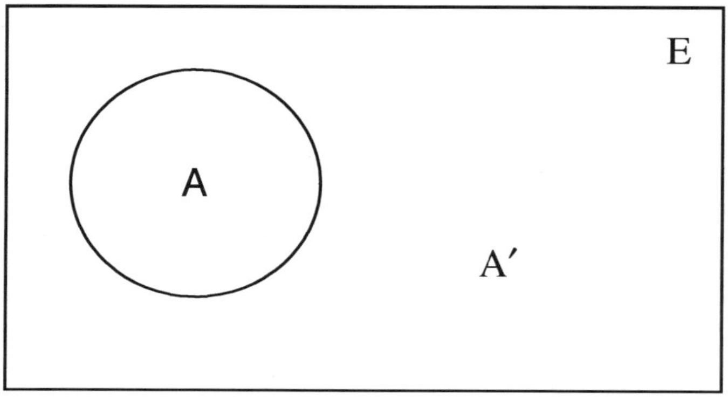

***Figura 6.4** — Complemento de um conjunto booleano*

Se $x \in A$ e $x \notin A'$, então as funções de pertinência do conjunto A e de seu complementar A' são $m_A(x) = 1$ e $\mu_{A'}(x) = 0$. O vetor de pertinência complementar pode ser calculado como segue:

$$\mu_{A'}(x) = 1 - \mu_A(x) \tag{6.5}$$

O seguinte exemplo ilustra o cálculo do vetor de pertinência complementar.

Exemplo 6.3:

$$E = \{ x_1, x_2, x_3, x_4, x_5 \}; A = \{ 0, 1, 1, 0, 1\};$$

O complemento do conjunto A em relação ao conjunto E é: $A' = \{ 0', 1', 1', 0', 1'\}$ onde o apóstrofo simboliza o *NÃO booleano.* O vetor de pertinência do complemento de A é:

$$\mu_A{}''(x) = \{ 1, 0, 0, 1, 0 \}$$

6.6 — PROPRIEDADES FUNDAMENTAIS DE CONJUNTOS BOOLEANOS

As propriedades fundamentais de conjuntos booleanos são baseadas nas definições da lógica clássica (bivalente). Assumir que o conjunto booleano A é um subconjunto do universo de discurso E. A Figura 6.4 mostra que o conjunto A e seu complemento A', são por definição, sempre *disjuntos*, ou seja a *intersecção* entre ambos é sempre o conjunto vazio:

$$A \cap A' = \phi \tag{6.6}$$

É óbvio que A e A' não possuem membros em comum, ou seja, o "meio entre A e A' é excluído". Analogamente, a *união* de um conjunto booleano e seu complemento é o universo de discurso. Neste caso, A e A' completamente preenchem o universo de discurso E, onde todos os elementos estão incluídos:

$$A \cup A' = E \tag{6.7}$$

6.7 — VETORES DE POSSIBILIDADE

Assim como em um conjunto tradicional, um conjunto *fuzzy* é completamente caracterizado por seu vetor de pertinência, exceto que os graus de pertinência individualmente são multivalentes dentro do intervalo numérico [0,1]. Como já mencionado, esses graus de pertinência podem ser considerados como medidas que expressam a possibilidade de um dado elemento ser membro de um conjunto *fuzzy*. Assim, um vetor de pertinências *fuzzy* é também chamado por *vetor de possibilidade* ou de *distribuição de possibilidade*.

6.8 — SUBCONJUNTOS FUZZY

E é o universo de discurso, pertencente ao conjunto dos reais, sejam os vetores possibilidade $A \subset E$, $B \subset E$ e M[0,1], onde *M* é o conjunto dos valores de pertinência de todos os conjuntos. Então $A \subset B$ para todo elemento x se

$$\mu_A(x) \leq \mu_B(x) \tag{6.8}$$

Em outras palavras, A está contido em B se o valor de pertinência de cada elemento $x \in E$ em A

for menor ou igual ao correspondente valor de pertinência $x \in E$ de B. Em outras palavras, todos os elementos de E que são classificados como conjunto A também o são como conjunto B, com "espaços vagos" em alguns casos. A seguir, as operações entre conjuntos *fuzzy*, representando vetores de sinais discretos, serão definidas.

Exemplo 6.4:

$$E = \{ x_1, x_2, x_3, x_4 \};\ M = [0,1]\ ;\ A = \{ 0,4; 0,2; 0; 1\};\ B = \{ 0,3; 0; 0; 0 \}$$

então $B \subset A$, porque $0,3 < 0,4\ ;\ 0 < 0,2;\ 0 = 0;\ 0 < 1;$

6.9 — INTERSECÇÃO DE CONJUNTOS FUZZY

Seja E o universo de discurso e $x \in E$, $M = [0,1]$; Sejam os conjuntos $A \subset B$, $A \subset E$, então a intersecção $A \cap B$ é o maior subconjunto do universo de discurso E, o qual é ao mesmo tempo parte de A e também parte de B. A intersecção é a *parte comum* dos conjuntos A e B e, como resultado, é sempre *menor* que qualquer um dos conjuntos individuais A e B. Por essa razão, o vetor de pertinência da intersecção $A \cap B$ (em outras palavras, os componentes do vetor de pertinência, ou graus de pertinência) pode ser calculado dos valores individuais, de A e B, como segue:

$$\mu_{A \cap B}(x) = min\ [\mu_A(x), \mu_B(x)] \qquad (6.9)$$

O que é o mesmo que a Equação 6.2, previamente aplicada na intersecção booleana, exceto que agora $M = [0,1]$, e anteriormente nas condições da Equação 6.2 eram dois valores apenas, $M = \{0,1\}$.

Exemplo 6.5:

$$E = \{ x_1, x_2, x_3, x_4, x_5 \};\ M = [0,1];$$

$$A = \{ 0,2; 0,7; 1; 0; 0,5 \};\ B = \{ 0,5; 0,3; 1; 0,1; 0,5 \};$$

então $A \cap B = \{ 0,2; 0,3; 1; 0; 0,5 \}$

A função *fuzzy E*, pode ser definida como:

Seja o universo de discurso E com dois subconjuntos fuzzy, $x \in A$, $x \in B$. Então:

$$\underset{\mu_A}{x \in A} \quad E \quad \underset{\mu_B}{x \in B} \quad \rightarrow \quad \underset{\mu_{A \cap B}}{x = A \cap B} \quad \text{para} \quad \forall \quad x$$

Interpretação gráfica para operações lógicas binárias pode ser representada com diagramas de *Venn*, conforme visto anteriormente. Porém os diagramas de *Venn* não são adequados para representar operações com conjuntos *fuzzy*, por não conter informação sobre valores de pertinência diferentes dos valores 0 ou 1. Para conjuntos *fuzzy* utiliza-se de uma escala de 0 a E, o universo de discurso, no eixo horizontal, e uma escala [0,1] no eixo vertical, para o valor de pertinência. A Figura 6.5 ilustra tal representação, onde pode-se observar a operação de *intersecção* (E) de conjuntos *fuzzy*.

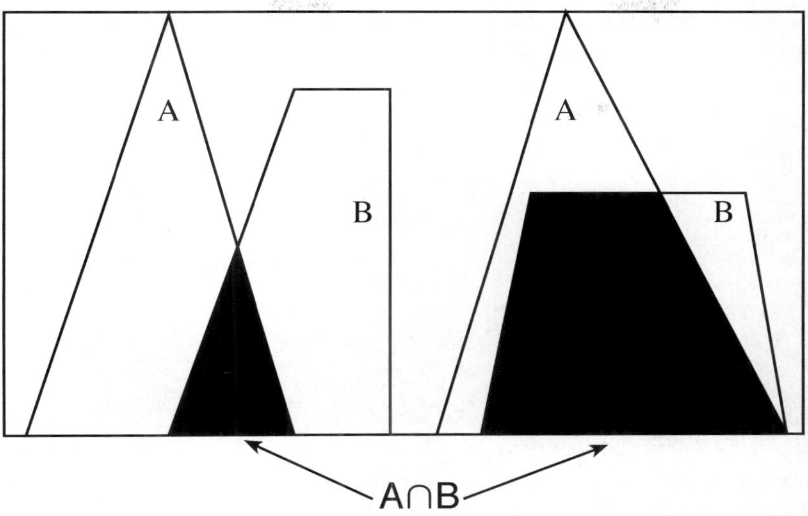

Figura 6.5 *— Intersecção de conjuntos fuzzy*

6.10 — OPERADORES DE INTERSECÇÃO FUZZY GERAIS

A função de pertinência da intersecção $A \cap B$ é representada pela função de pertinência $\mu_{A\cap B}(u)$, $u \in U$, podendo ser definida ponto a ponto por:

$$\mu_{A\cap B}(u) = \mu_A(u)\ \boldsymbol{t}\ \mu_B(u) \le \min[\mu_A(u), \mu_B(u)]$$

onde ***t*** *é a norma triangular ou norma-****t*** de uma intersecção generalizada. A norma-***t*** é uma função de duas entradas definida nos domínios ***t****:* [0,1] *X* [0,1] → [0,1], onde "*X*" denota o operador de *produto cartesiano*, abordado no Capítulo 7. O operador-***t*** indica um mapeamento entre duas funções de pertinência *fuzzy*, cada uma no intervalo [0,1]; a operação-***t*** é executada entre elas, de acordo com seu formato, ponto a ponto. Tal função de mapeamento deve satisfazer certas condições, tais como:

Condições de contorno: $x\ \boldsymbol{t}\ 0 = 0,\ \forall\ u \in [0,1]$

Essas condições de contorno servem para manter consistência com a observação em um diagrama de *Venn*, onde a intersecção de qualquer conjunto com o conjunto vazio é certamente o próprio conjunto vazio.

Condições de contorno: $x\ \boldsymbol{t}\ 1 = x,\ \forall\ u \in [0,1]$

Similarmente, um diagrama de *Venn* mostraria imediatamente que a intersecção de qualquer conjunto *fuzzy* com o conjunto universal, deve ser o conjunto por si só.

Propriedade comutativa: $x\ \boldsymbol{t}\ y = y\ \boldsymbol{t}\ x$
Propriedade associativa: $x\ \mathbf{t}\ (y\ \mathbf{t}\ z) = (x\ \mathbf{t}\ y)\ \mathbf{t}\ z$
Condições monotônicas: *para* $x \le y$ e $w \le z$, $x\ \boldsymbol{t}\ w \le y\ \boldsymbol{t}\ z$

As normas-*t* podem ser: intersecção, produto algébrico, produto logarítmico, produto inverso, produto limitado e produto drástico. Alguns exemplos de normas-*t* para $x, y \in [0,1]$ são:

Intersecção: $x\,t\,y = min\,(x, y)$

Produto algébrico: $x\,t\,y = xy$

Produto drástico:
$$x\,t\,y = \begin{cases} x & \text{quando } y = 1 \\ y & \text{quando } x = 1 \\ 0 & \text{quando } x, y < 1 \end{cases}$$

Exemplo 6.6:

Como exemplo, a interseção e o produto drástico são plotados na Figura 6.6. Duas funções de pertinência *x* e *y*, cujos valores estão no intervalo [0,1], estão desenhadas com linha sólida em um universo de discurso. A intersecção (***min***) é a maior área comum a ambas as funções, mostrada com uma linha sólida. O produto drástico (***dras***) está desenhado com a linha indicada pela região hachurada, como segue: quando $y = 1$, então ***dras*** é *x* por si só, quando $y < 1$, então ***dras*** torna-se zero; quando $x = 1$, ***dras*** torna-se *y* por si só, quando $x < 1$ então ***dras*** é zero novamente, e quando $y = 1$ ***dras*** torna-se *x* por si só novamente.

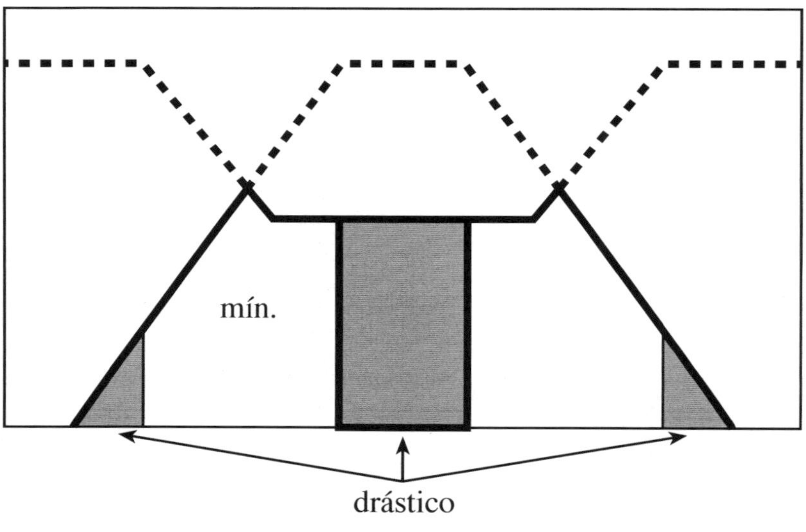

Figura 6.6 *— Intersecção calculada por* min *e produto* drástico

6.11 — UNIÃO DE CONJUNTOS FUZZY

Seja *E* o universo de discurso, $x \in E$, $M = [0,1]$ e os conjuntos fuzzy, $A \subset E$, $B \subset E$. A união $A \cup B$ é o *menor* subconjunto do universo de discurso *E*, que inclui ambos os conjuntos fuzzy *A* e *B*. A união é o *contorno* que inclui ambos os conjuntos fuzzy *A* e *B*, e, portanto, é sempre *maior* que qualquer um dos conjuntos individuais *A* e *B*. Por essa razão, o vetor de pertinência de união, ou seja os componentes do vetor de pertinência (graus de pertinência) são calculados dos valores individuais de *A* e *B* como segue:

$$\mu_{A \cup B}(x) = max\ [\mu_A(x),\ \mu_B(x)] \quad (6.10)$$

O que é o mesmo que a Equação 6.4, previamente aplicada na união booleana, exceto que agora $M = [0,1]$, e anteriormente nas condições da Equação 6.4 eram dois valores apenas, $M = \{0,1\}$. O exemplo seguinte ilustra o cálculo.

Exemplo 6.7:

$$E = \{ x_1, x_2, x_3, x_4, x_5 \};\ M = [0,1];$$

$$A = \{ 0{,}2;\ 0{,}7;\ 1;\ 0;\ 0{,}5 \};\ B = \{ 0{,}5;\ 0{,}3;\ 1;\ 0{,}1;\ 0{,}5 \};$$

então $A \cup B = \{0{,}5;\ 0{,}7;\ 1;\ 0{,}1;\ 0{,}5\}$

Uma função *fuzzy OU*, pode ser definida da seguinte forma:

Seja o universo de discurso *E(x)* com dois subconjuntos *fuzzy*, $x \in A,\ x \in B$. Então

$$\underset{\mu_A}{x \in A} \quad \textbf{OU} \quad \underset{\mu_B}{x \in B} \quad \rightarrow \quad \underset{\mu_{A \cup B}}{x \in A \cup B} \quad \text{para} \quad \forall\ x$$

A Figura 6.7 ilustra tal representação, onde pode-se observar a operação de *união* (OU) de conjuntos *fuzzy*.

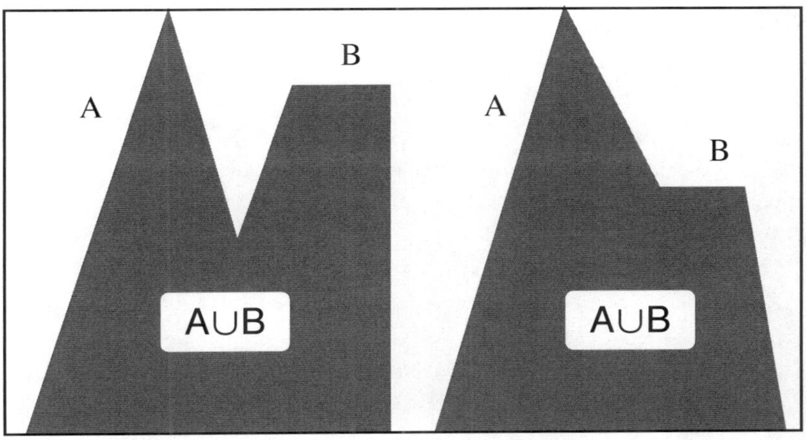

***Figura 6.7** — União de conjuntos fuzzy*

6.12 — OPERADORES DE UNIÃO FUZZY GERAIS

A função de pertinência $\mu_{A \cup B}(u)$, $u \in U$, da união $A \cup B$, pode ser definida ponto a ponto por:

$$\mu_{A \cup B}(u) = \mu_A(u)\ s\ \mu_B(u) \leq \max[\mu_A(u),\ \mu_B(u)]$$

onde *s é a co-norma triangular* de uma união generalizada. A norma-*s* é uma função de duas entradas definida nos domínios *s:* $[0,1]\ X\ [0,1] \rightarrow [0,1]$, onde "*X*" denota o operador de *produto cartesiano*. O operador-*s* indica um mapeamento entre duas funções de pertinência *fuzzy*, cada um delas no intervalo [0,1]. Para compreender isso graficamente, pode-se assumir cada um dos conjuntos *fuzzy* no intervalo [0,1]; a operação-*s* é executada de acordo com seu formato, ponto a ponto. Tal função de mapeamento deve satisfazer certas condições, tais como:

Condições de contorno: $u\ s\ 0 = u\ ,\ \forall\ u \in [0,1]$

Estas condições de contorno servem para manter consistência com a observação em um diagrama de *Venn*, onde a união (ou seja, o contorno comum) de qualquer conjunto com o conjunto vazio é obviamente o próprio conjunto.

Condições de contorno: $u\ s\ 1 = 1,\ \forall\ u \in [0,1]$

Similarmente, um diagrama de *Venn* mostraria imediatamente que, a união de qualquer conjunto *fuzzy* com o conjunto universal, deve ser o conjunto universal.

Propriedade comutativa: $x\ s\ y = y\ s\ x$
Propriedade associativa: $x\ \mathbf{s}\ (y\ \mathbf{s}\ z) = (x\ \mathbf{s}\ y)\ \mathbf{s}\ z$
Condições monotônicas: *para* $x \leq y$ *e* $w \leq z$, $x\ s\ w \leq y\ s\ z$

As normas-*s* podem ser: união, soma algébrica, soma limitada, soma logarítmica, soma disjunta, e soma drástica. Algumas normas-*s* para $x, y \in [0,1]$ são:

União: $x\ s\ y = max\ (x, y)$
Soma algébrica: $x\ s\ y = x + y - xy$

6.13 — COMPLEMENTO DE UM CONJUNTO FUZZY

Seja E o universo de discurso, $x \in E$, $M = [0,1]$; onde o conjunto *fuzzy* $A \subset E$. O complemento de A em relação à E, é denominado A', um conjunto de todos os elementos $x \in E$ que não são membros de A. Isso está indicado no diagrama da Figura 6.8. O vetor de pertinência do complemento é calculado como segue:

$$\mu_{A'}(x) = 1 - \mu_A(x) \qquad (6.11)$$

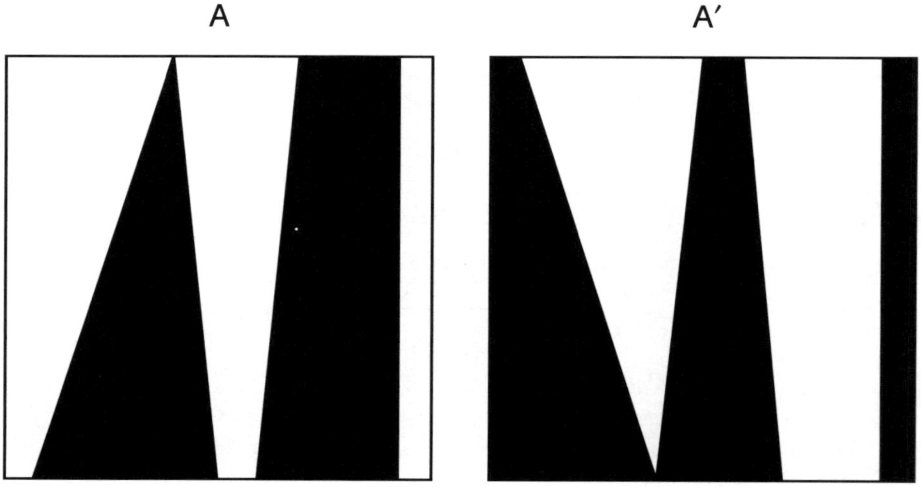

Figura 6.8 — *Complemento fuzzy*

O exemplo seguinte ilustra o cálculo do vetor de pertinência de um conjunto *fuzzy*.

Exemplo 6.8:

$$E = \{ x_1, x_2, x_3, x_4, x_5, x_6\}; A = \{ 0{,}13; 0{,}61; 0; 0; 1; 0{,}03 \};$$

O conjunto complementar de *A* em relação à *E* é: $A' = \{ 0{,}13'; 0{,}61'; 0'; 0'; 1'; 0{,}03'\}$ onde o apóstrofo simboliza *NÃO*. O vetor de pertinência do complemento de *A* é:

$$\mu_{A'}(x) = \{ 0{,}87; 0{,}39; 1; 1; 0; 0{,}97 \}$$

6.14 — PROPRIEDADES FUNDAMENTAIS DE CONJUNTOS FUZZY

As propriedades fundamentais dos conjuntos *fuzzy* estão embasadas em definições decorrentes de lógica *fuzzy* multivalente. Assumir que o conjunto *fuzzy* *A* é um subconjunto do universo de discurso *E*. A Figura 6.8 mostra que o conjunto *A* e o seu complemento, *A'*, são, em geral, não *disjuntos,* ou seja, que sua *intersecção* não é o conjunto vazio. É óbvio que se *A* e *A'* possuem uma parte em comum, eles têm uma intersecção finita $A \cap A'$

$$A \cap A' \neq \phi \qquad (6.12)$$

Da mesma forma, a *união* de um conjunto *fuzzy* e o seu complemento não é igual ao universo de discurso. Nesse caso, *A* e *A'* não preenchem completamente o universo de discurso *E,* havendo uma parcela que pode não ser inclusa.

$$A \cup A' \neq E \qquad (6.13)$$

6.15 — RESUMO

As seções anteriores cobriram vários aspectos e definições básicas, tanto relativo à lógica tradicional quanto à lógica *fuzzy*. Particular atenção foi dada às várias alternativas de se combinar os conjuntos. Uma pergunta que poderia ser feita seria a respeito da utilidade prática desses métodos, ou seja qual deles poderia ser aplicado à um determinado problema de controle que utilize lógica *fuzzy*. Aqui será dada uma breve introdução nesses conceitos, deixando discussões detalhadas para os próximos capítulos.

Um sistema de múltiplas entradas e múltiplas saídas poderia ser caracterizado por um conjunto de regras da forma:

SE $var_1 = A$ <conectivo> $var_2 = B$ <conectivo>... **ENTÃO** $var_{01} = C$ <conectivo>...
< conectivo'>

SE $var_1 = D$ <conectivo> $var_2 = E$ <conectivo>...**ENTÃO** $var_{01} = E$ <conectivo>...
< conectivo'>
......
......

onde *A, B, C, D* e *E* são conjuntos booleanos ou *fuzzy*, e <conectivo> representa o operador *fuzzy* particular, escolhido para expressar a inferência *fuzzy*, ou implicação *fuzzy* desejada. Na realidade, esse operador <conectivo> combina os conjuntos A e B na primeira regra e os conjuntos D e E na segunda regra acima. A combinação de conjuntos *fuzzy* dentro de uma regra é chamada por *agregação*. Similarmente, <conectivo′> combina os conjuntos de saída de cada regra em uma operação chamada *combinação*. As variáveis de entrada que aparecem como argumentos condicionais dentro do operador **SE** são referidas como *antecedentes*, enquanto que as variáveis de saída dentro do operador **ENTÃO** são chamadas *conseqüentes*. Note que em um *sistema fuzzy baseado em regras*, é possível de se misturar números reais e *fuzzy* nas variáveis. O conjunto de regras mapeia os sinais de entrada aos de saída, da mesma forma que as funções de transferência de *Laplace* fazem em teoria de controle linear, e a forma de se combinar as entradas para se produzir uma saída, é equivalente a se utilizar um método de *identificação estrutural de sistemas*. Logo, a escolha de um método de se combinar os conjuntos relativos às variáveis de sistemas tem uma importância primordial na estrutura do controlador da planta ou processo.

Devido ao fato de que muitas estruturas de inferência *fuzzy* são teoricamente possíveis, várias configurações na base de regras devem ser tentadas para se otimizar o desempenho do controlador. Assim, o projeto de controladores *fuzzy* depende fortemente de sintonia empírica, não sendo tal processo no entanto, diferente dos casos em que se necessita de sintonia para modelos matemáticos de processos ou plantas de igual complexidade. A diferença é que os controladores fuzzy necessitam ser sintonizados apenas uma vez, durante o procedimento de projeto e, na realidade, tal sintonia é parte integral do projeto. Existe, entretanto, um valoroso corpo de experiência além de orientações práticas, que em certas configurações cristalizaram certas bases de regras como as mais adequadas para alguns tipos de controladores. Poderia-se dizer que o procedimento de projeto de controladores *fuzzy* também é *fuzzy*, apesar de haver modernos sistemas de desenvolvimento baseados em software, que providenciam um forma sistemática de projeto, resultando em projetos excelentes no tocante à funcionalidade e robustez. Atualmente, sofisticados pacotes de software são utilizados para se facilitar as várias interações requeridas no processo de sintonia de controladores *fuzzy*.

Deve-se enfatizar que muitos sistemas baseados em regras resultam de entrevistas com operadores humanos, experientes no sistema, e a liberdade do projetista de se alterar a estrutura de inferência está conectada à compreensão da descrição do operador. Por outro lado, em projetos baseados em entrevistas com operadores, muito menos tempo de sintonia é esperado, já que a experiência do operador já contém o melhor desempenho embutido nas regras. A única sintonia nesses casos seria o ajuste das funções de pertinência.

A agregação e combinação de todas as regras *fuzzy* constituem a chamada *base de regras* do controlador, que é depositária de toda a inteligência que executará as desejadas ações de controle, sob as condições especificadas. O próximo capítulo mostrará como a base de conhecimentos é gerada na forma de uma *relação fuzzy*, análoga à função de transferência de um controlador linear.

A construção da base de conhecimentos é sempre a *primeira fase* no projeto de um sistema inteligente. Isso não é diferente da determinação de uma função de transferência em teoria linear. A *segunda fase* contém o uso da base de conhecimentos, onde através da aplicação de várias entradas pode-se produzir uma saída, de forma similar à utilização de funções de transferência em teoria linear.

6.16 — O TEOREMA DE APROXIMAÇÃO FUZZY

Um *sistema fuzzy baseado-em-regras*, $SFBR = (\mu_{ab}, R, T, S, DEF)$, é uma família de sistemas *fuzzy*. Possui as funções de pertinência μ_{ab} de posições a e larguras b, uma base de regras R, a norma-t para agregação *fuzzy* T (ou seja, operações dentro de uma regra), a norma-s para composição *fuzzy* S (ou seja, operações dentre as regras), e o método de defuzzificação DEF. A defuzzificação consiste na conversão da saída *fuzzy* em uma saída real (será explicada em detalhes oportunamente). Os parâmetros principais do *SFBR* são o número de regras *fuzzy* *k* e as posições *a* e larguras *b* das funções de pertinência de entrada e de saída. De importância fundamental é que um determinado sistema *fuzzy* $SF \in SFBR$ é um *aproximador universal de funções*, de acordo com o seguinte teorema:

Teorema: um sistema fuzzy é um aproximador universal de funções

Seja um sistema baseado-em-regras *SFBR* o conjunto de todos os sistemas *fuzzy* *SF* e $f: U \subset R^n \Rightarrow R$ uma função contínua, definida em um universo de discurso *U*. Para cada $\varepsilon > 0$, existe um $SF_e \in SFBR$ tal que

$$sup\{\, |f(x) - SF_e(x)| \,,\, x \in U \,\} \leq \varepsilon \qquad (6.14)$$

O operador *sup* significa o valor supremo, ou seja, o limite superior da expressão $|f(x) - SF_e(x)|$ para todos os valores de *x* no universo *U*. Se, por exemplo, o argumento de *sup* é uma seqüência $x_1, x_2, \ldots, x_n = 0, 1/2, 2/3, 3/4, \ldots$ então $sup\,[0, 1/2, 2/3, 3/4, \ldots] = sup\,[\,(n-1)/n\,] = 1$ é o limite superior de tal seqüência. Se a expressão tem um valor máximo, o supremo é igual a este máximo.

Menos formalmente, a Equação 6.14 expressa a idéia de que mesmo a maior diferença entre a função $f(x)$ a ser aproximada e algum conjunto *fuzzy* $SF_e(x)$ da família *SFBR* a que está aproximado a função, é sempre menor ou igual a qualquer valor escolhido ε. Desta forma, a função $f(x)$ pode ser aproximada por um sistema *fuzzy* baseado em regras, a qualquer grau de precisão desejada. Do ponto de vista teórico, um *SFBR* executa as mesmas ações que qualquer outro método de aproximação. Entretanto, as regras *fuzzy* se assemelham à maneira que as pessoas explicam as relações entre as variáveis de interesse. Portanto, um algoritmo *fuzzy* baseado em regras aproxima a função $f(x)$ de uma forma muito mais fácil de se compreender semanticamente, e o sistema *SFBR* fornece um modelo da forma de pensar de um ser humano!

6.17 — PROPRIEDADES DOS CONJUNTOS FUZZY

Além das técnicas de combinação de conjuntos *fuzzy* (e ocasionalmente conjuntos reais com conjuntos *fuzzy*) discutidas anteriormente, deve-se também mostrar as regras de execução de operações em conjuntos de uma forma seqüencial, que será posteriormente mostrada.

Dado um universo de discurso *E*, e três conjuntos fuzzy $A \subset E$, $B \subset E$, $C \subset E$, então as seguintes propriedades são válidas:

Propriedade comutativa:
$A \cap B = B \cap A$
$A \cup B = B \cup A$

Propriedade associativa:
$(A \cap B) \cap C = A \cap (B \cap C)$
$(A \cup B) \cup C = A \cup (B \cup C)$

Idempotência:
$A \cap A = A$
$A \cup A = A$

Distributividade em relação à intersecção:
$A \cap (B \cup C) = (A \cap B) \cup (A \cap C)$

Distributividade em relação à união:
$A \cap (B \cup C) = (A \cup B) \cap (A \cup C)$

Conjunto *fuzzy* e o seu complemento (*):
$A \cap A' \neq \phi$
$A \cup A' \neq E$

Conjunto *fuzzy* e o conjunto nulo:
$A \cap \phi = \phi$
$A \cup \phi = A$

Conjunto *fuzzy* e o conjunto universal:
$A \cap E = A$
$A \cup E = E$

Involução:
$(A')' = A$

Teorema de Morgan:
$(A \cap B)' = A' \cup B'$
$(A \cup B)' = A' \cap B'$

Todas as propriedades aplicáveis aos conjuntos booleanos são também aplicáveis aos conjuntos *fuzzy*, exceto as propriedades relativas ao conjunto *fuzzy* e seu complemento, marcada acima com (*).

QUESTÕES DE REVISÃO

1. Mostre que mín(x,y) ≥ x . y (onde o ponto representa o operador produto algébrico).
2. Mostre que máx(x,y) ≤ x + y (onde + representa o operador soma algébrica).
3. Aborde com suas próprias palavras sobre as duas equações fundamentais que expressam as diferenças entre conjunto booleano e *fuzzy*.
4. Faça o desenho que represente o produto algébrico de x e y.
5. O que é um vetor possibilidade ?
6. Por que a escolha da inferência *fuzzy* (norma-*t* e norma-*s*) é importante ?
7. Se alguém diz que um sistema *fuzzy* é inerentemente impreciso, qual deve ser sua resposta?
8. O que é agregação e combinação ?
9. Qual a importância de "ajustes e sintonia" nos sistemas *fuzzy* ?

7 OPERAÇÕES ENTRE CONJUNTOS EM UNIVERSOS DE DISCURSO DIFERENTES

OBJETIVOS DO CAPÍTULO
• Apresentar operações que relacionam conjuntos de diferentes universos de discurso • Entender a analogia entre relações *fuzzy* e funções de transferência em Laplace • Salientar que as relações *fuzzy* formam a *base de conhecimentos* de um sistema • Entender a regra composicional de inferência • Distinguir entre a identificação de sistemas *fuzzy* e o controle *fuzzy* • Entender como um operador humano lida com o problema da composição inversa

7.1 — GERAL

As operações entre conjuntos, pertencentes a universos de discurso diferentes, possibilitam a construção da base de conhecimentos de um sistema, ou seja, o mapeamento entre sinais. No que se segue, o termo "espaço" terá o mesmo significado de "universo de discurso". Em sistemas de controle, mapeamentos entre entradas e saídas são o principal interesse. Esses mapeamentos ocorrem entre os conjuntos da variável de entrada $A(u) \in U$, e os conjuntos da variável de saída $B(v) \in V$ através da expressão condicional de inferência:

$$A \Rightarrow B$$

ou:

$$\text{SE } A(u) \text{ ENTÃO } B(v)$$

cujo significado é a ligação do conjunto A (definido por seu vetor de pertinências $\mu_A(u)$, $u \in U$), dito *antecedente* (condição), ao conjunto B (definido por seu vetor de pertinências $\mu_B(v)$, $v \in V$), dito *conseqüente* (resultado ou ação).

7.2 — PRODUTO CARTESIANO DE CONJUNTOS DISCRETOS

Sejam $A(u)$ e $B(v)$ conjuntos discretos. Juntando-se u, um dos elementos de A, e v, um dos elementos de B, de modo a se formar o *par ordenado* (u, v), define-se seu *produto cartesiano*,

$$P(u, v) = A(u)\ X\ B(v)$$

onde o símbolo "X" representa o operador de produto cartesiano. Como os conjuntos A e B são caracterizados por seus respectivos vetores de pertinências, seu produto cartesiano será uma matriz de números discretos, onde a t-norma *mín* ou o *produto algébrico* podem ser empregados:

$$P = A\ X\ B = \sum_{UXV} \mu_A(u) \mathbf{t}\ \mu_B(v)$$

Se $A_{1,\ldots,} A_n$ forem conjuntos discretos nos espaços $U_1,\ldots, U_n$, então o produto cartesiano de $A_1,\ldots,A_n$ é um conjunto discreto no espaço $U_1 X U_2 X\ldots X U_n$ com funções de pertinência:

mín:

$$\mu_{A1 X A2 X \ldots X An}(u_1,u_2, \ldots,u_n) = min\ [\ \mu_{A1}(u_1), \mu_{A2}(u_2), \ldots,\mu_{An}(u_n)\ ]$$

ou:

produto algébrico:

$$\mu_{A1 X A2 X \ldots X An}(u_1, u_2, \ldots, u_n) = \mu_{A1}(u_1). \mu_{A2}(u_2) \ldots \mu_{An}(u_n)$$

Exemplo 7.1:

Sejam A e B conjuntos pertencentes aos espaços U e V, respectivamente.

$$A = \{ x_1, x_2, x_3 \};\ A \in U$$
$$B = \{ y_1, y_2 \};\ B \in V$$

O produto cartesiano é uma matriz:

$$P = U X V = \{ (x_1, y_1), (x_1, y_2), (x_2, y_1), (x_2, y_2), (x_3, y_1), (x_3, y_2) \}$$

Ao se usar a *t*-norma *mín* a matriz de pertinências do produto cartesiano é calculada a partir de:

$$m\ (x, y) = mín\ [\ \mu(x), \mu(y)\ ], x \in A, y \in B \qquad (7.1)$$

Logo, de acordo com essa definição, o produto cartesiano é uma *intersecção entre conjuntos pertencentes a universos de discurso diferentes.*

7.3 — PRODUTO CARTESIANO DE CONJUNTOS FUZZY

Nesse caso os valores de pertinência, μ, estão contidos em $M = [0,1]$. Se os espaços forem, por exemplo, $U_1 = \{x\}$ e $U_2 = \{y\}$, então o produto cartesiano será $P\{x, y\} = U_1 X U_2$ com função de pertinência $\mu_c(x, y)$ onde cada par ordenado está contido em [0,1]. Na teoria dos conjuntos *fuzzy*, os conjuntos componentes de um produto cartesiano são sempre universos de discurso, logo sempre são discretos.

7.4 — RELAÇÃO

Um produto cartesiano contém, como seus elementos, todos os pares ordenados. Um conjunto de pares ordenados, por exemplo, pode ser uma tabela de valores de entrada e saída, $u[k]$, $y[k]$ onde $k = 1,2, \ldots,N$ para um sistema discreto de m entradas e p saídas. As m entradas $u_m[k]$ estão no espaço U e os p valores de saída $y_p[k]$ estão no espaço Y, onde k representa todos os possíveis valores que ocorrem nos respectivos espaços. Se $k < N$, então tal subconjunto é chamado de *relação:*

$$R \subset U X Y \qquad (7.2)$$

Isso significa que, em geral, uma relação contém todos os pares ordenados não-nulos do produto cartesiano, assim como alguns podem ser iguais a zero.

Em uma relação, a ligação de cada elemento de saída $y \in Y$ com um determinado elemento de entrada $u \in U$ corresponde a uma regra, o conjunto de ligações é uma tabela, que pode ter sido gerada a partir de algum modelo de um processo físico, determinando uma correlação fixa entre entrada e saída, e satisfazendo os requisitos de uma relação calculada por (7.3).

$$R\{u_m[k], y_n[k]\} \subset U X Y \qquad (7.3)$$

7.5 — MATRIZ RELACIONAL

Seja uma relação R, definida em um conjunto $X \subset U$ a outro conjunto $Y \subset V$, ilustrado na Figura 7.1, com $R \subset U \, X \, V$, formando uma matrix $U \Rightarrow V$. As entradas em cada elemento

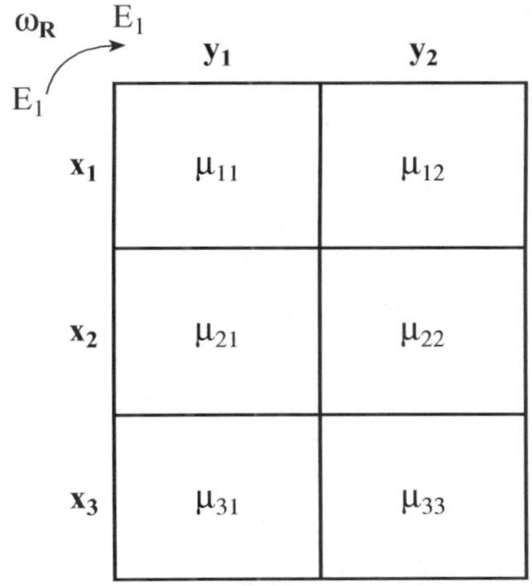

***Figura 7.1** — Matriz relacional*

da matriz, $\mu \in [0,1]$, são os valores de pertinência associados a cada par ordenado x_i, y_j. Os elementos dessa matriz ligam o universo de entrada ao universo de saída, com valor contido em $[0,1]$, tal valor também é chamado de *intensidade de mapeamento* ou força de ligação. A seta mostra a direção $U \Rightarrow V$, importante porque a relação $U \Rightarrow V$ é diferente da relação $V \Rightarrow U$. A relação $V \Rightarrow U$ é a *inversa* da relação $U \Rightarrow V$, obtida pela permutação de linhas e colunas.

Exemplo 7.2:

Sejam os elementos da matriz: $\mu(x_1, y_1) = 0{,}3$; $\mu(x_1, y_2) = 0{,}7$; $\mu(x_2, y_1) = 1$; $\mu(x_2, y_2) = 0$; $\mu(x_3, y_1) = 0{,}5$; $\mu(x_3, y_2) = 0{,}2$. A Figura 7.2 mostra a matriz relacional composta dos conjuntos X e Y, $X = \{x_1, x_2, x_3\} \subset U$, $Y = \{y_1, y_2\} \subset V$, $M = [0,1]$. O grafo $G \subset U \, X \, V$ também é chamado de *grafo fuzzy*. Se todos os valores de pertinência fossem discretos, seria um grafo comum. A Figura 7.2 mostra os valores de pertinência *fuzzy* como diferentes tons de cinza.

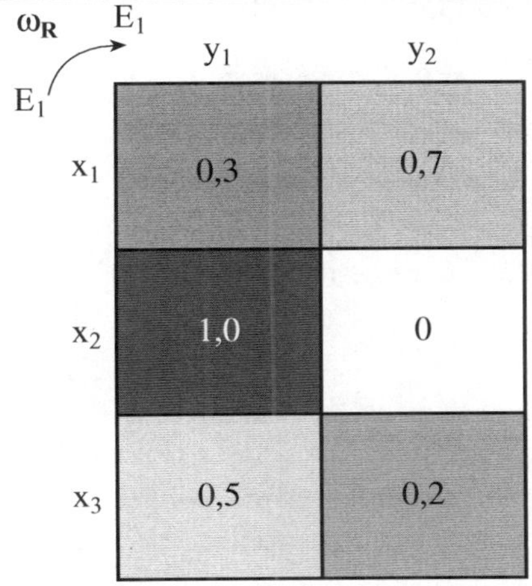

***Figura 7.2** — Matriz relacional do exemplo 7.2*

7.6 — CONJUNTOS FUZZY CONDICIONADOS

O conjunto *fuzzy* $B(y) \subset E_2$ é dito *condicionado* num espaço E_1 se sua função de pertinência μ_B também depender de um parâmetro x, por sua vez elemento do espaço E_1: $x \in E_1$. A função de pertinência condicional é então escrita na forma:

$$\mu_B(y/x) \tag{7.4}$$

onde $x \in E_1$, $y \in E_2$. A equação 7.4 é então a função de pertinência do conjunto B de elementos y, dado o parâmetro x. A noção de um *conjunto condicionado* é análoga à noção de uma *função* — SE $x = a$ ENTÃO $y = b$ pela função f, ou $y = f(x)$. Similarmente:

$$\text{SE } X = A \text{ ENTÃO } Y = B \text{ pela relação } R \tag{7.5}$$

que também pode ser escrita como:

$$A \underset{R}{\Rightarrow} B$$

7.7 — A REGRA COMPOSICIONAL DE INFERÊNCIA

A função de pertinência condicionada da Equação 7.4 define um mapeamento do espaço E_1 no espaço E_2. Em outras palavras, um conjunto *fuzzy* $A \subset E_1$ irá *induzir* outro conjunto *fuzzy* $B \subset E_2$ cuja função de pertinência será $\mu_B(y/x)$. Se o parâmetro x na Equação 7.4 pertencer a um conjunto $A(x) \subset E_1$, e adicionalmente $B(y) \subset E_2$ e $R(x,y) \subset E_1 X E_2$, então é possível escrever:

$$B(y) = A(x) \circ R(x, y) \tag{7.6}$$

onde " $\circ$ " é o *operador composicional* que indica uma operação generalizada similar a uma ***t***-norma ou ***s***-norma. Essa expressão é chamada de *regra composicional de inferência*. Para fins práticos, também pode ser escrita em termos das funções de pertinência dos respectivos conjuntos. Novamente, usando-se os operadores composicionais mais comuns, os valores de pertinência do vetor de pertinências$B(y)$ pode ser calculado da seguinte maneira:

Composição máx-mín: $$\mu_B(y) = \text{máx}\{\text{mín}[\mu_A(x), \mu_R(x,y)]\} \tag{7.7}$$

Composição máx-produto: $$\mu_B(y) = \text{máx}\{\mu_A(x) \cdot \mu_R(x,y)\} \tag{7.8}$$

A regra composicional de inferência diz que se a relação *fuzzy* que representa um sistema, *R(x,y)*, é conhecida, então a resposta do sistema, *B(y)*, pode ser determinada a partir de uma excitação conhecida *A(x)*. Existe uma analogia interessante entre isso e a expressão que representa a resposta de um sistema linear a uma excitação conhecida em termos de transformadas de Laplace:

$$Y(s) = U(s) \cdot Z(s) \tag{7.9}$$

onde *Y(s)*, a transformada de Laplace da saída, é análoga a *B(y)*; *U(s)*, a transformada de Laplace da entrada, é análoga a *A(x)*; *Z(s)*, a *função de transferência*, é análoga à relação *fuzzy R(x,y)*. *Logo a relação fuzzy R(x,y) é tanto formalmente quanto funcionalmente análoga à função de transferência de um sistema linear.* Essa é a base do uso de técnicas *fuzzy* para a *modelagem* de sistemas e processos complexos (identificação de sistemas) e para o uso destes modelos para *computar sua resposta às excitações dadas*, ou seja, para utilização em controle.

Exemplo 7.3:

Sejam dois espaços $E_1 = \{x_1, x_2, x_3\}$ e $E_2 = \{y_1, y_2, y_3, y_4, y_5\}$. Define-se uma relação *fuzzy* $R \subset E_1 X E_2$ conforme mostrado na Figura 7.3. Dado um conjunto *fuzzy* $A \subset E_1$ em termos do seu vetor de pertinência: $A = \{0.3, 0.7, 1\}$, determine o conjunto *fuzzy* $B \subset E_2$,induzido pelo conjunto *fuzzy* $A \subset E_1$, pela relação *fuzzy* conhecida $R \subset E_1 X E_2$, mostrada na Figura 7.3. A operação *máx-mín* é executada do seguinte modo: a operação *mín* é similar às regras convencionais de multiplicação de matrizes, onde um vetor linha e um vetor coluna são combinados. O tamanho do vetor linha deve ser compatível com o tamanho do vetor coluna. O vetor coluna resultante é calculado conforme mostrado na Figura 7.4. Por fim aplica-se o operador *máx*:

$$máx(0,3; 0,7; 0,2) = 0,7 = \mu_B(y_1)$$

Os valores de pertinência *fuzzy* restantes do vetor *B* são calculados similarmente, resultando:

$$\mu_B(y_2) = 0,3; \mu_B(y_3) = 0,7; \mu_B(y_4) = 0,4; \mu_B(y_5) = 1;$$

Assim o conjunto *fuzzy* de entrada $A \subset E_1$ induziu o conjunto *fuzzy* de resposta, ou seja o de saída:

$B \subset E_2$ pela relação *fuzzy* $R \subset E_1 X E_2$ é:

$$B = \{ 0,7; 0,3; 0,7; 0,4; 1 \}$$

	y_1	y_2	y_3	y_4	y_5
x_1	0,8	1	0	0,3	0,7
x_2	0,8	0,3	0,8	0,4	0,7
x_3	0,2	0,3	0	0,2	1

Figura 7.3 — *Matriz relacional do exemplo 7.3*

$$\begin{bmatrix} 0.3 & 0.7 & 1 \end{bmatrix} \text{ min } \overset{y_1}{\begin{bmatrix} 0.8 \\ 0.8 \\ 0.2 \end{bmatrix}} = \begin{bmatrix} \min(0.3, 0.8) \\ \min(0.7, 0.8) \\ \min(1, 0.2) \end{bmatrix} = \begin{bmatrix} 0.3 \\ 0.7 \\ 0.2 \end{bmatrix}$$

Figura 7.4 — *Utilização de máx-mín para composição de uma regra de inferência*

7.8 — RELAÇÕES FUZZY COMO BASE DE CONHECIMENTO

Mostrou-se que uma relação *fuzzy* comporta-se como um modelo de sistema de modo análogo à função de transferência de Laplace que, se conhecida, nos permite determinar a resposta do sistema a uma dada excitação. Na terminologia de sistemas inteligentes, a relação *fuzzy* é uma *base de conhecimento*, ou seja, o depósito de toda a inteligência relacionada a um dado sistema. Assim como a função de transferência na teoria de controle linear, a relação *fuzzy*, se conhecida, nos permite computar a resposta do sistema a uma dada excitação. A diferença fundamental entre as duas é que a relação *fuzzy* não exige requisitos de linearidade ou de invariância temporal, para seu uso no cálculo da resposta do sistema. O projetista de sistemas de controle tem, então, duas tarefas e fazer, como se segue:

(a) Determinar a relação *fuzzy*. Esse é um problema de *identificação de sistemas.*

(b) Determinar a resposta a partir de dada excitação e da relação *fuzzy* conhecida. Esse é um problema de *controle* ou *estimação*.

7.9 — COMPOSIÇÃO INVERSA

A *regra composicional de inferência* (Equação 7.6) gera a resposta do sistema a partir de uma excitação dada através da relação *fuzzy* conhecida. Para se obter a inversão da relação deve-se fazer uma *composição inversa*: considere conhecida uma relação *fuzzy* $R \subset U \; X \; V$ onde U e V são espaços de entrada e saída, respectivamente. Dada a resposta do sistema, ou seja um conjunto *fuzzy* de saída $V_k \subset V$, é preciso determinar-se a excitação, o conjunto *fuzzy* de entrada, $U_k \subset U$ que gere a resposta do sistema pela relação *fuzzy* conhecida: $U_k \circ R = V_k$. Uma solução existirá apenas se a composição inversa $U_k = V_k \circ R^{-1}$ puder ser encontrada. Entretanto, a solução matemática da composição inversa de um sistema *fuzzy* é difícil de se obter e resulta em soluções não-únicas, sendo aqui mencionada com a finalidade de se completar o tema.

Felizmente, *um operador humano realiza a composição inversa de maneira inerente*, ao aplicar a entrada apropriada para gerar a saída desejada. Conforme mencionado na seção 3.6, quando controladores *fuzzy* são usados para implementar-se as estratégias de controle de operadores humanos, o importante é o comportamento do operador(a) humano(a), ou seja, como ele ajustaria os parâmetros de controle para um dado conjunto de circunstâncias. Em contraste aos sistemas clássicos de identificação de sistemas, onde o modelo do processo a ser controlado é identificado, na metodologia *fuzzy é o modelo do operador que é identificado* enquanto controla o sistema, como mostrado na Figura 3.3. Assim, ao se implementar um controlador *fuzzy* que incorpore a inteligência de um operador humano experiente – o operador conhece quais ações devem ser tomadas para se levar o sistema à um determinado ponto de operação – ou seja, o operador atua na planta de forma inversa à sua função de transferência. Ao se modelar tais ações, quer seja por uma base de regras ou de alguma forma numérica, automaticamente está sendo feita a composição inversa da planta ou processo para os objetivos de controle.

QUESTÕES DE REVISÃO

1. Assumindo a *t-norma mín*, discuta sobre interseção e produto cartesiano.
2. O que é regra composicional da inferência e por que é importante ?
3. Quais são as analogias e diferenças entre a relação *fuzzy* R e a função de transferência de Laplace?
4. Quais são as duas principais tarefas de um projetista de sistemas de controle ?
5. Como a modelagem de um operador de controle humano em malha fechada permite a composição inversa do problema de identificação ?
6. Qual a diferença entre identificação de sistemas *fuzzy* e estimação/controle *fuzzy* ?

8 BLOCOS FUNCIONAIS, FUNÇÕES DE PERTINÊNCIA, FUZZIFICAÇÃO E DEFUZZIFICAÇÃO PARA CONTROLADORES FUZZY

OBJETIVOS DO CAPÍTULO

- Apresentar a configuração básica e os blocos funcionais de um controlador *fuzzy*
- Fornecer um roteiro prático para o projeto das funções de pertinência
- Entender os conceitos e métodos de fuzzificação e defuzzificação

8.1 — CONFIGURAÇÃO BÁSICA DE UM CONTROLADOR FUZZY

Um controlador *fuzzy* é composto dos seguintes blocos funcionais:

- interface de fuzzificação;
- base de conhecimento;
- lógica de tomada de decisões;
- interface de defuzzificação.

Essa estrutura de controlador representa a *transformação* que ocorre do domínio do mundo real, que usa números reais, para o domínio *fuzzy*, que usa números *fuzzy*. Nessa transformação um conjunto de inferências *fuzzy* é usado para as tomadas de decisões, e por fim há uma *transformação inversa* do domínio *fuzzy* para o domínio do mundo real, para que ocorra o acoplamento entre a saída do algoritmo *fuzzy* e as variáveis de atuação.

8.1.1 — Funções da interface de fuzzificação

Os valores discretos (não-*fuzzy*) das variáveis de entrada geralmente são provenientes de sensores das grandezas físicas ou de dispositivos de entrada computadorizados. Um fator de escala pode ser usado para converter os valores reais de entrada para outros que sejam cobertos pelos universos de discurso pré-definidos para cada variável de entrada. Ademais, a interface de fuzzificação usa funções de pertinência contidas na base de conhecimento, convertendo os sinais de entrada em um intervalo [0,1] que pode estar associado a rótulos linguísticos.

8.1.2 — Base de conhecimento

A base de conhecimento representa o modelo do sistema a ser controlado. Consistindo de uma *base de dados (funções de pertinência lingüísticas)* e uma *base de regras fuzzy lingüísticas*. A *base de dados* fornece as definições numéricas necessárias às funções de pertinência usadas no conjunto de regras *fuzzy*. A *base de regras* caracteriza os objetivos de controle e a estratégia de controle utilizadas por *especialistas* na área, por meio de um conjunto de regras de controle em geral lingüísticas.

8.1.3 — Lógica de tomada de decisões

A lógica de tomada de decisões, incorporada na estrutura de inferência da base de regras, usa implicações *fuzzy* para simular tomadas de decisão humanas. Ela gera ações de controle – conseqüentes – inferidas a partir de um conjunto de condições de entrada – antecedentes.

8.1.4 — Funções da interface de defuzzificação

A defuzzificação consiste em obter-se um único valor discreto, utilizável numa ação de controle concreta no mundo real, a partir de valores *fuzzy* de saída obtidos. Este único valor discreto representa um compromisso entre os diferentes valores *fuzzy* contidos na saída do controlador.

Esta função é necessária apenas quando a saída do controlador tiver de ser interpretada como uma ação de controle discreta, como por exemplo, configurar um seletor numa determinada posição ou mover um motor para uma posição angular pré-definida. Existem sistemas que não exigem defuzzificação porque a saída *fuzzy* é interpretada de modo qualitativo. Por exemplo, na fabricação de queijos o padrão de saída *fuzzy* é comparado com aqueles que correspondem a certos aspectos qualitativos gerados por experimentadores humanos que usam o olfato e o paladar para avaliar a qualidade do queijo e assim uma saída subjetivamente lingüística seria razoável.

8.2 — ESTRUTURA DO CONTROLADOR FUZZY E FUNÇÕES DE PERTINÊNCIA FUZZY

Os dois principais componentes de um sistema *fuzzy* são sua *estrutura* e as *funções de pertinência fuzzy* utilizadas. Nos capítulos seguintes, três *estruturas de um controlador fuzzy*, cada uma responsável por uma das funções acima, serão analisados:

- Controladores *fuzzy* baseados em regras;
- Controladores *fuzzy* paramétricos;
- Controladores *fuzzy* baseados em equações relacionais.

Há diversas coisas em comum dentre as estruturas mencionadas, no tocante às funções de pertinência e à forma de operação com elas. Por essa razão, as funções de pertinência serão discutidas antes de cobrir-se as diferentes estruturas de controle.

8.3 — FUNÇÕES DE PERTINÊNCIA FUZZY

Funções de pertinência *fuzzy* representam os aspectos fundamentais de todas as ações teóricas e práticas de sistemas *fuzzy*. Uma função de pertinência é uma função numérica *gráfica* ou *tabulada* que atribui valores de pertinência *fuzzy* para valores discretos de uma variável, em seu universo de discurso. É preciso lembrar que o universo de discurso de uma variável representa o intervalo numérico de todos os possíveis valores reais que uma variável específica pode assumir. Neste livro as discussões se restringem a funções de pertinência discretizadas, apesar das ilustrações as mostrarem como contínuas, para enfatizar o aspecto prático no uso em controladores computadorizados.

A Figura 8.1 mostra três exemplos de funções de pertinência, onde o eixo vertical representa o intervalo [0,1] e o eixo horizontal o universo de discurso. Note que onde a função de pertinência se anula há a coincidência com o eixo horizontal. As funções de pertinência são (1) triangular, (2) trapezoidal e (3) fuzzy-tom, plotadas sob o mesmo universo de discurso de uma variável física.

Embora as funções de pertinência mostradas sejam triangulares e trapezoidais, isto não é obrigatório. A quantidade de funções em um universo de discurso e seu formato são escolhidos com base na experiência, na natureza do processo a ser controlado, ou numa entrevista com um operador humano especializado, que realize as funções de controle manualmente. De modo geral, esta não é uma tarefa trivial. Contudo, algumas dicas práticas podem ser mencionadas, como se segue:

- Um número prático de conjuntos *fuzzy* lingüísticos (funções de pertinência) é algo entre 2 e 7. Quanto maior o número de conjuntos, maior a precisão, mas a demanda computacional também é mais significativa. Por exemplo, experiências mostraram que uma mudança de 5 conjuntos triangulares para 7 aumenta a precisão em torno de uns 15%, a partir de valores maiores não há melhorias extremamente significativas.

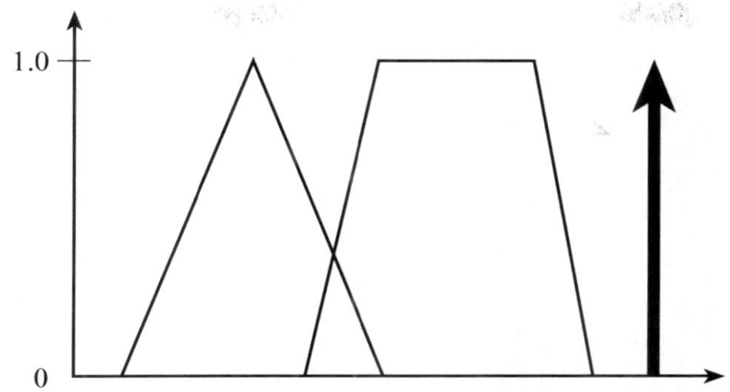

Figura 8.1 *— Exemplos de funções de pertinência*

- Os formatos mais freqüentemente encontrados são *triângulos* e *trapezóides*, pois são gerados com facilidade. Em casos onde um desempenho suave é de importância crítica, funções do tipo $cos^2(x)$, *gaussiana*, *sigmóide* e *spline cúbico* (*S*-shape) podem ser usadas. Note que as funções de pertinência não precisam ser simétricas ou igualmente espaçadas, e que cada variável pode ter um conjunto de funções de pertinência diferente, com diversos formatos e distribuições. Como exemplo, a Figura 8.2 mostra um típico conjunto de funções de pertinência para uma variável de posição de um servo-sistema. Note que perto do ponto central de equilíbrio as funções de pertinência são mais densas, garantindo uma maior sensibilidade para um ajuste de posição preciso, enquanto um ajuste mais grosseiro é aceitável em regiões mais distantes do ponto de equilíbrio. Em tais sistemas, o universo de discurso cobre valores negativos e positivos, tendo o zero como ponto central de equilíbrio.

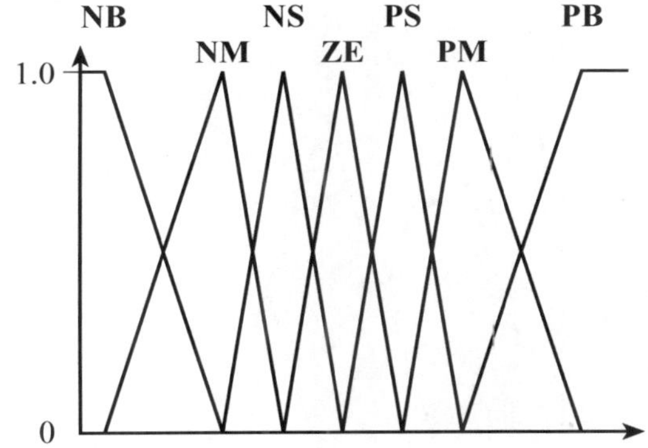

Figura 8.2 *— Funções de pertinência em um posicionador "servocontrolador"*

- Outro fator que afeta a precisão é o grau de *superposição* entre as funções de pertinência *fuzzy*. Um mínimo de *25%* e um máximo de *75%* foram determinados experimentalmente como adequados, sendo *50%* um compromisso razoável, pelo menos para os primeiros testes num sistema em malha fechada. Certamente, essa superposição surge como resultado, não como parâmetro de entrada. A *propriedade inerente de interpolação* da lógica *fuzzy* se dá em parte à superposição entre as funções de pertinência *fuzzy*. Funções trapezoidais com patamares largos e laterais superpostas bastante íngremes podem ser usadas, como na Figura 8.3, onde a saída *fuzzy* não é sensível a mudanças nos valores de entrada que recaiam sob as porções constantes dos trapezóides. Os rótulos lingüísticos tradicionais num sistema industrial para sete conjuntos de pertinência são:

NB = grande_negativo		*PS* = pequeno_positivo
NM = médio_negativo	*ZE* = zero	*PM* = médio_positivo
NS = pequeno_negativo		*PB* = grande_positivo

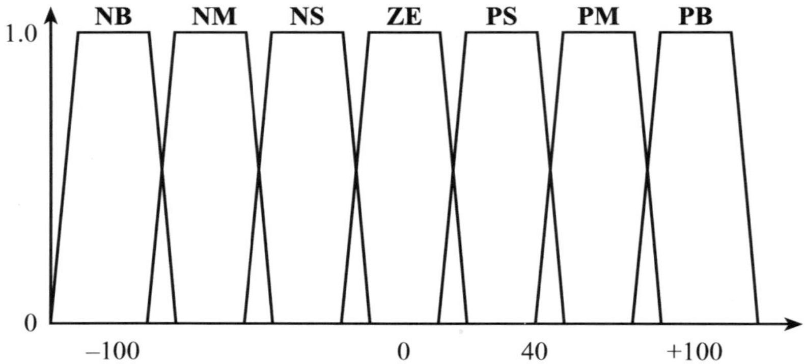

Figura 8.3 — *Funções de pertinência trapezoidais*

A Figura 8.4 mostra um típico conjunto de funções de pertinência triangulares eqüidistantes. Os rótulos dos conjuntos *fuzzy* podem ser denominados convenientemente, por exemplo, na Figura 8.4 há *L (Baixo), ML (Medianamente Baixo), M (Médio), MH (Medianamente Alto)* e *H (Alto).*

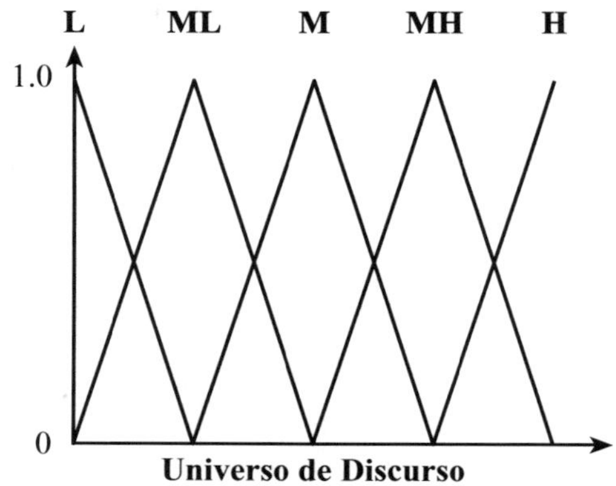

Figura 8.4 — *Funções de pertinência triangulares e eqüidistantes*

- No Capítulo 4 foi visto que um "pulso" isolado sobre um eixo horizontal pode representar um número discreto, conforme mostrado na Figura 4.1, com uma altura de, por exemplo, uma unidade. Tal pulso também pode representar o chamado *singleton fuzzy*, ou *"fuzzy-tom"*, freqüentemente usado como função de pertinência para saídas de controladores *fuzzy*. Fuzzy-tons são usados em conjunto com certos métodos de defuzzificação (Figura 8.5) onde se simplificam os cálculos, como será visto em mais detalhes, quando forem apresentados os métodos de defuzzificação.

- Devido ao fato de que projetar funções de pertinência é uma tarefa trabalhosa, técnicas especiais usando *redes neurais* e/ou *algoritmos genéticos* estão disponíveis para sua geração automática. Tais sistemas são dotados de uma capacidade de *aprendizagem*, a partir dos conjuntos de dados de entrada, com a qual identificam a posição e formato das funções de pertinência. Isso será discutido no Capítulo 14 em sistemas *neurofuzzy*.

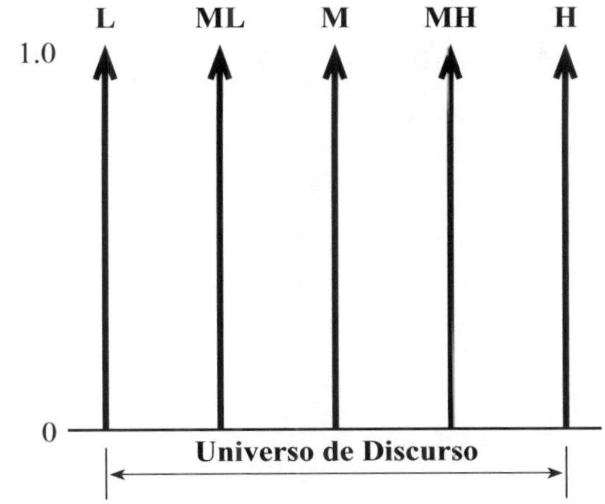

Figura 8.5 — *"Fuzzy-tons" em uma função de pertinência*

- No Capítulo 4, a Figura 4.2 ilustra uma representação gráfica de um número *fuzzy* X, mostrado como um conjunto *fuzzy* com uma área finita plotado no eixo real, sob um universo de discurso finito e contínuo U. Uma função de pertinência é na verdade um desses números *fuzzy* ou conjuntos *fuzzy*, com alguns atributos novamente mencionados a seguir:

- X deve ser *normal*: $$max\ \mu_X(u) = 1,\ u \in U \qquad (8.1)$$

Isto significa que para elementos $u \in U$, a altura máxima da função de pertinência deve ser *1*.

- X deve ser *convexo:* $$\mu_X\,[\lambda\, u_1 + (1 - \lambda)\, u_2] \geq min\,[\mu_X(u_1), \mu_X(u_2)] \qquad (8.2)$$ $$\text{para } u_1, u_2 \in U,\ \lambda \in [0,1]$$

A convexidade contém informações sobre a conectividade interior, e a forma do número *fuzzy*. Em outras palavras, previne os mencionados "buracos" e "vales" dentro dos extremos (Figura 5.4).

- Funções de pertinência devem ser *completas*. Isso significa que o conjunto de funções de pertinência associado a uma variável específica deve cobrir todo o universo de discurso desta variável.
- Também é possível usar funções de pertinência diferentes para cada variável, como mostrado na Figura 8.6.

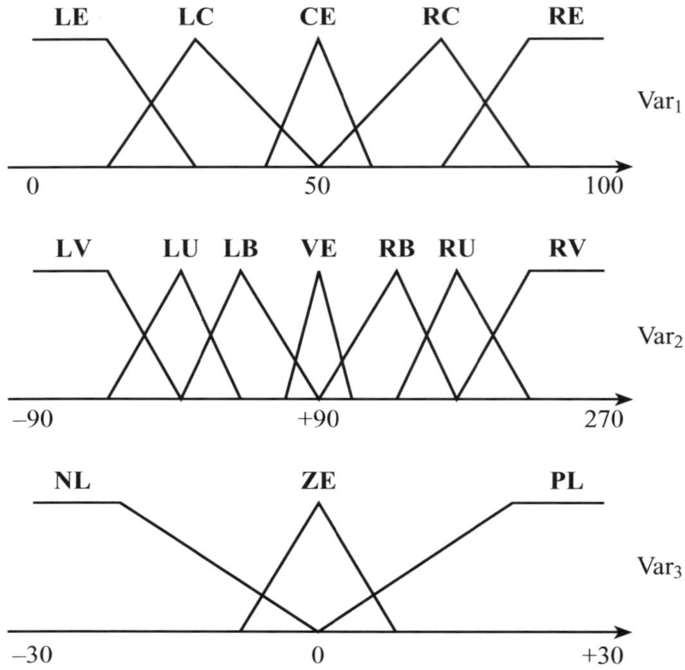

***Figura 8.6** — Funções de pertinência diferentes para cada variável*

8.4 — FUZZIFICAÇÃO

Fuzzificação é um mapeamento do domínio de números reais (em geral discretos) para o domínio *fuzzy*. Fuzzificação também representa que há atribuição de valores lingüísticos, descrições vagas ou qualitativas, definidas por funções de pertinência às variáveis de entrada. A fuzzificação é uma espécie de *pré-processamento* de categorias ou classes dos sinais de entrada, reduzindo grandemente o número de valores a serem processados. Uma menor quantidade de valores processados significa que há uma computação mais veloz. As funções de pertinência também podem ser um conjunto tabulado de valores numéricos, e um procedimento de consulta a tabelas, discutido na Seção 8.6, pode acelerar a fuzzificação.

Exemplo 8.1:

A Figura 8.3 mostra um conjunto de sete funções de pertinência trapezoidais e eqüidistantes, com rótulos lingüísticos, cujo universo de discurso foi normalizado para –100 ... +100. Para fuzzificar o valor discreto +40, deve-se observar que uma linha vertical no ponto +40 corta as funções de pertinência *PM* e *PS,* respectivamente, sem cruzar nenhuma outra função de pertinência. Isso deve ser interpretado assim: o equivalente fuzzificado do valor discreto +40, neste caso, pertence :

- à função de pertinência *fuzzy PM* com grau 0,4;
- à função de pertinência *fuzzy PS* com grau 0,6;
- à todas as outras funções de pertinência *fuzzy* com grau *0,0;*

Assim, o vetor *fuzzy* equivalente ao número discreto +40 é {0;0;0;0;0,6;0,4;0}. Notar que a soma dos componentes não-nulos é 1 devido à superposição de 50%.

8.5 — VETOR DE POSSIBILIDADES

O Exemplo 8.1 mostrou a conversão de um único valor discreto de uma variável num conjunto *fuzzy,* consistindo de um número de elementos igual à quantidade de funções de pertinência usadas no processo de fuzzificação com 50% de superposição. Se o número de funções de pertinência for M, a fuzzificação de um vetor discreto $\{x_1, x_2,..., x_n\}$ produzirá N vetores *fuzzy* $p_1, p_2,...,p_n$ chamados de *vetores de possibilidades* com M elementos cada, onde cada vetor tem dois componentes não-nulos, ou apenas um valor, caso a projeção vertical do número discreto a ser fuzzificado seja idêntica ao ponto onde ocorre o pico da função de pertinência.

8.6 — FUZZIFICAÇÃO POR TABELA EM MEMÓRIA

Para a operação de fuzzificação, pode-se calcular os valores dos vetores de possibilidades pelas equações que representam as funções de pertinência. Para diminuir o tempo de processamento computacional, pode-se usar uma consulta a uma tabela previamente armazenada em memória, conforme descrito a seguir.

O universo de discurso de cada variável é geralmente normalizado para um intervalo padrão adotado para o sistema, logo, conhece-se de antemão a faixa de cada variável. Isso implica que os valores *fuzzy* que correspondem aos valores discretos nesse universo de discurso podem ser pré-calculados e inseridos numa tabela discretizada. Assim, em vez de fuzzificar os valores discretos através de cálculo, os valores fuzzificados podem ser consultados nessa tabela em tempo real, fazendo-se interpolações quando necessário. Esse método acelera a fuzzificação consideravelmente. Pode-se determinar, experimentalmente, qual a mais baixa quantificação dos pontos discretos que ainda resulta em níveis de precisão satisfatórios. A Figura 8.7 mostra o erro de fuzzificação correspondente a diferentes números de valores tabelados, assumindo-se cinco funções de pertinência triangulares eqüidistantes com 50% de superposição.

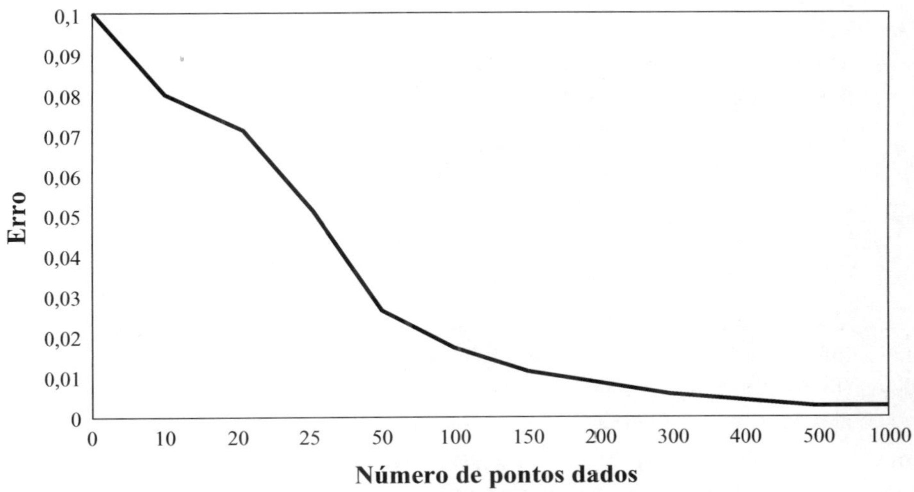

***Figura 8.7** — Erro através de cálculo por tabela em memória*

Como pode ser visto, o erro de fuzzificação é menor que 1% se o universo de discurso contiver mais de 150 números discretos. Na prática, é conveniente usar 256 pontos discretos como limite mínimo, cujos equivalentes *fuzzy* serão inseridos na tabela. Resultados mais precisos são obtidos se cada variável for normalizada individualmente dentro de seu próprio universo de discurso.

8.7 — DEFUZZIFICAÇÃO

Na defuzzificação, o valor da variável lingüística de saída inferida pelas regras *fuzzy* será traduzido num valor discreto. O objetivo é obter-se um único valor numérico discreto que melhor represente os valores *fuzzy* inferidos da variável lingüística de saída, ou seja a distribuição de possibilidades. Assim, a defuzzificação é uma transformação inversa que traduz a saída do domínio *fuzzy* para o domínio discreto. Para selecionar o método apropriado de defuzzificação, pode-se utilizar um enfoque baseado no centróide ou nos valores máximos que ocorrem da função de pertinência resultante. Os seguintes métodos são muito utilizados: (1) *Centro-da-Área (C-o-A)*, (2) *Centro-do-Máximo (C-o-M)*, e (3) *Média-do-Máximo (M-o-M)*

8.7.1 — Defuzzificação Centro-da-Área (C-o-A)

O método *Centro-da-Área* é freqüentemente chamado de método do *Centro-de-Gravidade,* pois ele calcula o *centróide* da área composta que representa o termo de saída *fuzzy* (μ_{OUT}), esse termo de saída *fuzzy* é composto pela união de todas as contribuições de regras. O centróide é um ponto que divide a área de μ_{OUT} em duas partes iguais. A Figura 8.8 mostra as funções de pertinência de uma variável lingüística de saída *Potência-do-Motor*. Assumindo que existam cinco funções de pertinência e que uma saída *fuzzy* (ação ou conseqüência) em particular, resultante das regras de inferência *fuzzy*, tenha sido:

$$NB = 0{,}0; \qquad NM = 0{,}0; \qquad ZE = 0{,}2; \qquad PM = 0{,}8; \qquad PB = 0{,}0;$$

ou, na forma de vetor de possibilidades: {0,0; 0,0; 0,2; 0,8; 0,0}.

Uma saída *fuzzy* direta do vetor de possibilidades é ambígua, pois duas ações diferentes, *ZE* e *PM*, têm graus de pertinência não-nulos. Deve-se lembrar que conjuntos *fuzzy* são combinados de acordo com regras da teoria de conjuntos. A Figura 8.8 mostra as áreas de *ZE* e *PM* combinadas pelo operador de *união*, o que faz com que seu contorno seja a saída *fuzzy* composta para a variável *Potência-do-Motor*. O método de defuzzificação *C-o-A* calcula o centróide desta área. O cálculo do centróide da área se dá da seguinte forma:

$$u^* = \frac{\sum_{j=1}^{N} u_i \mu_{OUT}(u_i)}{\sum_{j=1}^{N} \mu_{OUT}(u_i)} \tag{8.3}$$

onde $\mu_{OUT}(u_i)$ é a área de uma função de pertinência (como, por exemplo, *ZE* ou *PM*) modificada pelo resultado da inferência *fuzzy* (como, por exemplo, 0,2 ou 0,8 respectivamente), e u_i é a posição do centróide da função de pertinência individual — *ZE* ou *PM* respectivamente; tal equação calcula o centróide composto, para o qual contribuem as duas funções de pertinência indicadas.

O método de defuzzificação *C-o-A* apresenta pequenos problemas, um deles ocorre quando as funções de pertinência não possuem sobreposição, como na Figura 8.9(a), onde o centro geométrico da figura na realidade não deveria ter significado físico, outro fator é que se mais de uma regra tiver a mesma saída *fuzzy* há uma sobreposição de áreas que não é devidamente contabilizada, além disso a necessidade de integração numérica toma esforço computacional para cálculo.

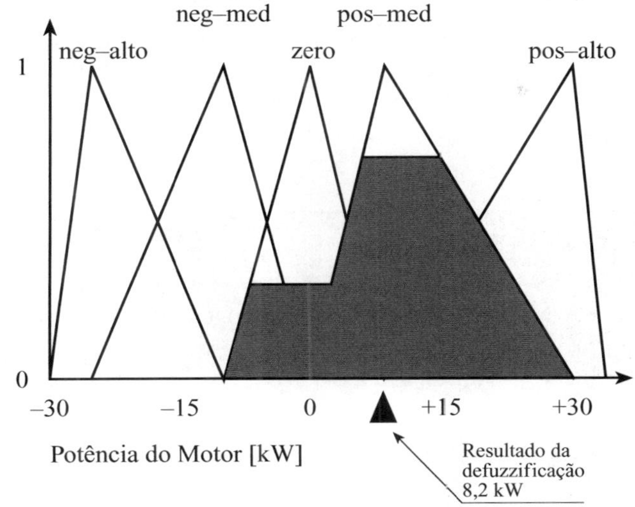

Figura 8.8 *— Método de defuzzificação pelo* Centro-da-Área

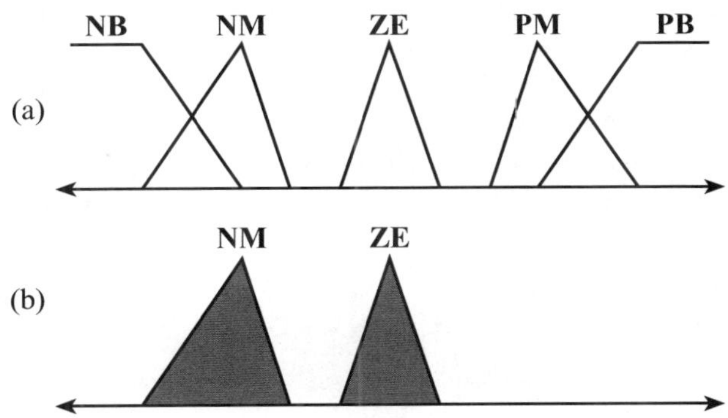

Figura 8.9 *— Erros que podem ocorrer devido à defuzzificação pelo* Centro-da-Área

8.7.2 — Defuzzificação Centro-do-Máximo (C-o-M)

Neste método os picos das funções de pertinência (setas cinza) representados no universo de discurso da variável de saída são usados, enquanto ignora-se as áreas das funções de pertinência; as contribuições múltiplas de regras são consideradas por esse método. Observar a Figura 8.10, que mostra as mesmas funções de pertinência que a Figura 8.8 para a variável lingüística *fuzzy* de saída *Potência-do-Motor*. Os valores não-nulos do vetor de possibilidades de saída são posicionados nos picos correspondentes (setas pretas). Assumindo que representam pesos, o valor de saída defuzzificado, discreto, é determinado achando-se o ponto de apoio onde os pesos ficam equilibrados. Assim, as áreas das funções de pertinência não desempenham nenhum papel e apenas os máximos (*pertinências singleton*) são usados. A saída discreta é calculada como uma média ponderada dos máximos, cujos pesos são os resultados da inferência conforme ilustra a analogia da Figura 8.11. O cálculo do valor defuzzificado é realizado através da seguinte equação (8.4), onde $\mu_{O,k}(u_i)$ indicam os pontos em que ocorrem os máximos (alturas) das funções de pertinência de saída. Esse método também é chamado por método de *defuzzificação pelas alturas*.

$$u^* = \frac{\sum_{i=1}^{N} u_i \cdot \sum_{k=1}^{N} \mu_{OUT}(u_i)}{\sum_{i=1}^{N} \sum_{k=1}^{N} \mu_{OUT}(u_i)} \qquad (8.4)$$

Exemplo 8.2:

Como exemplo, supor que o vetor de possibilidades de saída *fuzzy* {*NB, NM, ZE, PM, PB*} seja {0;0;0,2;0,8;0} e que os picos das funções de pertinência ocorram nos seguintes valores discretos –23 (*NB*), –8 (*NM*), 0 (*ZE*), 8 (*PM*), 23 (*PB*) do universo de discurso da variável lingüística *fuzzy Potência-do-Motor*. O cálculo fica:

numerador:

$$0 \, x \, 1 \, x \, (-23) + 0 \, x \, 1 \, x \, (-8) + 0{,}2 \, x \, 1 \, x \, (0) + 0{,}8 \, x \, 1 \, x \, (8) + 0 \, x \, 1 \, x \, (23) \; = \; = 6.4$$

denominador: 0,2 + 0,8 = 1

resultado defuzzificado: 6,4 / 1 = 6,4 *kW*

Como pode-se perceber, as Equações 8.3 e 8.4 são extremamente semelhantes, exceto que a Equação 8.3 usa as áreas de cada função de pertinência, enquanto a Equação 8.4 usa apenas seus máximos. Naturalmente, os resultados defuzzificados obtidos usando-se os dois métodos serão ligeiramente diferentes. Essa abordagem representa um *melhor compromisso* entre possíveis saídas com multiplicidade de disparo de conjunto *fuzzy*. Ou seja, se três regras forem acionadas, duas impondo saída *ZE* e uma impondo saída *PM*, a saída *ZE* fica reforçada nesse método de defuzzificação pelas alturas.

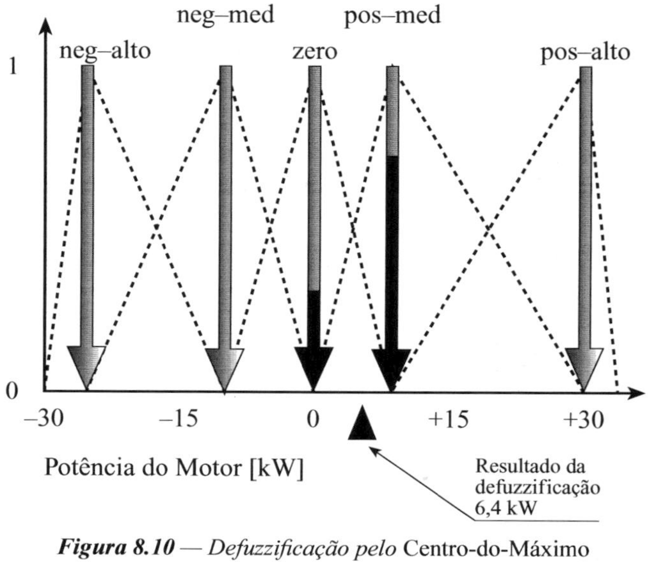

Figura 8.10 — *Defuzzificação pelo* Centro-do-Máximo

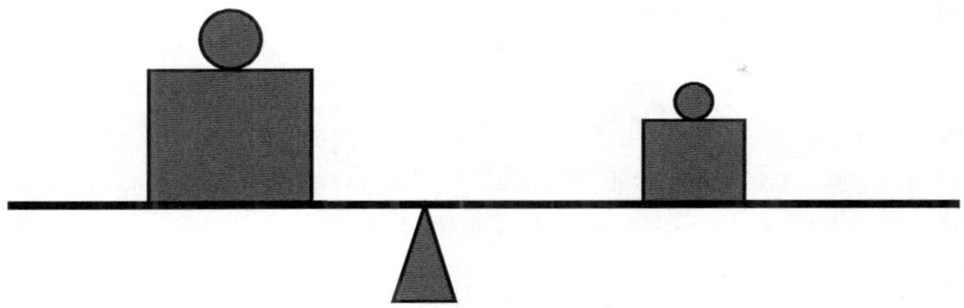

***Figura 8.11** — Analogia para a defuzzificação pelo* Centro-do-Máximo

8.7.3 — Defuzzificação Média-do-Máximo (M-o-M)

Uma abordagem para defuzzificação poderia ser a de se utilizar a saída cujo valor tenha o maior valor de pertinência $\mu_{OUT}(u_i)$. Em casos onde a função de pertinência tenha mais de um máximo essa idéia não poderia ser utilizada. A abordagem *C-o-M* também não funcionaria bem, devido à necessidade de se escolher qual máximo utilizar. Pode-se então tomar-se a média de todos os máximos:

$$u^* = \sum_{m=1}^{M} \frac{u_m}{M} \tag{8.5}$$

onde u_m é o m-ésimo elemento no universo de discurso, onde a função $\mu_{OUT}(u_i)$ tenha um máximo e M é o número total desses elementos. A abordagem *M-o-M* é também chamada de solução *mais plausível;* por desconsiderar o formato das funções de pertinência de saída.

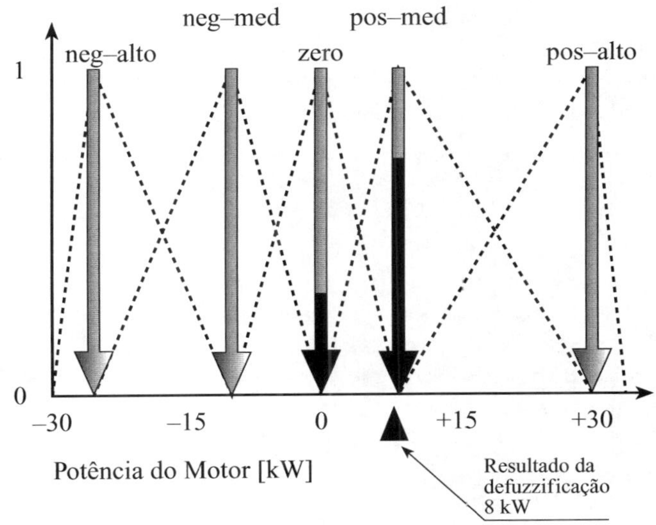

***Figura 8.12** — Defuzzificação pela* Média-do-Máximo

8.7.4 — O conceito de continuidade na defuzzificação

Um método de defuzzificação é dito contínuo se uma mudança infinitamente pequena numa variável de entrada não causar uma mudança abrupta em nenhuma das variáveis de saída.

Os métodos de defuzzificação *C-o-M* e *C-o-A* são ambos contínuos, já o método *M-o-M* é descontínuo. Isso se deve ao fato de que o *melhor compromisso* jamais pode saltar para um valor diferente com uma pequena mudança nas entradas. Por outro lado, a solução *mais plausível* não é única e pode assim saltar para um valor diferente.

É importante lembrar que funções de pertinência complexas não apresentam resultados melhores para valores de *saída*. Como sugestão prática utilize sempre que possível funções triangulares. Afinal, os métodos de defuzzificação *C-o-M* e *M-o-M* usam apenas os máximos das funções de pertinência.

O chamado método *C-o-A Rápido*, usado em algumas ferramentas de *software* e processadores de lógica *fuzzy*, consiste em calcular-se as áreas das funções de pertinência em tempo de compilação em vez de fazê-lo em tempo de execução, para acelerar o processo. Contudo, esse método ignora a superposição de funções de pertinência e logo é apenas uma aproximação do *C-o-A*.

8.7.5 — Qual Método de Defuzzificação Deve-se Usar?

- Aplicações em malha fechada: a propriedade de continuidade, é importante, pois se a saída de um controlador *fuzzy* controla uma variável do processo, saltos na saída do controlador podem causar instabilidade e oscilações, logo é prudente optar pela defuzzificação *C-o-M*. Contudo, em controladores *fuzzy*-PI, discutidos na Seção 9.8, um integrador colocado entre o controlador e o processo pode garantir que a variável de controle mantenha-se contínua, mesmo quando se usa o método *M-o-M*.
- Reconhecimento de padrões: pode-se usar o método *M-o-M*, porque se deseja-se identificar objetos pela classificação do sinal de um sensor, o resultado mais plausível é interessante. O vetor de possibilidades de saída é o resultado da classificação, pois ele contém informações sobre a similaridade entre o sinal e os objetos-padrão.
- Suporte à decisão: a escolha do método de defuzzificação depende do contexto da decisão. Decisões quantitativas, como alocação de recursos, ou priorização de projetos, podem usar o *C-o-M*, enquanto o *M-o-M* é recomendado para decisões qualitativas, como detecção de fraude em cartões de crédito e avaliação de crédito.

QUESTÕES DE REVISÃO

1. Compare os métodos de defuzzificação C-o-M, C-o-A e M-o-M.
2. Desenhe um diagrama de blocos para um controlador *fuzzy*.
3. Se você conectar um *fuzzificador* e um *defuzzificador* em série, e alimentar o *fuzzificador* com entradas discretas, o que ocorre na saída do *defuzzificador* ?
4. O que é *fuzzificação* por tabelas em memória ? Como pode ser implementada ?
5. O que é *fuzzy-tom* ou *"singleton"* ?
6. Dado o vetor discreto $V=\{x_1, x_2, \ldots, x_n\}$ e um *fuzzificador* consistindo de um conjunto de cinco funções de pertinência triangulares sobrepostas igualmente e distribuídas em um universo de discurso de *V*, esquematize a saída desse *fuzzificador*.
7. Apresente o conceito de continuidade na defuzzificação.

9 CONTROLADORES FUZZY BASEADOS EM REGRAS

OBJETIVOS DO CAPÍTULO
• Descrever genericamente um controlador *fuzzy* baseado em regras • Apresentar várias estruturas práticas de regras de inferência *fuzzy* • Explicar o conceito de *Grau-de-Suporte* • Estudar controladores convencionais e *fuzzy-PID* • Mostrar os graus de liberdade em um projeto de controle *fuzzy* • Mostrar o que é controle supervisório *fuzzy*

9.1 — REGRAS DE INFERÊNCIA FUZZY

Há dois tipos básicos de implicações *fuzzy*, também chamados por regras de inferência ou associações: o *modus ponens* (modo afirmativo) e o *modus tollens* (modo negativo), ambos operando de forma a se basear em premissas ou condições, as quais geram uma determinada conseqüência.

	Premissa 1:	$u = A$
modus ponens:	Premissa 2 :	*se* $u = A$ *então* $y = B$
	Consequência:	$y = B$

Isso relaciona-se com o mecanismo de *inferência progressiva* usado em controladores *fuzzy* e sistemas especialistas.

	Premissa 1:	$y =$ *não-B*
modus tollens:	Premissa 2:	*se* $u = A$ *então* $y = B$
	Consequência:	$u =$ *não-A*

Isso relaciona-se com o mecanismo de *inferência regressiva* usado em sistemas especialistas, assunto de diversos textos e publicações relativos à área de sistemas especialistas.

Sistemas especialistas que usam inferência progressiva, também chamada de "*forward-chained inference*", geralmente empregam variáveis discretas ou variáveis simbólicas convertidas em números discretos. Como resultado, acabam lidando com um enorme número de regras, centenas e muitas vezes milhares são utilizadas na base de conhecimento. Essa ordem de grandeza é muito maior que a quantidade de regras geralmente utilizada em um sistema *fuzzy* (tipicamente entre 20 e 100). Adicionalmente, nos sistemas especialistas as regras são disparadas em série, não em paralelo. Seu verdadeiro propósito é conduzir a algum tipo de diagnóstico, agindo como conselheiro ou dando sugestões. O seguinte exemplo ilustra o uso de um sistema especialista.

Exemplo 9.1:

Considere um sistema especialista relativamente simples, usado para diagnosticar o sistema de seu veículo, e assuma que você pode digitar uma sentença em português num teclado, como por exemplo, "MOTOR NÃO LIGA". Essa entrada simbólica é codificada como um número discreto via uma tabela, por exemplo 2000, e a porção antecedente de todas as regras é comparada com 2000 até que haja uma coincidência. Essa regra em particular com um antecedente codificado como 2000 é dita *instanciada*. Em seguida, a parte conseqüente dessa regra é usada para novamente comparar os antecedentes de todas as regras, até que nova coincidência seja encontrada, e assim por diante. Esse processo é chamado *encadeamento progressivo*, ou seja, o uso repetido do *modus ponens*. A parte conseqüente da última regra *instanciada* é então mostrada no terminal para o usuário, como resposta à sua entrada: "VERIFIQUE A BATERIA".

Sistemas especialistas que utilizam computação simbólica, requerem alta demanda computacional, grande complexidade estrutural e muita memória; assim não se pode executar sistemas especialistas em computadores microprocessados, industriais, ou em sistemas dedicados a controle em tempo real.

Uma *regra fuzzy* ou inferência *fuzzy* relaciona conjuntos *fuzzy* usando o *modus ponens* do seguinte modo:

SE $X = A$ ***ENTÃO*** $Y = B$ (9.1)

onde $A \subset X$ e $B \subset Y$. Um controlador *fuzzy* contém muitas destas inferências *fuzzy*, e todas são *ativadas em paralelo*, ou seja, ao mesmo tempo. Assim, um controlador *fuzzy* "raciocina" com *inferência associativa paralela*. Quando uma entrada é fornecida, um controlador *fuzzy dispara* cada regra em paralelo com graus diferentes, dependendo de um peso chamado *grau de suporte,* que é um número no intervalo [0,1] associado a cada regra, para inferir um resultado ou saída. Essa operação paralela é o que garante aos controladores *fuzzy* sua alta velocidade de processamento (por exemplo, num controlador *fuzzy* industrial típico, de *3* entradas e *1* saída, com *80* regras, o tempo de ciclo para varrer a estrutura de regras pode levar menos de um milissegundo). Sistemas *fuzzy* raciocinam com conjuntos lingüísticos em vez de proposições lógicas bivalentes, conforme visto a forma geral de uma inferência lógica *fuzzy*, associação *fuzzy* ou regra *fuzzy* é:

SE *<condições>* ***ENTÃO*** *<conclusão>* (9.2)

ou:

SE *<antecedente>* ***ENTÃO*** *<conseqüente>* (9.3)

As *<condições>* relacionam-se a valores *fuzzy* lingüísticos de uma ou mais variáveis, como por exemplo:

SE *pressão* = <muito baixa> ***E*** *temperatura* = <média> ***ENTÃO*** *válvula* = <abrir um pouco>

Modelos de sistemas físicos são *estimadores* no sentido que estimam sua saída como função da entrada. Uma função $f: U \Rightarrow Y$ mapeia o universo de discurso de entrada *U* ao universo de discurso de saída *Y*. Isto é, para cada elemento $u \in U$ a função atribui unicamente um elemento $y \in Y$, denota-se tal atribuição única como $y = f(u)$. Qualquer sistema físico, químico ou biológico estima funções no sentido em que respondem e *associam* suas respostas com estímulos. Em outras palavras, mapeiam tais estímulos em respostas ou transformam entradas em saídas, e esta transformação define a *função de entrada/saída* $f: U \Rightarrow Y$, caracterizando o sistema em questão. Assim, qualquer sistema pode ser identificado pelo modo como opera e transforma grandezas de entrada em saída. Sistemas *fuzzy* também podem estimar funções de entrada e saída, por técnicas *heurísticas*:

variável de entrada ⇒ inferência fuzzy (regra) ⇒ variável de saída

Um especialista humano, entrevistado para ajudar a formular o conjunto de regras *fuzzy*, pode articular *associações de entrada/saída lingüísticas*. Assim, sistemas *fuzzy* podem produzir estimativas de um sistema não-linear complexo sem recorrer a modelos matemáticos. Nesse escopo, a metodologia *fuzzy* é um *método de estimação de entrada e saída livre de modelos matemáticos.*

9.2 — A ESCOLHA DA INFERÊNCIA FUZZY

No Capítulo 6, um sistema multi-entradas multi-saídas foi caracterizado por um conjunto de regras da forma

SE $var_1=A$ <conectivo^t> $var_2=B$ <conectivo^t> ... ENTÃO $var_{01} = C$ <conectivo^t>...
<conectivo^s>
SE $var_1=D$ <conectivo^t> $var_2=E$ <conectivo^t> ... ENTÃO $var_{01} = F$ <conectivo^t>...
<conectivo^s>
......
......

onde *A, B, C, D* , *E* e *F* são conjuntos discretos ou *fuzzy*, <conectivo^t> representa genericamente o operador de intersecção *fuzzy*, e <conectivo^s> representa genericamente o operador de união *fuzzy*, escolhidos para se expressar a inferência *fuzzy* desejada. A escolha do método para combinar conjuntos associados às variáveis do sistema tem grande importância na estrutura do controlador.

Através de um grande volume de experiências, certas configurações de regras podem se tornar como a melhor escolha para casos específicos de controle. Todavia, para se projetar sistemas mais genéricos, atualmente há ferramentas computacionais para desenvolvimento, que fornecem um procedimento de projeto sistemático. Através de uma interface de projeto *fuzzy* pode se tentar inferências, funções de pertinência e arquiteturas adequadas visando robustez e funcionalidade.

Na *agregação*, ou seja na composição dos vários conjuntos *fuzzy* de entrada dentro de uma regra, as ***t***-normas *mín* e *produto* são mais comuns, enquanto que na *combinação*, ou composição das saídas *fuzzy* de cada regra, a ***s***-norma *máx* tem sido a mais prática. Assim, definem-se as estruturas *máx-mín* ou *máx-produto* para controladores *fuzzy*. O *mín* ou operador de intersecção *fuzzy* implica um conectivo *E* e o *produto* também é um operador de intersecção *fuzzy* que implica num conectivo *E*. A seção seguinte mostra detalhadamente o funcionamento de um controlador *fuzzy* do tipo *máx-mín.*

9.3 — EXEMPLO DE CONTROLADOR FUZZY USANDO INFERÊNCIA MÁX-MÍN

Considere um controlador *fuzzy* simples, de *2* entradas e 1 saída, consistindo de apenas duas regras (Figura 9.1):

Regra 1: ***SE*** $var_1 = PS$ ***E*** $var_2 = ZE$ ***ENTÃO*** $var_{out} = NS$
Regra 2: ***SE*** $var_1 = ZE$ ***E*** $var_2 = ZE$ ***ENTÃO*** $var_{out} = ZE$

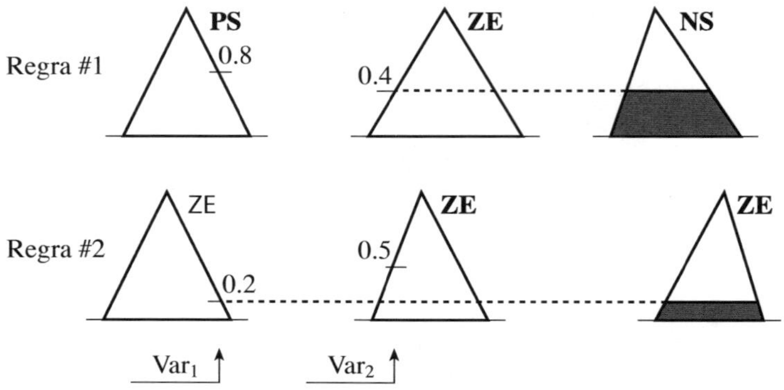

***Figura 9.1** — Agregação em um sistema com duas regras*

Passo #1: ***"E"***

Os números de entrada *fuzzy* (i.e.,conjuntos de pertinência) *PS* e *ZE* são combinados usando o operador *mín* que corresponde ao conectivo ***E*** de acordo com as regras da intersecção *fuzzy*. Esta operação é chamada *agregação.*

As duas entradas discretas do sistema são var_1 e var_2 plotadas no eixo horizontal. Considere a Regra 1. Um linha vertical construída sobre var_1 até cruzar o conjunto *fuzzy* antecedente *PS* o cruza em aproximadamente 0,8, enquanto uma linha vertical construída sobre var_2 até o conjunto *fuzzy* antecedente *ZE* o cruza em aproximadamente 0,4. Usando o *E* precisamos obter o menor valor, e projetar uma linha horizontal sobre o conjunto *fuzzy* conseqüente *NS*, que é truncado em $w_{NS} = 0{,}4$. Esse truncamento é expressado da seguinte maneira:

$$\mu_{NS'}(y) = mín\,[\,w_{NS}, \mu_{NS}(y)\,] \quad (9.4)$$

O conjunto *fuzzy NS'* é a versão truncada do conjunto *fuzzy NS* , e representa a conclusão da Regra 1.

A Regra 2 funciona do mesmo modo que a Regra 1. O valor fuzzificado de var_1 é 0,2 enquanto o de var_2 é 0,5. Novamente pegando o menor valor, o conjunto conseqüente é cortado em $w_{ZE} = 0{,}2$:

$$\mu_{ZE'}(y) = mín\,[\,w_{ZE}, \mu_{ZE}(y)\,] \quad (9.5)$$

As operações acima estão representadas na Figura 9.1 e o conjunto *fuzzy* conseqüente da Regra 2 é *ZE.*

Deve-se mencionar que se em vez da inferência *máx-mín* tivesse sido usado a inferência *máx-produto*, os conjuntos *fuzzy* conseqüentes teriam sido multiplicados (escalonados) por w_{NS} e w_{ZE} respectivamente. Assim, a operação *mín* trunca o conjunto *fuzzy* conseqüente enquanto a operação *produto* o *escalona*. Isso é mostrado na figura 9.2. É óbvio que a operação *produto* fornece melhor continuidade e uma função de entrada/saída mais suave, já que a operação *mín* cria descontinuidades não-lineares na saída *fuzzy*.

Passo #2: ***"OU"***

Nesta operação, chamada *composição*, os conjuntos *fuzzy* correspondentes a *NS'* e *ZE'* são combinados usando o operador *máx*, que corresponde ao conectivo ***OU*** de acordo com as regras da união *fuzzy*. O operador *máx* cria o contorno ou envelope comum aos dois conjuntos *fuzzy*. Conforme

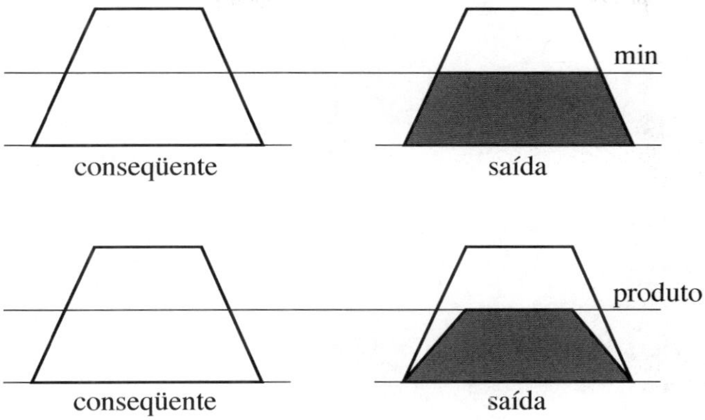

***Figura 9.2** — Truncamento versus escalamento na operação* E

mencionado no Capítulo 8, esta operação converte o resultado do processo de inferência *fuzzy* num único valor numérico. Na Figura 9.3, a operação de composição e a defuzzificação por centróide são usadas. É interessante notar que os operadores *mín* e *máx* não produzem interação entre os conjuntos, já que tão logo um valor de pertinência seja menor (ou maior) do que o outro, ele deixa de ter influência sobre a função de pertinência de saída resultante, "bloqueando" o outro. Essa robustez é definitivamente uma vantagem dos sistemas *fuzzy*. Para um sistema com *n* regras, o procedimento é o mesmo que o descrito, com contribuições de cada regra individualmente de forma a se obter a saída.

A figura 9.4, na página seguinte, mostra um sistema de 7 regras usando inferência *máx-mín*. A razão de mostrar essa figura é explicar a particular posição dos conjuntos *fuzzy* PS e ZE, e através disso mostrar a contribuição individual de cada conjunto *fuzzy* para a saída unicamente quando esta é acionada pela operação *mín* ou *máx*.

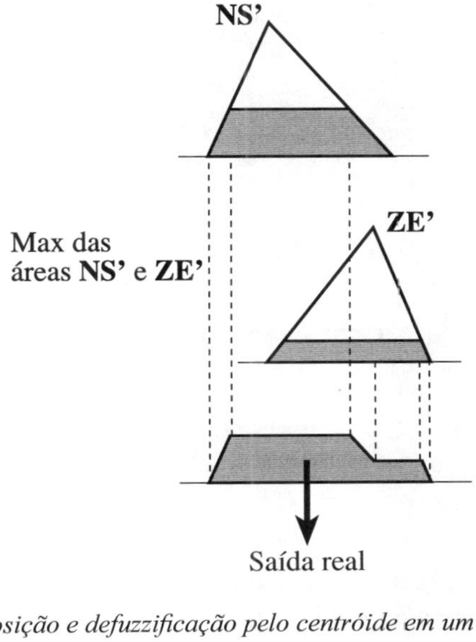

***Figura 9.3** — Composição e defuzzificação pelo centróide em um sistema de duas regras*

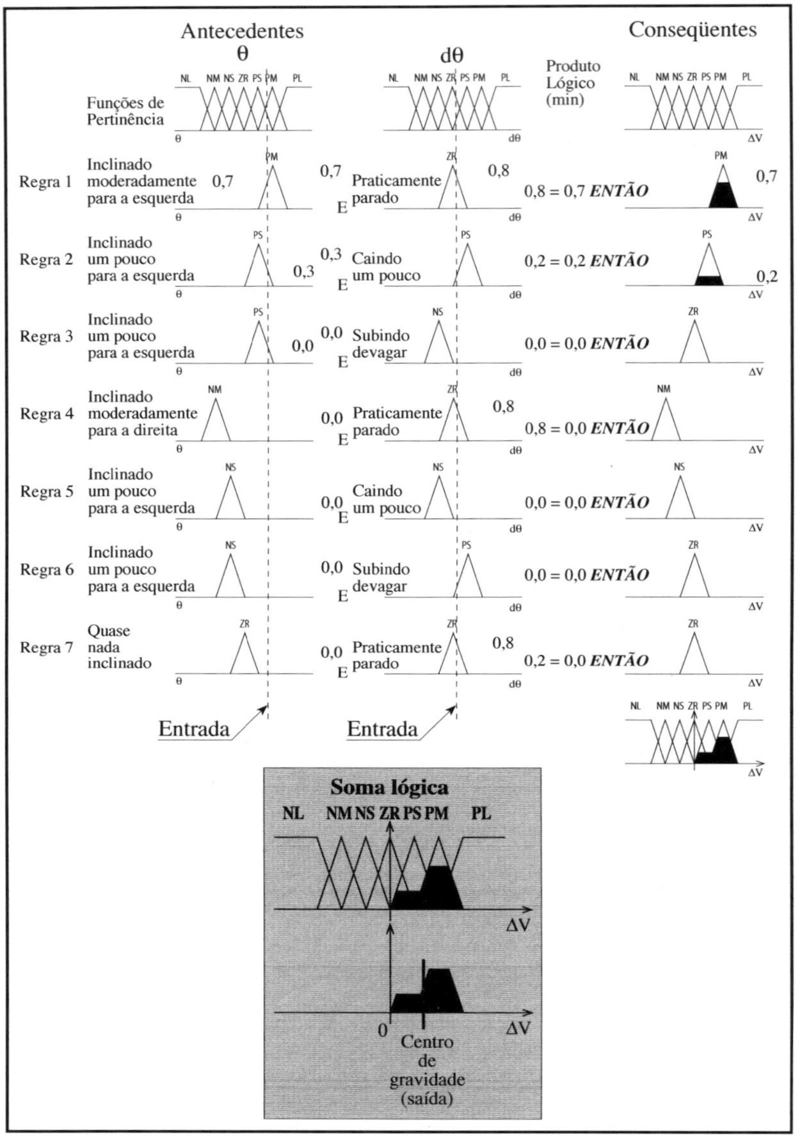

***Figura 9.4** — Sistema usando inferência* máx-mín

9.4 — TABELA (OU MAPA) DE REGRAS FUZZY

O mapa (ou tabela) de regras *fuzzy* é idêntico à relação *fuzzy* introduzida na Seção 7.4. As entradas na matriz da relação *fuzzy* eram valores de pertinência no intervalo [0,1], enquanto as do mapa de regras *fuzzy* são funções de pertinência definidas como, por exemplo, *PB* (*positive-big*), *PM* (*positive-medium*), *NS* (*negative-small*), etc. Como já foi dito anteriormente, o mapa de regras *fuzzy* é a *base de conhecimento*, o depósito da inteligência.

As entradas da matriz de regras são preenchidas durante a identificação do sistema *fuzzy*, quando tipicamente um operador humano auxilia na identificação da operação e controle do processo.

Exemplo 9.2:

Seja uma regra *fuzzy* de 2 entradas e 1 saída, assim:

$$SE\ v_1 = PM\ E\ v_2 = PS\ ENTÃO\ v_{out} = NS$$

Considere que os eixos horizontal e vertical do mapa de regras representam v_1 e v_2, e as entradas da matriz, v_{out}. O mapa de regras *fuzzy* é um *arranjo* representando todas as combinações de variáveis de entrada e saída, em termos de seus conjuntos *fuzzy* lingüísticos. Nesse exemplo, o conjunto *fuzzy* de saída *NS* deve ser colocado no cruzamento dos conjuntos *fuzzy* de entrada *PM* e *PS*, como mostrado na Figura 9.5. Todas as outras regras da estrutura de regras *fuzzy* devem ser posicionadas de modo similar. Células vazias indicam que aquelas combinações de entrada e saída em particular não foram usadas, ou não ocorrem. Isso é semelhante ao que operadores humanos fazem quando selecionam apenas as regras relevantes, para que não haja desperdício de esforços. O controle *fuzzy* reproduz fielmente a habilidade humana usando descrições de sistemas simples e não-redundantes.

	NM	NS	ZE	PS	PM
NM					
NS					
ZE					
PS					NS
PM					

(Variável 1 = linhas, Variável 2 = colunas)

***Figura 9.5** — Mapa de regras fuzzy para o exemplo 9.2*

Entretanto, quando um mapa de regras é assim implementado num controlador *fuzzy*, a situação é ligeiramente diferente. Podem ocorrer perturbações intermitentes, ruídos, ou até uma entrada falsa, o que pode disparar uma saída falsa. Num caso prático, as células vazias são preenchidas ou com indicadores de alarme ou com o conteúdo da célula "vizinha mais próxima".

9.5 — COMPOSIÇÕES QUE NÃO SÃO S-NORMAS

A operação *máx* tende a produzir uma distribuição uniforme para a composição de números *fuzzy* à medida que aumenta o número de conjuntos *fuzzy* combinados. Um envelope de distribuição uniforme tem o mesmo centróide, assim quanto maior o número de regras (cada uma produzindo uma contribuição para a área que representa a saída *fuzzy*), menor a diferença no valor defuzzificado correspondente, porque o centróide é quase o mesmo. Logo, surpreendentemente, quando o número de regras aumenta, a sensibilidade do sistema diminui. Em vez da composição *máx* (i.e. a *s*-norma ou união via *OU*), a *soma* foi proposta, de modo a somar os números *fuzzy* representando cada um dos conjuntos conseqüentes de cada regra. A Figura 9.6 mostra as inferências *soma-mín* ou *soma-produto*.

A título de simplificação, a Figura 9.6 mostra regras de 1 entrada e 1 saída: por exemplo, (A_1,B_1) significa ***SE*** A_1 ***ENTÃO*** B_1. Os coeficientes w_i são pesos no intervalo [0,1], chamados *Graus de*

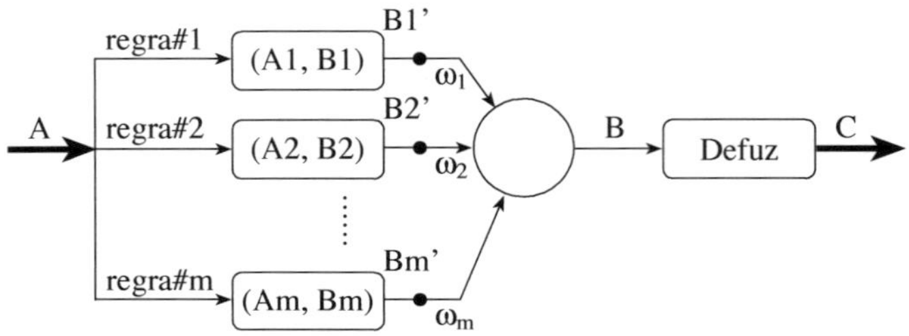

Figura 9.6 *Inferência fuzzy soma-dos-mínimos*

Suporte, que representam a importância relativa de uma regra em particular dentro do conjunto completo de regras. Os números *fuzzy* B_1', B_2', ..., B_m' são responsáveis pelos conjuntos *fuzzy* truncados (*soma-mín*) ou escalonados (*soma-produto*), somados numa única área cujo centróide será calculado, gerando a saída defuzzificada ao se usar a defuzzificação *C-o-A*. O método da soma tem sua importância reduzida quando se utilizam das defuzzificações *C-o-M* ou *M-o-M,* porque nestas abordagens os conjuntos conseqüentes são ignorados. Tais opções estão geralmente disponíveis nos mais recentes *softwares* de sistemas de desenvolvimento de controladores *fuzzy*.

9.6 — VANTAGENS DE CONTROLADORES INDUSTRIAIS FUZZY BASEADOS EM REGRAS

Controladores *fuzzy* baseados em regras têm um grande número de vantagens práticas, o que os tornaram a mais popular configuração usada pelos *softwares* de sistemas de desenvolvimento de controladores *fuzzy*.

- Regras de controle *fuzzy* são de fácil compreensão pelo pessoal de manutenção, na medida em que são baseadas no senso comum, e o efeito ou resultado de cada regra pode ser facilmente interpretado.
- Todas as funções de controle associadas com uma regra podem ser testadas individualmente. Isso aumenta a facilidade de manutenção, porque a simplicidade das regras permite o uso de pessoal menos treinado.
- Regras individuais combinam-se para formar uma estrutura de onde executa-se um controle complexo. Essa cooperação de regras, oriunda do processamento paralelo, permite à lógica *fuzzy* controlar sistemas complexos usando expressões simples. Adicionalmente, pode-se acrescentar regras para condições de alarme que disparam raramente e aumentam muito pouco o tempo de processamento do ciclo de controle, mesmo tendo um papel importantíssimo na ocasião adequada. Tanto funções de controle lineares quanto não-lineares podem ser implementadas por um sistema baseado em regras, usando o conhecimento de um especialista formulado em termos lingüísticos.
- Processamento paralelo é veloz. O controlador *fuzzy* completa a tarefa de processamento sem envolver muitos cálculos, e com isso a velocidade de processamento é aumentada. Pode-se conseguir processamento ultra-rápido, se necessário (embora raramente precise-se disto em aplicações industriais) usando controladores baseados em hardware, tais como *"transputers"*, que levam o potencial do processamento paralelo ao máximo. Contudo, na maioria das aplicações industriais, controladores *fuzzy* baseados em software são decididamente rápidos o bastante para gerenciar as tarefas, e ainda permanecer flexível e transparente ao projetista. Transparência refere-se a um atributo importante dos sistemas modernos de desenvolvimento de lógica *fuzzy*, pelo qual o projetista não faz nenhuma atividade de programação propriamente dita; ele(a) apenas manipula objetos gráficos na tela do computador e, ao terminar, o programa de controle

é escrito automaticamente na linguagem requerida pela plataforma usada. Isso será discutido oportunamente.

- Controladores *fuzzy* são inerentemente confiáveis e robustos, resistentes a perturbações externas e desgaste ao envelhecimento de componentes internos. Sistemas convencionais processam equações complexas em seqüência, e se houver um erro em uma delas sequer, o resultado final é totalmente questionável. Num controlador *fuzzy* cada regra é processada independentemente, e com isso seu efeito no resultado final é mínimo. Isso significa que uma falha parcial do sistema pode não deteriorar significativamente a performance do controlador.

9.7 — CONTROLADORES PID

A maior parte dos controladores industriais são do tipo *Proporcional-Integral-Derivativo* (*PID*), implementado basicamente pela programação de um *Controlador Lógico Programável* (*CLP*), às vezes também chamado por *PLC*. A flexibilidade, o baixo custo e a robustez dos *CLPs* e a disponibilidade de blocos funcionais de *hardware,* tais como, por exemplo, unidades centrais de processamento (*CPU*), contadores, temporizadores, unidades aritméticas, escalonadores, comparadores, entradas digitais e analógicas, *"drivers"* de relés e motores de passo, módulos de comunicação, módulos de interfaceamento paralelo e serial, integradores, diferenciadores, etc... tornam possível programar um *CLP* de várias maneiras diferentes. O programa é armazenado na memória na forma de uma *lista* de expressões individuais, um *fluxograma* do sistema de controle que lembra um diagrama de blocos lógicos, ou um "*ladder diagram* " que se assemelha a uma rede de contatos de relés. Os padrões *ISO 9000* possibilitam a programação de *CLPs* em linguagens comuns de computação, tais como *C/C++*, *Pascal*, etc... desenvolvidas em *PCs* trabalhando "off-line". A presença massiva de tecnologias computacionais sugere o uso de controladores *PID* digitais discretos, e com isso um controlador *PID* se transforma em apenas mais um programa na memória de um computador. O sinal contínuo de erro na entrada do controlador é amostrado e convertido em sinais digitais, enquanto a saída digital do controlador é reconvertida num sinal analógico contínuo alimentado ao processo controlado.

O controlador *PID* é um controlador temporal cuja função contínua de entrada e saída para controle de posição é:

$$c(t) = Kp \cdot e(t) + Ki \cdot \int e(t)dt + Kd \cdot \frac{de(t)}{dt} \tag{9.6}$$

e em sua forma discreta:

$$c(k) = Kc \cdot \left\{ e(k) + \frac{T}{\tau_i} \cdot \sum_{k=0}^{n} e(k) + \frac{\tau_d}{T}\left[e(k) - e(k-1) \right] \right\} \tag{9.7}$$

A Figura 9.7 mostra o diagrama de blocos de um sistema discreto digital genérico. O sinal analógico $e(t)$ é convertido pelo *A/D* (conversor analógico/digital) para uma seqüência discreta de números, $m[kT]$, $k = 1,2,...,N$. Isso exige que o sinal analógico seja amostrado nos intervalos $t = kT$. Um circuito *sample-and-hold* mantém o último valor amostrado constante para o conversor *A/D* até o próximo intervalo de amostragem. A seqüência discreta $m[kT]$ é então processada pelo algoritmo de controle para obter-se a seqüência de controle $u[kT]$. Por sua vez, essa seqüência é convertida por um *D/A* (conversor digital/analógico) para o sinal analógico $u(t)$ que controla o processo. O algoritmo de controle do *PID* é apenas uma peça de *software* que é executada no computador mostrado.

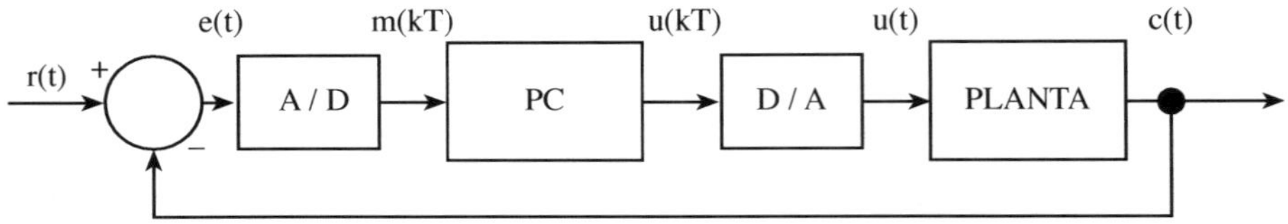

***Figura 9.7** — Diagrama de blocos de um sistema de controles típico*

9.8 — PROBLEMAS COM CONTROLE PID E COM MODELAGEM DE PROCESSOS EM GERAL

Controladores *PID* são controladores automáticos que trabalham bem se o processo é razoavelmente linear, onde uma mudança na entrada do processo gera uma mudança proporcional na saída do processo. Se a relação de entrada e saída do processo for levemente não-linear, ajustes periódicos dos parâmetros do controlador são necessários. Há diversos métodos de ajuste de *PID* como *Ziegler-Nichols* e *Cohen-Coon*, dentre outros. Entretanto, no caso de processos altamente não-lineares, ou quando são usados na malha de realimentação elementos de controle ou atuadores substancialmente não-lineares (como por exemplo, válvulas de controle), ou quando a modelagem matemática do processo encontra dificuldades devido ao conhecimento insuficiente ou complexidade da planta em geral, controladores *PID* têm um desempenho pobre. Nesses casos, o único recurso é continuar utilizando operadores humanos especializados.

As dificuldades encontradas na modelagem matemática de um processo podem ser classificadas como a seguir:

- Processos químicos ou físicos pouco conhecidos

  Para uma modelagem precisa, certas informações sobre o processo são necessárias, o que não apenas gera dificuldades mas também pode criar requisitos contraditórios.

- Parâmetros desconhecidos

  Os parâmetros, assim como sua evolução no tempo, são necessários.

- Tempo morto

  Um parâmetro crítico, que é em geral pouco conhecido ou muda com o tempo. Conhecimento insuficiente do tempo morto pode levar a sérios problemas de estabilidade em malha fechada.

- Tamanho e complexidade do modelo

  Modelos matemáticos de sistemas complexos são difíceis de lidar. Além de um certo grau de dificuldade, os modelos perdem seu valor e se tornam pouco atraentes para um certo grau médio de conhecimento matemático.

- Não-linearidades

  Um sistema linear obedece o princípio da superposição, pelo qual se $c_1(t)$ é a resposta do sistema a $r_1(t)$, e $c_2(t)$ é a resposta a $r_2(t)$, então a resposta do sistema a $a_1r_1(t) + a_2r_2(t)$ é $a_1c_1(t)+ a_2c_2(t)$. Contudo, o princípio da superposição não se aplica a sistemas não-lineares e as operações matemáticas usadas na análise de sistemas lineares não são aplicáveis a sistemas não-lineares. Sistemas quase-lineares onde o desvio da linearidade não é tão grande, ou onde a função não-linear de entrada e saída é suave e livre de saltos súbitos, dentro de uma pequena região na vizinhança do ponto de operação, podem ser considerados lineares. Processos não-lineares, por definição, têm um ganho de entrada dependente da amplitude. Em malha fechada, se o ganho aumenta com a amplitude de entrada, perturbações podem induzir instabilidade. Não-linearidades que aumentam o ganho da malha em baixas amplitudes tendem a causar oscilações senoidais contínuas (ciclos-limite) de amplitude e período fixos. Ciclos-limite podem ser estáveis ou instáveis, e podem ser levados a oscilar apenas com sinais muito baixos ou muito altos.

A Figura 9.8 mostra a função de entrada e saída de uma curva de *saturação,* que claramente apresenta a dependência da saída sobre a amplitude da entrada. Também ilustra a função de entrada e saída de uma curva de saturação com uma *zona morta*, assim como *backlash* ou histerese mecânica que se deve à diferença de movimento entre uma saída crescente e uma decrescente. A origem da histerese é a folga inerente em acionamentos mecânicos e a histerese eletromagnética é semelhante a esta.

Em controle industrial, o controlador aciona um elemento final de controle, como por exemplo, uma válvula de atuação cuja função de entrada e saída (o sinal do controlador versus a vazão de saída) pode ser não-linear. De fato, válvulas de controle são disponíveis com uma série de características opcionais de entrada e saída (determinadas pela geometria da válvula) e em certos casos válvulas de características não-lineares são escolhidas deliberadamente pelo projetista do sistema. Na maioria das válvulas o acionamento é pneumático ou hidráulico, mas o meio de controle é elétrico ou eletrônico. Por exemplo, válvulas pneumáticas estão entre os elementos finais de controle mais comuns, e pode-se mostrar que sob certas condições exibem funções de entrada e saída de segunda ordem. Assim, mesmo que o controlador e o processo sob controle sejam lineares, os elementos de atuação no processo podem introduzir não-linearidades na malha de realimentação.

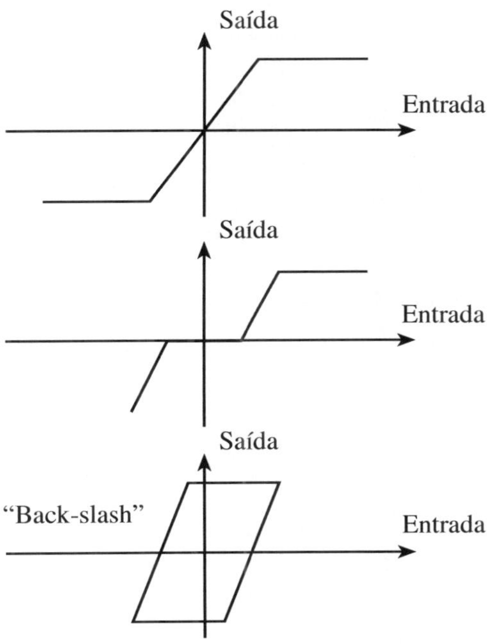

Figura 9.8 *— Não-linearidades comuns em processos industriais*

Como uma não-linearidade controlada por um *PID* se manifesta? O controlador *PID* precisa ser ajustado para resposta ótima, isto é, pequeno tempo de subida, sobre-sinal mínimo, erro em regime nulo, por meio de seu *ganho proporcional* para o componente "*P*", constante de integração temporal τ_I para o componente "*I*" e constante de diferenciação temporal t_D para o componente "*D*". Quando o processo é linear, esses ajustes são independentes um do outro e podem ser feitos um por vez. No caso não-linear, contudo, eles afetam-se mutuamente, e torna-se difícil ou impossível ajustar-se o controlador de maneira apropriada.

- Distorção harmônica

  Um sistema linear com uma entrada senoidal produz uma saída senoidal de mesma freqüência, embora amplitude e fase possam diferir. Contudo, a saída de um sistema não-linear freqüentemente contém componentes adicionais de outras freqüências, ou seja, o sistema gera freqüências harmônicas que não estavam presentes na entrada original.

- Estabilidade

  A estabilidade de um sistema linear depende apenas das condições iniciais e dos parâmetros do sistema. Contudo, a estabilidade de um sistema não-linear depende das condições iniciais, dos parâmetros do sistema e da natureza do sinal de entrada. Por exemplo, um sistema não-linear pode ser estável para um tipo de sinal de entrada e instável para outro.

- Uso em sistemas de controle multivariável

  Controladores *PID* são controladores de uma entrada e uma saída. Em aplicações de controle industrial multivariável, um controlador *PID* é usado para cada variável em seu próprio ciclo de realimentação, isto é, os ciclos de controle são isolados uns dos outros.

Os pontos de operação de cada controlador *PID* são freqüentemente ajustados por um *sistema supervisório de controle* computadorizado, que ajusta os pontos de operação individuais com base em um roteiro de atividades. Contudo, ajustes geralmente são necessários em função de uma dada saída, e não de um instante predeterminado. Em outras palavras, um ajuste em um ciclo pode depender da observação de uma variável pertencente a outro ciclo. Isso sugere que pode ser útil explorar interdependências entre variáveis físicas, exigindo um modelo matemático do processo bastante complexo. Já discutimos os problemas associados com essa abordagem. Assim, nesses casos, operadores humanos precisam ser usados para ajustar os pontos de operação com base em suas observações.

9.9 — CONTROLADORES PID FUZZY

A equação (9.7) pode ser plotada em um gráfico tridimensional com o erro $e(k)$ em um dos eixos do plano horizontal, a variação-de-erro $[e(k) - e(k-1)]$ no outro eixo do plano horizontal e a saída de controle $c(k)$ como altura, todas essas variáveis normalizadas no intervalo $[-1,+1]$. O resultado é uma superfície, parametrizada em Kc, $\dfrac{T}{\tau_i}$ e $\dfrac{\tau_d}{T}$, caracterizada por essa equação e determinando o desempenho transitório de um controlador *PID*. Ao se utilizar um controlador *PID fuzzy* possibilita-se uma "deformação" nessa superfície, que compense as não-linearidades do sistema. Assim, tanto a modelagem, quanto o enfoque de controle *fuzzy*, podem ser uma boa solução para o controle de sistemas industriais não-lineares, na medida em que controladores *fuzzy* são sistemas dinâmicos, realimentados, invariantes no tempo e não-lineares. Algoritmos *fuzzy* também podem emular praticamente qualquer função não-linear (conforme o Teorema da Aproximação *Fuzzy*, apresentado na Seção 6.16). Uma curva de saturação, típica de atuadores industriais eletromecânicos pode ser emulada por um algoritmo *fuzzy*, onde a função de entrada e saída pode ser definidas em termos heurísticos, tais como positivo e negativo. O próximo exemplo demonstra essa capacidade de descrição de não-linearidades.

Exemplo 9.3:

Considere um controlador *fuzzy* de uma entrada e uma saída. As funções de pertinência da variável de entrada lingüística *Entrada*, mostrada na Figura 9.9(a), são definidas como *positiva* e *negativa* da seguinte maneira:

$$\mu_{pos}(e) = \begin{cases} 0, & \text{se } a < -a \\ me + ma & \text{se } -a < e < a \\ 1, & \text{se } a < e \end{cases}$$

$$\mu_{neg}(e) = \begin{cases} 1, & \text{se } a < -a \\ -me + ma & \text{se } -a < e < a \\ 0, & \text{se } a < e \end{cases}$$

A variável de saída lingüística, *Saída*, tem as funções de pertinência *direita*, $u = u_1$ e *esquerda*, $u = -u_1$ (fuzzy-tons). As regras são:

SE *Entrada = positiva* ***ENTÃO*** *Saída = direita*
SE *Entrada = negativa* ***ENTÃO*** *Saída = esquerda*

Um valor de saída discreto u é calculado como uma média ponderada:

$$u = \sum_{I} u_i \mu_I / \sum_{1} \mu_i = u_1(-me + ma) + u_1(me + ma)/(-me + ma) + (me + ma) = 2u_1 me/2ma$$

A Figura 9.9(b) mostra os conjuntos *fuzzy* de saída, através dos seguintes operadores: conectivo E = operador *mín*; altura dos fuzzy-tons = 1; defuzzificação pelo método *C-o-A*. A função de entrada e saída resultante do controlador *fuzzy* é a já conhecida função de entrada e saída de saturação (Figura 9.8):

$$\mu(e) = \begin{cases} -u_i & \text{se } a < -a \\ (u_1/a)e & \text{se } -a < e < a \\ u_1 & \text{se } a < e \end{cases}$$

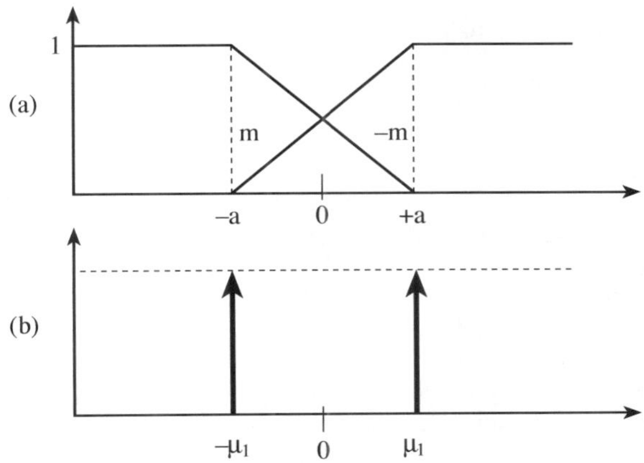

Figura 9.9 — *Funções de pertinência de entrada e saída para o Exemplo 9.3*

O formato das regras de um controlador *fuzzy* discutido anteriormente é:

$$\textbf{\textit{SE}}\ v_1 = XX\ \textbf{\textit{E}}\ v_2 = YY\ \textbf{\textit{ENTÃO}}\ v_{out} = ZZ \tag{9.8}$$

E o formato das regras de um controlador *PID fuzzy* é:

$$\textbf{\textit{SE}}\ v = XX\ \ \textbf{\textit{E}}\ dv = YY\ \textbf{\textit{ENTÃO}}\ v_{out} = ZZ \tag{9.9}$$

ou, em outras palavras, se uma entrada é *XX*, então a outra é *YY*, igual à *taxa de variação* de *XX*.

9.9.1 — Controlador fuzzy proporcional

Considere um controlador proporcional discreto, de uma entrada e uma saída:

$$u = K_p\, e \tag{9.10}$$

onde *e* é o erro entre o sinal de um ponto de operação (i.e. referência) e a saída do processo. A regra de controle *fuzzy* é:

$$\textbf{\textit{SE}}\ erro = E_i\ \textbf{\textit{ENTÃO}}\ controle = U_i \tag{9.11}$$

onde E_i e U_i são funções de pertinência lingüísticas atribuídas às variáveis *e* e *u*. Neste caso, o controlador *fuzzy* tem uma única saída *e*.

9.9.2 — Controlador proporcional-integral (PI) fuzzy

Seja *de* a variação do erro *e* e *du* a variação da saída *u*. No domínio do tempo:

$$du = K_p\, e + K_I\, de \tag{9.12}$$

A definição da regra *fuzzy* é:

$$\textbf{\textit{SE}}\ erro = E_i\ \textbf{\textit{E}}\ variação\ do\ erro = dE_i\ \textbf{\textit{ENTÃO}}\ variação\ do\ controle = dU_i \tag{9.13}$$

Esse controlador *fuzzy* tem duas entradas: o erro e sua primeira derivada. Note que a expressão da variação do controle deve ser integrada antes de poder ser usada para controlar o processo.

9.9.3 — Controlador proporcional-integral-diferencial (PID) fuzzy

A expressão de um controlador *PID* no domínio do tempo é:

$$du = K_p\, e + K_I\, de + K_d\, d^2e \tag{9.14}$$

onde d^2e é a *variação da variação do erro*. Isto sugere o uso de um controlador *fuzzy* com três entradas *e, de,* d^2e, e uma saída *dU* governada por regras da forma:

$$\textbf{\textit{SE}}\ erro = E_i\ \textbf{\textit{E}}\ variação\ do\ erro = dE_i\ \textbf{\textit{E}}\ variação\ da\ variação\ do\ erro = d^2E_i$$
$$\textbf{\textit{ENTÃO}}\ variação\ do\ controle = dU_i \tag{9.15}$$

Note que aqui, novamente, a expressão da variação do controle deve ser integrada antes que possa ser usada para controlar o processo. Uma forma de se implementar um controlador PD pode ser também através da utilização do sinal do erro (*E*), da variação do erro (*dE*) e a saída de controle, ao invés de se tomar a variação *dU*, utilizar o valor de atuação *U*.

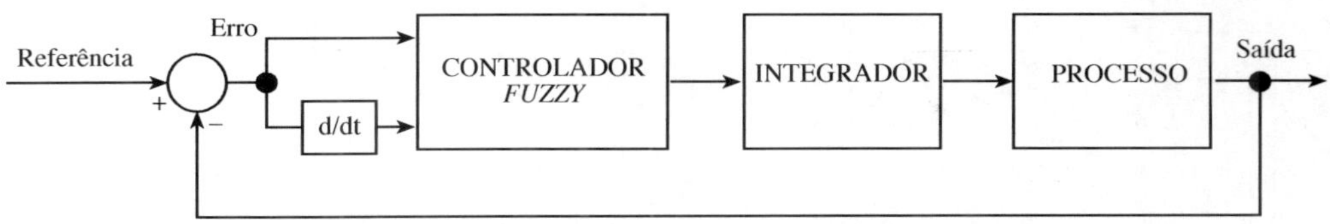

Figura 9.10 *— Controlador fuzzy-PI*

9.9.4 — Observações gerais sobre controladores PID fuzzy

A configuração de duas entradas (erro e variação de erro) para o controlador *PI fuzzy* mostrou-se a mais utilizada e, se por um lado tem dado bons resultados em muitas aplicações, por outro seu desempenho depende também de seu ajuste, que deve ser feito na base da tentativa e erro. De fato, ao se projetar qualquer controlador *fuzzy*, existem muito mais escolhas e opções do que no caso de controladores convencionais. O projeto, ajustes, sintonia visando a otimização de um sistema *fuzzy,* são influenciados pela seguinte quantidade de graus de liberdade:

$$\boldsymbol{k}\ x\ \boldsymbol{k}_1\ x\ \boldsymbol{r}\ x\ \boldsymbol{r}_1\ x\ \boldsymbol{r}_2 x\ \boldsymbol{m}\ x\ \boldsymbol{p}\ x\ \boldsymbol{d} \qquad (9.16)$$

onde m = número de variáveis de entrada; p = número de variáveis de saída; k = número de funções de pertinência para cada variável; k_1 = forma das funções de pertinência para cada variável; r = número de regras *fuzzy*; r_1 = opções de inferência usadas na estrutura de regras *fuzzy*; r_2 = grau de suporte associado a cada regra; d = opções de métodos de defuzzificação. Muitas dessas escolhas são baseadas em dados empíricos e "dicas" de projeto existentes, e os pacotes de *software* para desenvolvimento de controladores *fuzzy* disponíveis tornam possível experimentar várias opções de modo eficiente e rápido, seja com simulações apropriadas, seja atuando-se no próprio objeto de controle.

Freqüentemente alega-se que o projeto de sistemas de controle *fuzzy* é feito *ad hoc* e que, de fato, não existe uma metodologia sistemática de projeto. Os que manifestam tais opiniões parecem esquecer-se que nenhum procedimento de projeto, por mais sistemático que seja, será válido a menos que o projetista esteja familiarizado com o processo físico ou químico a ser controlado, incluindo seus problemas e peculiaridades. *Nenhum procedimento sistemático de projeto aplicado mecanicamente a sistemas reais jamais gerará um sistema de controle satisfatório na ausência de qualquer informação prévia sobre o processo.* Quanto mais o projetista souber sobre seus sistemas, mesmo que apenas qualitativamente, mais fácil será para ele escolher corretamente os parâmetros.

9.9.5 — Controlador fuzzy supervisório

O problema em se usar controladores *PID* num sistema de controle supervisório foi discutido na Seção 9.6, onde observou-se que variáveis isoladas do processo são controladas por controladores *PID,* enquanto o controle supervisório é feito por operadores humanos. A lógica *fuzzy* pode fornecer uma solução eficiente para esse problema, pela qual controladores supervisórios multivariáveis *fuzzy* são projetados com base na experiência dos operadores em vez de se utilizar modelos matemáticos e o controlador supervisório *fuzzy* atua nos pontos de operação dos controladores *PID*. A Figura 9.11 mostra que cada variável do processo pode ser mantida constante por um controlador *PID*, enquanto os pontos de operação dos *PIDs* são provenientes de uma interface construída com base na operação heurística, através de gerenciamento das variáveis de controle e de variáveis de observação.

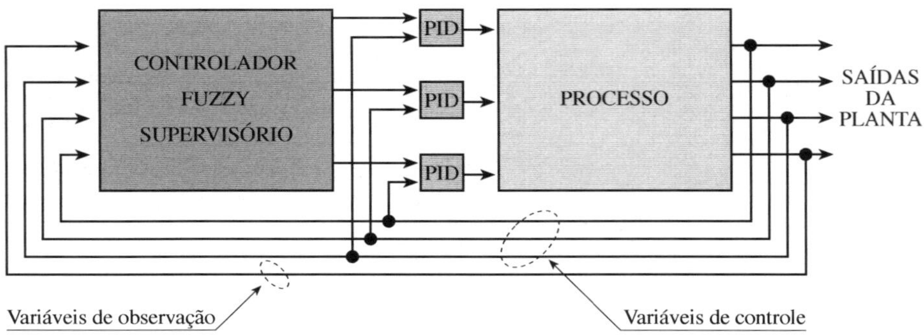

Figura 9.11 — *Controle fuzzy supervisório*

QUESTÕES DE REVISÃO

1. Controladores PID são bem aceitos pela indústria. Por que usar então controladores PID *fuzzy* ?
2. Por que usar controle *fuzzy* supervisório, quando existem sistemas automáticos de gerenciamento capazes de manipular o valor de referência de muitos PID's automaticamente ?
3. O que se entende por *grau de liberdade* de um controlador *fuzzy* ?
4. Sistemas especialistas também têm um conjunto de regras semelhante a um sistema *fuzzy*. Qual a diferença fundamental entre ambos ?
5. Qual a diferença entre os tipos de controlador *fuzzy máx-mín* e *máx-produto* ?
6. O que é um controlador *fuzzy* tipo *soma-mín* ou *soma-produto* ?
7. *Soma*, *mín* e *produto* não são operações computacionalmente difíceis. Isso significa que controladores *fuzzy* podem ser construídos sobre adicionadores e multiplicadores de hardware convencionais ?
8. Qual característica de um controlador *fuzzy* tipo *máx-mín* é primariamente responsável por sua robustez ?
9. Qual é a base de conhecimento de um sistema *fuzzy* ?

10 CONTROLADORES FUZZY PARAMÉTRICOS

OBJETIVOS DO CAPÍTULO

- Entender a diferença entre o método *fuzzy* baseado em regras e controle fuzzy paramétrico, principalmente visando-se aplicações de estimação
- Mostrar que a abordagem paramétrica é um método *fuzzy* híbrido, baseado em regras com uma componente matemática
- Evidenciar as similaridades entre o controle *fuzzy* baseado em regras e as aproximações paramétricas *fuzzy*

10.1 — PRINCÍPIOS BÁSICOS

A forma paramétrica das regras *fuzzy* foi mencionada na Seção 8.2 como sendo a segunda estrutura de controle *fuzzy*. O formato genérico de uma regra na forma paramétrica é:

$$\textbf{\textit{SE}}\ s_1 = S_1^{\,i}\ \textbf{\textit{E}}\ s_2 = S_2^{\,i}\ \textbf{\textit{ENTÃO}}\ v_{out}^{\,i} = a_0^{\,i} + a_1^{\,i} s_1 + a_2^{\,i} s_2 + \ldots + a_p^{\,i} s_p^{\,i} \qquad (10.1)$$

onde s_i é uma variável de entrada, S_j^i é uma função de pertinência lingüística *fuzzy*, e o conjunto de coeficientes $\{a_j^i\}$ é os conjunto de parâmetros a ser identificado.

Os princípios desse algoritmo de identificação de sistemas estão ilustrados na Figura 10.1. A idéia por trás dessa abordagem é combinar uma descrição global baseada em regras com *aproximações lineares locais* por meio de um modelo de regressão linear correspondente a um modelo linear de entrada e saída que se usaria para descrever o sistema localmente (Figura 10.2). Em outras palavras, é uma abordagem híbrida que combina um método *fuzzy* baseado em regras e um método matemático: os antecedentes (partes *SE*) definem os trechos superpostos relacionados à transferência de entrada e saída, e os conseqüentes (partes *ENTÃO*) definem aproximações lineares para estes trechos. O Exemplo 10.1 mostra que a porção da premissa das regras *fuzzy* é idêntica à abordagem baseada em regras, mas os conseqüentes são descritos por equações matemáticas. Abaixo estão mostrados dois exemplos de regras no método paramétrico, onde os pulsos de corrente de um retificador trifásico são observados em um equipamento, e são formadas regras empíricas, baseadas na largura (W) e altura (H) desses pulsos, as quais contribuem para o valor da corrente eficaz (I_S).

Exemplo 10.1:
Regra 1:
SE largura (W) = média ***E*** altura (H) = baixa
ENTÃO corrente RMS (I_S) = $A_{01} + A_{11}W + A_{21}H$
Regra 2:
SE largura (W) = baixa ***E*** altura (H) = média
ENTÃO corrente RMS (I_S) = $A_{02} + A_{12}W + A_{22}H$

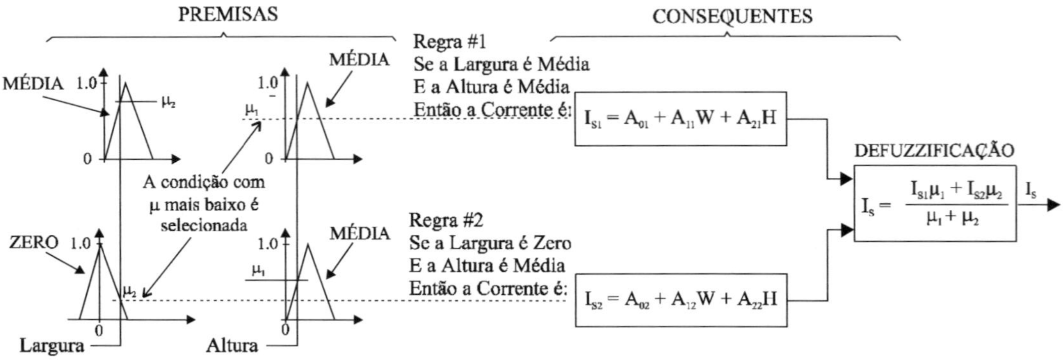

***Figura 10.1** — Princípios do algoritmo paramétrico* fuzzy

No Exemplo 10.1 os conseqüentes são funções lineares das variáveis de entrada *W* e *H*, e os parâmetros A_{ij} são coeficientes constantes. Os coeficientes A_{ij} podem ser determinados por análise de regressão linear, baseada em procedimentos estatísticos, e depois ajustados por simulação.

No método paramétrico, os coeficientes da equação linear A_{ij} são *treinados* por dados de exemplos. *Isso é comparável à fase de aprendizagem de uma rede neural,* onde os dados de entrada e a saída desejada correspondente são apresentadas à rede de modo a estabelecer-se os pesos sinápticos (vide Capítulo 14).

As saídas das equações lineares são então defuzzificados, onde a média ponderada dos conseqüentes é avaliada pelos respectivos valores de pertinência, para determinar-se a saída (vide Capítulo 8).

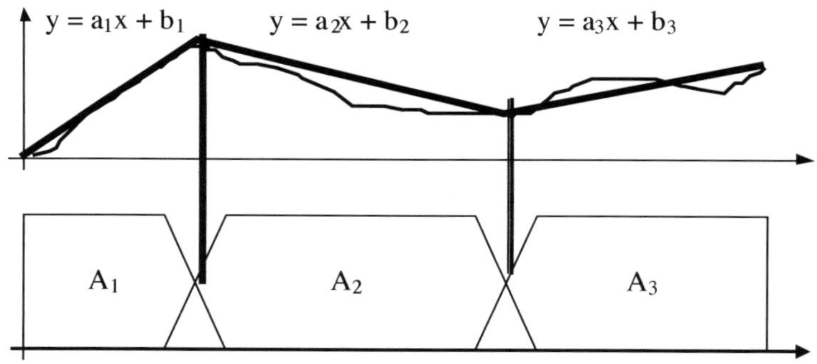

***Figura 10.2** — Descrição local linear através de um modelo fuzzy paramétrico*

Exemplo 10.2:

Considere o sistema do Exemplo 10.1. Assuma que dispõe-se de uma tabela de valores, obtida seja por medidas, seja por simulações, para um sistema de duas entradas (*W e H*) e uma saída (I_s). A tarefa é encontrar segmentos lineares da função de saída, ajustando-se uma reta naqueles valores que correspondem às entradas *fuzzy* definidas por funções de pertinência lingüísticas:

Amostra #	W	H	I_s
1	0.1	0.8	–0.3
2	0.2	0.7	0.4
3	0.5	0.6	0.7
4	0.3	0.7	0.8
5	0.4	0.1	0.1
6	0.5	0.5	0.5
7	0.5	0.9	–0.2

Assumindo-se um conjunto inicial de funções de pertinência para as variáveis de entrada W e H, conforme a Figura 10.3. Considere a seguinte regra

Regra 1: **SE** largura (W) = *média* **E** altura (H) = *baixa*
ENTÃO corrente $RMS\ (I_s) = A_{01} + A_{11}W + A_{21}H$

Os pontos de máximo da função de pertinência *média* no eixo horizontal para a W são 0,2 e 0,6 e os da função de pertinência *baixa* para a variável H são 0,5; 0,8. Na tabela onde o valor de W está entre 0,2 e 0,6 e os valores de H entre 0,5 e 0,8 são as linhas 2,3,4 e 6.

Amostra #	W	H	I_s
2	0,2	0,7	0,4
3	0,5	0,6	0,7
4	0,3	0,7	0,8
6	0,5	0,5	0,5

O procedimento está em achar uma reta que possa ser ajustada a esses pontos, de modo a minimizar os quadrados das distâncias entre a reta e os pontos (regressão linear). Os coeficientes A_{01}, A_{11}, A_{21}, calculados convenientemente por meio de mínimos quadrados, são os coeficientes de uma equação linear que se ajusta a esses pontos. A Regra 2 pode ser processada da mesma maneira, até que ambas possam ser equacionadas em termos de coeficientes lineares conhecidos. Há diversos programas de computador utilizados em engenharia ou em análises financeiras, que permitem a identificação de tais parâmetros de regressão linear.

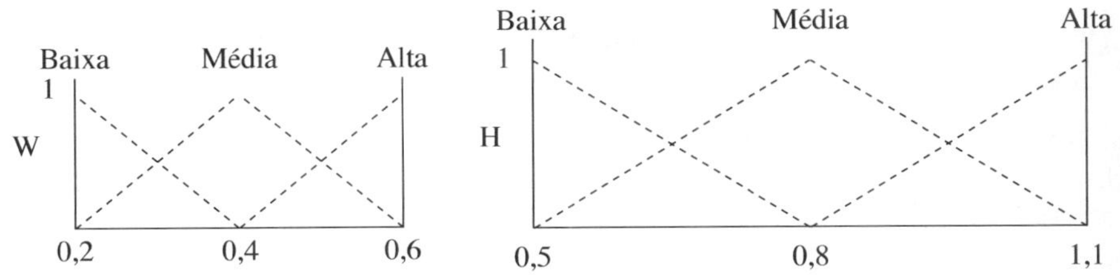

***Fig. 10.3** — Funções de pertinência para o Exemplo 10.2*

10.2 — COMPARAÇÃO ENTRE AS ABORDAGENS FUZZY BASEADAS EM REGRAS E PARAMÉTRICA

- A abordagem *fuzzy* baseada em regras é mais recomendável para colher e implementar o conhecimento de um operador humano especializado, enquanto que a abordagem paramétrica *fuzzy* é melhor usada com dados de entrada e saída numéricos, quando disponíveis.
- A abordagem paramétrica *fuzzy* fornece uma precisão de estimação melhor, porque é um híbrido de um método *fuzzy* baseado em regras e de equações lineares multidimensionais. Quando os algoritmos são desenvolvidos em linguagens convencionais, o tempo de desenvolvimento de sistemas *fuzzy* paramétricos é menor do que no caso baseado em regras. Contudo, *softwares* de desenvolvimento de sistemas *fuzzy* baseados em regras disponíveis comercialmente aceleram o desenvolvimento de sistemas baseados em regras e também podem aumentar a precisão consideravelmente. Esses *softwares* infelizmente não se aplicam ao desenvolvimento de controladores *fuzzy* paramétricos. A razão é que tais *softwares* são feitos para aplicações em sistemas industriais, onde a ênfase é em capturar o *know-how* lingüístico de operadores humanos, em vez de basear-se em treinamento por meio de medições. A abordagem *fuzzy* baseada em regras não requer treinamento, enquanto a abordagem *fuzzy* paramétrica requer ajuste de coeficientes lineares, feito por procedimentos estatísticos.
- O algoritmo *fuzzy* paramétrico é inerentemente adaptativo, porque os coeficientes A_{ij} podem ser alterados para o ajuste do sistema. Assim, uma implementação adaptativa em tempo real da abordagem *paramétrica* é possível, mudando-se dinamicamente os coeficientes lineares por meio de algoritmos de mínimos quadrados recursivos, aplicados de modo *recorrente*, ou seja repetidamente, com freqüência determinada, ou quando necessário em função de alguns parâmetros observados.
- Em versões adaptativas da abordagem *baseada em regras*, é também possível mudar *recorrentemente* os pesos das regras (Grau de suporte) ou as funções de pertinência. *Software* de desenvolvimento *neurofuzzy* (uma combinação de técnicas neurais e *fuzzy*) disponíveis no mercado tornam adaptações *não-recorrentes* perfeitamente factíveis. O software Matlab contém um *fuzzy logic toolbox* para ajuste recorrente de tais parâmetros..
- Nas duas abordagens, baseada em regras e paramétrica, ajustes exigem muitas iterações com os dados de entrada e saída usados no treinamento, tenham elas sido gerados por simulação ou por experiências (vide Exemplo 10.3 e Capítulo 15).
- A desvantagem da abordagem *fuzzy* paramétrica é a perda da formulação lingüística dos conseqüentes de saída. Assim, o mesmo se pode dizer do que foi dito quanto à identificação de modelos *fuzzy* baseados em equações relacionais, a saber, que num ambiente de controle massivo de processos industriais a abordagem baseada em regras ainda é mais atraente. Contudo, a abordagem *fuzzy* paramétrica não é restrita ao controle industrial. A próxima seção apresentará um exemplo de seu uso na estimação de formas de onda em eletrônica de potência

10.3 — APLICAÇÃO À ESTIMAÇÃO DE FORMAS DE ONDA EM ELETRÔNICA DA POTÊNCIA

A abordagem *fuzzy* paramétrica foi aplicada à estimação de distorção de forma de onda da corrente de entrada em retificadores trifásicos em ponte e em reguladores alternados. A corrente de entrada de uma ponte de diodos em sistemas trifásicos é distorcida, gerando um fator de potência baixo e poluição harmônica. Essa corrente pode ser vista como um pulso tendo uma altura (H) e uma largura (W), do qual os valores *RMS* de tais ondas podem ser calculados. O algoritmo *fuzzy* proposto usa as variáveis de entrada W e H, normalizando os valores e fuzzificando por meio de *8* funções de pertinência. Os valores de *W* e *H* foram alimentados como entradas para as equações lineares. O algoritmo de estimação foi desenvolvido usando uma relação numérica entre entrada e saída, enquanto os coeficientes das equações lineares foram determinados por análise de regressão linear e subseqüentemente ajustados por uma série de simulações. A saída consiste do valor *RMS* da corrente total (I_s), o valor *RMS* da componente fundamental de corrente (I_f), e do fator de potência de deslocamento (*displacement power factor — DPF*) que mede a diferença de fase entre a corrente fundamental e a tensão fundamental. Em seguida, o fator de potência é calculado a partir desses três parâmetros de onda estimados. Apenas *8* regras foram usadas, enquanto um trabalho similar, usando abordagem baseada em regras exigia *66* regras. O algoritmo de estimação paramétrico *fuzzy*, cujo diagrama de blocos está na Figura 10.4, pode ser resumido da seguinte forma:

- Ler os parâmetros *W* e *H* para uma condição de operação.
- Converter *W* para um valor normalizado, dividindo por *Wmáx* para obter $W_{(pu)}$.
- Identificar o intervalo ao qual pertence $W_{(pu)}$.
- Fuzzificar, calculando os valores de pertinência μ_1 e μ_2, como mostrado.
- Disparar as duas regras relevantes e calcular I_{s1} - I_{s2}, I_{f1} - I_{f2} e DPF_1 - DPF_2 pelas equações lineares usando os valores *W* e *H* conhecidos.
- Defuzzificar a saída usando o método *C-o-A*.

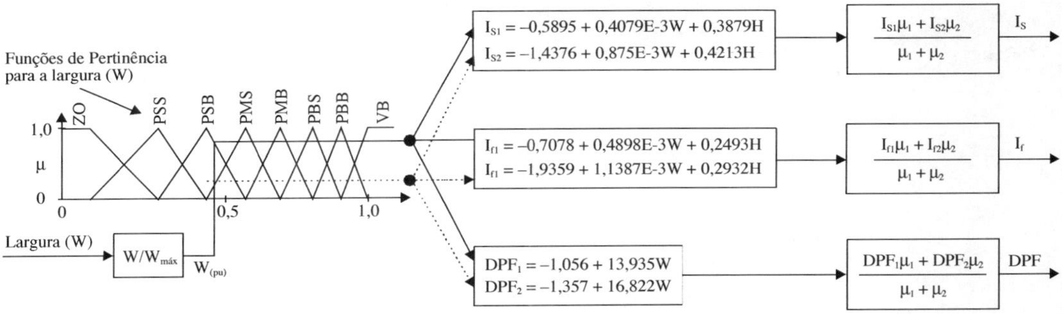

***Figura 10.4** — Estimador* fuzzy *paramétrico para parâmetros de corrente em retificador trifásico industrial*

10.4 — AVALIAÇÃO DE DESEMPENHO

Os critérios de desempenho para os dois métodos são em função da precisão, do tempo de resposta e da robustez contra variações nos parâmetros.

Precisão: A precisão da abordagem paramétrica é em geral superior à da abordagem baseada em regras, para o mesmo número de regras. Certamente, a precisão para um sistema baseado em regras pode ser melhorada com um grande número de funções de pertinência e um número correspondentemente grande de regras. Contudo, um dos critérios básicos para se usar lógica *fuzzy* é a premissa de que uma estimação aproximada é suficiente. Além disso, o Teorema da Aproximação *Fuzzy* mostra que qualquer função pode ser aproximada por um sistema *fuzzy* em qualquer grau de precisão desejado, com uma crescente demanda de processamento computacional, de modo que precisão não é exatamente um problema em sistemas *fuzzy*.

Tempo de resposta: Uma enorme vantagem da estimação *fuzzy* é que seu tempo de resposta é extremamente curto em comparação a estimações convencionais por *hardware* ou *software*. Isso ocorre porque o método *fuzzy* tende a estimar a saída instantaneamente, a partir do padrão de entrada. A razão é que sistemas *fuzzy* são sistemas de mapeamento de entrada e saída que prescindem de memória, além de serem reconhecedores de padrões, como uma rede neural. Ajustar o estimador com os dados de exemplo de entrada e saída é como programar os pesos sinápticos de uma rede neural, durante seu treinamento (vide Capítulos 14 e 15).

Robustez: Robustez significa a relativa insensibilidade do sistema a perturbações externas e internas. O fato de um sistema poder ser ajustado regularmente, em tempo real, garante que o sistema se adapte rapidamente às últimas mudanças que ocorreram. Embora teoricamente factível, a implementação prática dessa abordagem pode acabar sendo difícil e complexa.

QUESTÕES DE REVISÃO

1. Qual é a diferença entre sistemas *fuzzy* baseados em regras e sistemas *fuzzy* paramétricos?
2. Por que o sistema paramétrico tende a ter menos regras e maior precisão do que um sistema baseado em regras ?
3. Sobre que condições o uso da abordagem paramétrica é recomendado ?
4. Por que o uso da abordagem paramétrica pode não ser a melhor solução para aplicações industriais de controle *fuzzy* ?
5. Explique o procedimento para estabelecer o coeficiente numérico dos conseqüentes das regras *fuzzy* em um sistema paramétrico. Como pode este procedimento ser considerado um "treinamento" ?

11 EQUAÇÕES RELACIONAIS FUZZY

OBJETIVOS DO CAPÍTULO
• Entender modelagem *fuzzy*: identificação e estimação de sistemas • Entender os princípios de aprendizagem *fuzzy* • Reconhecer a conexão entre os enfoques de sistemas *fuzzy* baseados em regras e baseados em equações relacionais

11.1 — SISTEMAS FUZZY BASEADOS EM EQUAÇÕES RELACIONAIS

Esta é a terceira forma de estrutura de sistemas *fuzzy*, inicialmente mencionada na seção 8.2. Um sistema *fuzzy* pode ser descrito como um conjunto de *regras lógicas fuzzy,* ou como um conjunto de *equações relacionais fuzzy*. Matematicamente não há diferença essencial entre as duas abordagens. Em ambas os resultados são obtidos por algumas operações *fuzzy*, culminando numa relação *fuzzy* (a fase de *identificação de sistemas*) que, como uma base de conhecimento, é usada no passo seguinte (a fase de *estimação*) para gerar saídas a partir de estímulos de entrada. Em geral, a modelagem *fuzzy* consiste de duas operações distintas: identificação de sistemas e estimação. Também será mostrada uma conexão direta entre os sistemas *fuzzy* baseados em regras e os baseados em equações relacionais, como ilustração entre as duas abordagens.

11.1.1 — Identificação de sistemas fuzzy

Identificação de sistemas significa qu há a identificação da *estrutura* e dos *parâmetros* de um modelo *fuzzy,* de modo que este modelo tenha um comportamento de entrada e saída que aproxime-o do sistema dinâmico que está sendo modelado. Essa operação culmina na obtenção de uma *relação fuzzy*, baseada em N amostras, que se comporta como a imagem *fuzzy* do sistema real. A escolha da *estrutura* de modelo *fuzzy* em tempo discreto é geralmente baseada em algum conhecimento prévio do sistema que está sendo modelado.

A obtenção da relação *fuzzy* por medições discretas é um problema de *identificação de parâmetros*, que inclui a formulação de um conjunto de *regras de controle* (implicações *fuzzy*) e a geração de *funções de pertinência.* Isso pode ser conseguido por meio de uma entrevista com um operador de controle especializado, conforme descrito em capítulos anteriores, ou automaticamente por meio do método das equações relacionais.

11.1.2 — Aprendizagem fuzzy

O processo de estabelecer-se a relação *fuzzy* pode ser visto como um *processo de aprendizado* pelas seguintes razões: se a relação *fuzzy* for construída com base em entrevistas com operadores humanos, o aprendizado é feito pelo projetista do controlador *fuzzy* que deposita os resultados finais de seu processo de aprendizado nas relações *fuzzy*. Se, contudo, a relação *fuzzy* for construída com base em equações relacionais onde os dados de entrada e saída são adquiridos por medições de sinais de entrada e saída *on-line*, a relação *fuzzy* pode ser construída gradualmente e recalculada a cada vez que um novo conjunto de dados é recebido. Como resultado, a construção da relação *fuzzy* passa s ser vista como um *processo de aprendizado*, ou seja, cada nova informação estará sendo incorporada na estrutura da relação *fuzzy*. Nesse caso, as características de linearidade e invariância temporal não são relevantes, porque a relação *fuzzy* estará sendo "personalizada" para a dinâmica específica do sistema sendo modelado. Assim, na modelagem *fuzzy* relacional, o período de modelagem, quando a relação *fuzzy* está sendo construída, é chamado de *fase de aprendizagem*.

11.1.3 — Avaliação: vantagens e desvantagens

O método de identificação de sistema que usa equações relacionais *fuzzy* oferece um *procedimento de projeto sistemático* para a construção do modelo *fuzzy*, na medida em que evita os problemas associados com a formulação das regras de controle *fuzzy* baseada em entrevistas com operadores humanos.

Por exemplo, as funções de controle verbalizadas por um operador humano geralmente são bastante *esparsas*. É bastante provável que regras adicionais terão que ser providenciadas posteriormente para cuidar de diversos efeitos não levados em consideração. Em outras palavras, o *grau de satisfação* da base de regras não é inicialmente alto. Isso é descrito no Capítulo 15, juntamente com outros aspectos práticos do projeto de controladores *fuzzy*, incluindo a ênfase no ajuste iterativo do controlador durante o procedimento de projeto. Além disso, o processo de entrevistas pode exigir a ajuda de psicólogos industriais, de modo a se construir questionários de entrevista significativos, além de se requerer a cooperação dos operadores humanos, os quais podem inclusive não fornecer todas as informações devido à preocupação em serem substituídos por equipamentos; assim, em muitos casos complexos, o projeto baseado em regras não é uma tarefa facilmente implementável.

A abordagem por equações relacionais propõe *eliminar a necessidade de um operador humano treinado* e baseia-se em medições cujos resultados são *aprendidos* pelo modelo *fuzzy*. Em outras palavras, esse sistema *treinável* é similar a uma rede neural, como veremos no Capítulo 14. Experiência humana e julgamento qualitativo ainda seriam adicionados no processo de formular-se as funções de pertinência. Ademais, o formalismo do método baseado em equações relacionais possibilita outras áreas a serem exploradas como a de *autômatos fuzzy* e a de estimação recursiva, muito útil em controle de manipuladores robóticos.

No projeto de controladores em geral, a identificação de modelos *fuzzy* baseada em equações relacionais transcorre muito semelhantemente à abordagem clássica em que o *processo* está sendo identificado, assim os problemas de inversão de modelo podem ainda prevalecer, a menos, é claro, que o método seja usado na identificação de um controlador humano enquanto ele(a) controla o processo, conforme veremos no Capítulo 17.

A principal desvantagem da abordagem por equações relacionais é que o método é aplicável apenas em sistemas de uma entrada e uma saída (*SISO*) ou de múltiplas entradas e uma saída (*MISO*), sendo importante ressaltar que muitos sistemas industriais são de múltiplas entradas e múltiplas saídas (*MIMO*); em ambientes industriais a modelagem *fuzzy* baseada em regras ainda é favorecida, porque é mais fácil de se entender e corrigir, e está mais de acordo com a premissa original do controle *fuzzy*, na medida em que oferece um método para traduzir a experiência humana em leis de controle.

11.1.4 Estimação, defuzzificação e otimização heurística

Na *fase de estimação*, a relação *fuzzy* é usada juntamente com dados medidos *on-line*, e seu desempenho é comparado com o do sistema sendo modelado. Por sua vez, o vetor de saída do modelo estimado é obtido por meio de *defuzzificação*, que é uma transformação do domínio *fuzzy* para o domínio discreto. Finalmente, o ajuste do modelo é melhorado por um *procedimento de otimização heurística* consistindo de ajustes empíricos de atrasos de tempo de sinais de realimentação no modelo *fuzzy* discretizado. A melhor combinação desses parâmetros heurísticos minimiza o índice de desempenho J, que é a variância do erro da modelagem.

A próxima seção define uma série de conceitos em modelagem *fuzzy*. Em seguida, o método probabilístico de construção de relações é apresentado, seguido por uma exposição de métodos de estimação *fuzzy*. Finalmente, uma breve discussão de otimização heurística é dada, e mostra-se a conexão entre sistemas *fuzzy* baseados em regras e os baseados em equações relacionais.

11.2 — OPERAÇÕES PARA A MODELAGEM FUZZY COM EQUAÇÕES RELACIONAIS

Assume-se que o sistema dinâmico a ser modelado seja um sistema típico de múltiplas entradas e uma saída (*MISO*), com terminais de entrada $m = 1,\ldots,M$, e um único terminal de saída. Considere que o modelo *fuzzy* será construído a partir de um conjunto de padrões de sinais de entrada e de saída do sistema S:

$$S\left(\boldsymbol{u}_1[k], \boldsymbol{u}_2[k], \ldots, \boldsymbol{u}_m[k], \boldsymbol{y}[k]\right) \tag{11.1}$$

onde $\boldsymbol{u}_m[k]$ e $\boldsymbol{y}[k]$ representam vetores temporais de entradas forçadas e o vetor de saída, respectivamente, aplicados aos m terminais. Os universos de discurso são definidos como:

$$\boldsymbol{u}_m[k] \in U_m,\ m = 1, \ldots, M; \quad \text{e} \quad \boldsymbol{y}[k] \in Y \tag{11.2}$$

onde U_m e Y pertencem ao m-ésimo vetor de entrada forçada e ao vetor de saída, nas amostras de tempo $k = 1, \ldots, Q$.

A relação *fuzzy* $(\boldsymbol{R})$ é

$$\boldsymbol{R} \subset U_1 \, X \, U_2 \, X \ldots X \, U_M \, X \, Y \tag{11.3}$$

onde X simboliza o produto cartesiano. Então o modelo *fuzzy* genérico desse sistema pode ser expresso como

$$Y = U_1 \circ U_2 \circ \cdots \circ U_n \cdots \circ U_m \circ \boldsymbol{R} \tag{11.4}$$

onde "$\circ$" é o operador composicional *fuzzy*. Essa é uma descrição de entradas/saída do modelo *fuzzy*.

Para levar em conta a dinâmica interna do sistema a ser modelado, utiliza-se de estados internos do sistema, denominados por S, que são valores atrasados da saída $\boldsymbol{y}[k]$, $k = 1, \ldots, Q$.

$$\boldsymbol{x}_n[k-1] = \boldsymbol{y}[k-\tau_y], \quad n = 1, \ldots, N \tag{11.5}$$

Se incorporados numa descrição de entradas e saída, estes podem ser considerados condições iniciais, i.e. entradas do sistema em $k = 0$. Esses valores também podem ser expressos em termos de um vetor temporal consistindo dos N estados internos $\boldsymbol{x}_n[k-1]$; além disso $\boldsymbol{x}_n[k-1] \in X_n$, $n = 1, \ldots, N$. O vetor de entradas forçadas é definido como

$$\boldsymbol{u}_m[k] = \boldsymbol{u}_m[k-\tau_u], \quad m = 1, \ldots, M \tag{11.6}$$

Assumindo que a estrutura desejada do modelo *fuzzy* é de *N*-ésima ordem com *M* entradas externas e uma única saída:

$$y\,[k] = (\boldsymbol{u}_1[k] \circ \boldsymbol{u}_2[k] \circ \cdots\ \boldsymbol{u}_m[k]) \circ (\boldsymbol{x}_1[k-1] \circ \boldsymbol{x}_2[k-1] \circ \cdots\ \boldsymbol{x}_n[k-1]) \circ \boldsymbol{R} \tag{11.7}$$

onde $\boldsymbol{R}$ é a estimativa da relação *fuzzy*.

Definição 1. Dado um vetor z consistindo de variáveis reais z_i no espaço Z normalizado no intervalo $-A\ldots+A$

$$z = \{z_1, z_2, z_3, \ldots z_i, \ldots, z_j\}, \quad z_i \in Z \tag{11.8}$$

e assumindo que o espaço Z é particionado em ρ conjuntos *fuzzy* de referência, consistindo de triângulos isósceles que satisfaçam as exigências de serem *normais, convexos* e de *cobrirem completamente o espaço Z*, além de haver *superposição parcial*, conforme mostra a Figura 11.1. Então para cada valor componente z_i do vetor z plotado no eixo horizontal, os ρ conjuntos fuzzy de referência geram uma variável z_i' , que é um conjunto de ρ elementos:

$$z' = \{z_{i1}', z_{i2}', z_{i3}', \ldots z_{ir}', \ldots, z_{i\rho}'\} \tag{11.9}$$

Por exemplo, na Figura 11.1, ρ =5 e o valor real indicado no eixo horizontal fornece o conjunto de 5 termos {0, 0.8, 0.2, 0, 0}. Expressando os ρ conjuntos *fuzzy* de referência em termos de suas *funções de pertinência* μ_r, $r = 1, \ldots, \rho$, temos

$$z_i' = \{\mu_1(z_i), \mu_2(z_i), \ldots, \mu_r(z_i), \ldots, \mu_\rho(z_i)\} \tag{11.10}$$

onde z_i é um valor particular da variável real.

Definição 2. Como cada componente real de um vetor z de J elementos gera um conjunto *fuzzy* de ρ elementos, o vetor z fornece J conjuntos *fuzzy* de ρ elementos ou, em outras palavras, ρ vetores *fuzzy* de J componentes cada. O *vetor de possibilidades* refere-se a ρ vetores cujos componentes têm funções de pertinência m identicamente indexadas. Isto é, os vetores de possibilidades para $z = \{z_i\}$, $i = 1, \ldots, J$ são

$$z_i' = \{\mu_r(z_i)\}, \quad i = 1, \ldots, J, r = 1, \ldots, \rho \tag{11.11}$$

Definição 3. Usando a partição *fuzzy* do espaço Z em r conjuntos *fuzzy* de referência, define-se *fuzzificação* como sendo o mapeamento para ρ pelo qual um valor real é convertido em ρ valores *fuzzy*. Definimos um *operador de fuzzificação* ϕ_ρ sobre ρ conjuntos *fuzzy* de referência da seguinte maneira:

$$z_i' = \phi_\rho(z_i) \tag{11.12}$$

Definição 4. Usando a partição *fuzzy* do espaço Z em ρ conjuntos *fuzzy* de referência, define-se *defuzzificação* como sendo o mapeamento de ρ para *i* pelo qual o conjunto *fuzzy* de ρ elementos é convertido num único valor real. Definimos um *operador de defuzzificação* ϕ_ρ^{-1} sobre ρ conjuntos *fuzzy* de referência, assim:

$$z_i = \phi_\rho^{-1}(z_i') \tag{11.13}$$

O operador de defuzzificação pode ser definido por

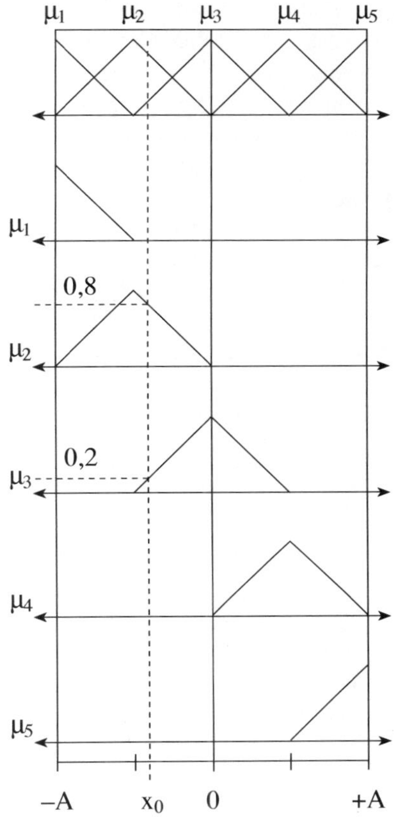

Figura 11.1 *— Funções de pertinência dos conjuntos de referência para a modelagem relacional*

$$z_i = \phi_\rho^{-1}[\phi_\rho(z_i)] \tag{11.14}$$

ou por implicação,

$$z_i' = \phi_\rho[\phi_\rho^{-1}(z_i')] \tag{11.15}$$

11.3 — IDENTIFICADOR FUZZY

O primeiro passo na modelagem *fuzzy* é feito pelo *identificador fuzzy,* conforme pode ser observado na Figura 11.2, através da estimativa da relação ***R*** a partir dos dados de entrada fuzzificados, dos estados internos e dos dados de saída do sistema discreto prototipado ***S***. O identificador *fuzzy* é ativo apenas durante a fase de aprendizagem, na qual a relação *fuzzy* é construída com base em um lote de dados com *W* amostras.

Definição 5. A forma genérica da relação *fuzzy* ***R*** gerada por um identificador *fuzzy* é definida como:

$$\boldsymbol{R}(U_m, X_n, Y) = \phi_\rho(\boldsymbol{u}_m[k]) \circ \phi_\rho(x_n[k-1]) \circ \phi_\rho(\boldsymbol{y}[k]) \tag{11.16}$$

onde $m = 1, \ldots, M,\quad n = 1, \ldots, N,\quad k = 1, \ldots, L.$

O identificador *fuzzy* descrito aqui utiliza a chamada *abordagem fuzzy probabilística para construção de relações*, cuja característica essencial é considerar o vetor de possibilidades como sendo o que seu nome sugere, isto é, uma medida da possibilidade de uma variável pertencer aos ρ conjuntos *fuzzy* de referência. Uma entrada da matriz da relação *fuzzy* mede a possibilidade de obter-se uma saída $\boldsymbol{y}[k]$ no espaço Y a partir das entradas forçadas $\boldsymbol{u}_m[k-\tau_u]$ e dos estados internos nos espaços U_m e X_n, $m = 1, \ldots, M;\ n = 1, \ldots, N$, respectivamente. Para estimar isso com base em em um lote de dados anteriores, utiliza-se a média ponderada

$$R(\mathrm{U}_m, \mathrm{X}_n, \mathrm{Y}) = \frac{\sum \phi_u \phi_x \cdot y'[k]}{\sum \phi_u \phi_x} \tag{11.17}$$

onde $\phi_u\phi_x$ é o produto, $\boldsymbol{u}_m[k-\tau_u] \cdot [k-\tau_y]$, $m = 1, \ldots, M,\ n = 1, \ldots, N$, e a soma é feita sobre as observações relevantes k, $k = 1, \ldots, Q$. Isso é análogo a estimar-se probabilidades a partir de uma tabela de freqüências de ocorrência das várias combinações de entradas e estados internos.

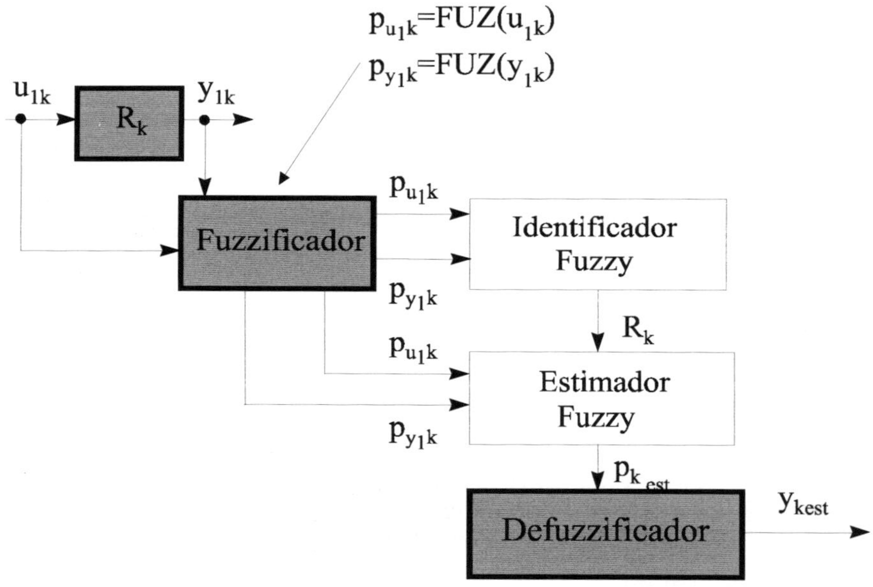

***Figura 11.2** — Construção de um modelo relacional fuzzy*

11.4 — ESTIMAÇÃO FUZZY

O segundo passo é feito pelo *estimador fuzzy,* que usa a relação *fuzzy* $\boldsymbol{R}$, juntamente com as variáveis *fuzzy* obtidas das M entradas forçadas e N estados internos. Durante a fase de estimação, o modelo *fuzzy* gera uma estimativa da saída $\boldsymbol{y}[k]$ do sistema $\boldsymbol{S}$ para $k = 1, \ldots, Q$. O modelo *fuzzy* aqui discutido tem a estrutura de primeira ordem com a seguinte *regra composicional de inferência*

$$\boldsymbol{y}'[k] = \boldsymbol{y}_1'[k - \tau_y] \bullet \boldsymbol{u}_1'[k - \tau_u] \bullet \boldsymbol{R} \tag{11.18}$$

A Figura 11.2 mostra a posição do estimador *fuzzy* no diagrama de blocos que ilustra o procedimento de cálculo de um controlador *fuzzy.* O estimador *fuzzy* tem as mesmas três entradas que a Equação 11.18. Na abordagem probabilística para modelagem *fuzzy* aqui apresentada, a relação *fuzzy* deve ser considerada análoga à probabilidade condicional de uma saída, dadas as probabilidades combinadas de todas as entradas e estados internos, isto é,

$$\boldsymbol{R}(U_m, X_n, Y) = \boldsymbol{P}(Y_m / U_m, X_n) \tag{11.19}$$

onde $\boldsymbol{P}$ é a probabilidade condicionada da saída Y em relação a U e X.

Como a relação *fuzzy* **R** mede as possibilidades de todas as combinações de entrada e saída, segue que a saída esperada $\boldsymbol{y}'[k]$ no instante k é o produto matricial entre a entrada conhecida e a relação **R**. Na presente notação, e para o caso de primeira ordem,

$$y'[k] = \sum_{r_u=1}^{\rho} \sum_{r_y=1}^{\rho} \prod_{\substack{r_u=1 \\ r_y=1}}^{\rho} [u'_{lk}(r_u), x'_{l,k-1}(r_y), \boldsymbol{R}(U_m, X_n, Y)] \tag{11.20}$$

onde $\boldsymbol{u}_{1k} = \phi_\rho(\boldsymbol{u}_1[k-\tau_u)$, $\boldsymbol{x}_{1,k-1} = \phi_\rho(y[k-\tau_y])$, $r_u = r_y = 1, \ldots, \rho$, ρ = número de conjuntos *fuzzy* de referência, e $k = 1, \ldots, Q$

De forma semelhante a outros estimadores clássicos, esse também tende a suavisar a saída estimada, porque todas as observações usadas na construção da relação *fuzzy* durante a identificação são usadas na estimação. É possível também se utilizar uma abordagem de *média móvel,* que leva em consideração apenas a observação corrente e o lote passado de W observações: u_i: $i = k - W, k - W + 1, \ldots, k$. Esse tipo de identificador adquire dados no intervalo $[k - W, k]$ e à medida que o lote W progride com cada nova amostragem, a amostra mais antiga é rejeitada. Se existir um total de Q pontos de dados e $W < Q$, então é possível construir a relação *fuzzy* a partir de W dados, e estimar $Q - W$. Finalmente, um *estimador recursivo* também pode ser usado, no qual o próximo estado *fuzzy* é estimado a partir do estado anterior, assim tornando-se um *autômato fuzzy*. Essa abordagem estende a formulação de entrada e saída da regra composicional de inferência a um conjunto de equações de estado de ordem N. O artigo de [I.S.Shaw, J.J. Kruger, 1992] aborda detalhadamente tais aspectos de implementação.

11.5 — OTIMIZAÇÃO HEURÍSTICA

Após a defuzzificação, o modelo pode ser otimizado por meio de um ciclo de realimentação heurístico, mostrado para um sistema de primeira ordem na Figura 11.2 e contendo os parâmetros heurísticos τ_u e τ_y. A melhor combinação desses parâmetros heurísticos minimiza o índice de desempenho J, ou variância do erro de modelagem, definido como

$$J = [1/(n_1 - n_2)] \cdot \sum_{k=n_1}^{n_2} (y[k] - \hat{y}[k])^2 \tag{11.21}$$

onde n_1 e n_2 são definidos de acordo com a região específica durante a qual a identificação ou estimação com o comportamento do sistema dado ocorrem, e $\hat{y}[k]$ é a saída estimada. Assim deve-se minimizar J através da otimização dos atrasos de tempo τ_u e τ_y:

$$\tau_u = \tau_u\left[J(y[k], \hat{y}[[k])\right] \quad \text{e} \quad \tau_y = \tau_y\left[J(y[k], \hat{y}[k])\right]; \quad k = n_1, \ldots, n_2 \tag{11.22}$$

Os atrasos τ dependem da dinâmica do sistema **S** e da taxa de amostragem das entradas e saídas. O ciclo de realimentação heurística tende a capturar a dinâmica interna de **S**, ajustando a ordem do modelo, e em algumas vezes a taxa de amostragem.

11.6 — CONEXÃO ENTRE SISTEMAS FUZZY BASEADOS EM REGRAS E EM EQUAÇÕES RELACIONAIS

Seja um sistema de primeira ordem:

$$\boldsymbol{p}[k] = \boldsymbol{p}_1^{r1}[k] \circ \boldsymbol{p}_2^{r2}[k] \circ \boldsymbol{R} \tag{11.23}$$

Esta é a *regra composicional de inferência,* onde $\boldsymbol{p}_1^{r1}[k]$ é o vetor de possibilidades da entrada forçada, $\boldsymbol{p}_2^{r2}[k]$ é o vetor de possibilidades dos estados internos do sistema (condições iniciais), e $\boldsymbol{R}$ é a relação *fuzzy*. O número de conjuntos *fuzzy* de referência (funções de pertinência) é r_1 para o universo de discurso U_1, r_2 para o universo de discurso U_2, e r para o universo de discurso Y. Assim, a relação *fuzzy* tem a dimensão de uma matriz r_1 X r_2 X r que mede a possibilidade de cada entrada p_{ijk} (um número em [0,1]) de obter-se uma saída y no universo de discurso Y a partir de entradas nos universos U_i. Por exemplo, se cada universo de discurso for particionado em 5 conjuntos *fuzzy* de referência (funções de pertinência) triangulares e superpostos, então a dimensão da matriz relacional será 5 × 5 × 5 = 125.

A relação *fuzzy* $\boldsymbol{R}$ é uma relação entre os conjuntos *fuzzy* de referência definidos em cada universo de discurso, e é equivalente ao conjunto de regras *fuzzy* em termos destes conjuntos *fuzzy* de referência. Cada elemento da matriz pode ser interpretado como a descrição de uma regra, da seguinte forma, mostrando a conexão entre sistemas *fuzzy* baseados em regras e os baseados em equações relacionais.

$$\textbf{\textit{SE}}\ U_i\ \textbf{\textit{E}}\ U_j\ \textbf{\textit{ENTÃO}}\ Y_k \text{ com possibilidade } p_{ijk} \tag{11.24}$$

ou, em termos de vetores de possibilidades,

$$\textbf{\textit{SE}}\ \{\boldsymbol{p}_1^{r1}[k]\ \textbf{\textit{E}}\ \boldsymbol{p}_2^{r2}[k]\}\ \textbf{\textit{ENTÃO}}\ \boldsymbol{p}^{r}[k] = \boldsymbol{R}\{r_1, r_2, r\} \tag{11.25}$$

Exemplo 11.1:

Esse exemplo mostra o princípio de construção de uma matriz relacional, para uma *única observação* de dados de entrada e saída de um sistema, sem levar em consideração nenhum atraso da saída. Para uma estimação completa deve ser escrito um programa que permita o cálculo da média ponderada para $\boldsymbol{R}$ em um lote de observações, além da otimização de atrasos.
Sejam X e Y conjuntos pertencentes aos espaços de entrada e de saída com 3 e 5 conjuntos *fuzzy* de referência respectivamente. Supor que a matriz relacional ideal seja dada por:

$$\boldsymbol{R} = \begin{bmatrix} 0,8 & 1 & 0 & 0,3 & 0,7 \\ 0,8 & 0,3 & 0,8 & 0,4 & 0,7 \\ 0,2 & 0,3 & 0 & 0,2 & 1 \end{bmatrix}$$

A uma excitação de entrada X = [0,3 0,7 1] aplica-se o MÍN e o MÁX para se se obter a saída:

$$\begin{bmatrix} 0,3 & 0,3 & 0 & 0,3 & 0,7 \\ 0,7 & 0,3 & 0,7 & 0,4 & 0,7 \\ 0,2 & 0,3 & 0 & 0,2 & 1 \end{bmatrix} \xrightarrow{MÁX} \text{Y} = [0,7\ \ 0,3\ \ 0,7\ \ 0,4\ \ 1,0]$$

Ou seja, a entrada fuzzy X = [0,3 0,7 1,0] induziu uma saída Y = [0,7 0,3 0,7 0,4 1,0]

Agora uma relação estimada $\boldsymbol{R'}$ será construída com apenas um padrão de observação

$$\begin{bmatrix}0,3\\0,7\\1,0\end{bmatrix}\cdot[0,7\;\;0,3\;\;0,7\;\;0,4\;\;1,0]=\begin{bmatrix}0,3 & 0,3 & 0,3 & 0,3 & 0,3\\0,7 & 0,3 & 0,7 & 0,4 & 0,7\\0,7 & 0,3 & 0,7 & 0,4 & 1,0\end{bmatrix}$$

Solicita-se ao leitor que utilize ***R'*** acima estimada e aplique a mesma entrada X, verificando que a mesma saída Y é produzida.

- O procedimento apresentado neste capítulo refere-se ao cálculo de ***R*** baseado em muitas observações, muito similar à uma minimização por mínimos quadrados, porém utilizando-se de inferência composicional *fuzzy*.
- Além disso são levadas em considerações como entradas de atrasos da saída (estados), e uma otimização dos tempos de atraso deve ser feita de forma a se capturar a dinâmica do sistema.
- A princípio, esse método é similar a uma regressão multidimensional, com um enfoque de varíaveis *fuzzy* na entrada e saída.

QUESTÕES DE REVISÃO

1. Quais são as vantagens e desvantagens da abordagem de modelagem baseada em equações relacionais ?
2. A relação fuzzy foi estabelecida durante a fase de aprendizagem. Qual a diferença entre uma simples aquisição de dados e o processo de aprendizado?
3. Por que não é necessária a aplicação do presente método para se estimar um sistema discreto linear desconhecido ? Onde está a vantagem de se utilizar um modelo *fuzzy* relacional quando comparado a uma minimização por mínimos quadrados ?
4. Quais são as funções do identificador *fuzzy* ?
5. Quais são as funções do estimador *fuzzy* ?
6. O que os termos de atraso de tempo τ_u e τ_y representam e como são usados ?
7. Um sistema capaz de aprender recursivamente e de mostrar relações entrada/saída de forma linguística poderia ser definido como um autômato *fuzzy*. Esboce os princípios de operação desse autômato.

12 IDENTIFICAÇÃO DE SISTEMAS BASEADOS EM REGRAS

OBJETIVOS DO CAPÍTULO

- Apresentar vários métodos de identificação de sistemas
- Dar uma visão sobre redes neurais e sistemas neurofuzzy
- Apresentar a proposição fundamental da previsibilidade

12.1 — DE ONDE AS REGRAS FUZZY E AS FUNÇÕES DE PERTINÊNCIA SÃO PROVENIENTES ?

Sistemas *fuzzy*, baseados em regras, traduzem expressões qualitativas, vagas e imprecisas, provenientes de observações de pessoas ou operadores humanos. Tais regras possibilitam formulações que permitem controlar os sistemas em questão. A primeira seção desse capítulo apresenta a técnica de captura dessa formulação. Como já visto, ao se formular regras de controle é o operador humano que está sendo identificado, enquanto está controlando a planta ou processo, assim as regras de um algoritmo de controle *fuzzy* constituirão a relação inversa entre as entradas e saídas da planta ou processo. As funções de pertinência são determinadas empiricamente, através de uma sintonia por tentativa e erro e sob a intuição de relações dentre as variáveis. É possível que o projetista do sistema de controle atue também como operador e, baseado em seu julgamento e conhecimento de engenharia, possa desenvolver as regras de controle do sistema, em vez de desenvolvê-las com auxílio de operadores que tenham experiência prévia no sistema. O projetista ainda utilizará regras *fuzzy* e funções de pertinência e aspectos de controle inverso, com determinação empírica, além de tentativa e erro do sistema de controle. Outra alternativa ocorre quando as variáveis são inerentemente *fuzzy*, ou seja, não podem ser quantificadas, afetando mais a escolha das funções de pertinência, que, nesta situação, carregam o conhecimento empírico do operador humano ou projetista, enquanto que as regras ainda são estabelecidas como anteriormente. As formulações possíveis de se construir sistemas baseados em regras *fuzzy* são as seguintes:

- Entrevistas com operadores humanos
- Avaliação de princípios físicos
- Variáveis inerentemente *fuzzy*

Ao final do capítulo também será apresentado uma visão geral de sistemas de aprendizagem, cobrindo os tópicos (a) auto-aprendizado *fuzzy* e (b) sistemas neurofuzzy.

12.1.1 — Entrevistas com operadores humanos

A resposta de controladores convencionais é freqüentemente especificado em termos de comportamento do sistema em malha-fechada e de desempenho transitório, tal como o erro em regime permanente e a excitação ao degrau, respectivamente. Da mesma forma, as regras de controle *fuzzy* podem também ser especificadas por intermédio de um comportamento desejado em regime permanente e de uma resposta transitória expressas em termos fuzzy, tais como "tempo de subida rápido", "sobre-sinal mínimo" e "erro de regime permanente praticamente nulo".

Considere, por exemplo, a resposta ao degrau em malha-aberta de um processo de segunda ordem (Figura 12.1) que requer uma resposta em malha fechada com *tempo de subida rápido* e *sobre-sinal mínimo.* Assuma que as variáveis de entrada do sistema seja o erro, *e,* e a taxa de variação do erro, *de*, e que a variável de saída seja *u.* Além disso, assuma que os conjuntos *fuzzy* para tais variáveis *U, E,* e Δ*E* sejam representados por sete qualificadores lingüísticos *NB, NM, NS, QZ, PS, PM, PB,* conforme indica a tabela da Figura 12.2(b) com suas respectivas funções de pertinência. Há 7× 7 = 49 possíveis combinações, tais combinações são denominadas por antecedentes, gerando 49 regras da seguinte forma geral:

$$R_n\text{: } SE\ e = E^r\ E\ \ de = \Delta E^r\ \ ENT\tilde{A}O\ U^r \quad (12.1)$$

onde $n = 1,2, \ldots, N$ = número de regras, $r = 7$. Quando as regras são conectadas com o operador união *OU*, o controle combinado *fuzzy* é expresso como:

$$R = R_1 \cup R_2 \cdots \cup R_n = \bigcup_{n=1}^{N} (E^r \Delta E^r U^r) \quad (12.2)$$

Usando uma composição *máx-mín*, a função de pertinência da relação *fuzzy* tem a seguinte forma:

$$\mu_R(e_i, de_j, u_k) = \max[\min(\mu_E(e_i), \mu_U(h_k))] \quad (12.3)$$

A saída do controlador é obtida da regra composicional de inferência:

$$U = (E\ X\ \Delta E) \circ R \quad (12.4)$$

e em termos de funções de pertinência:

$$\mu_U(u) = \max[\min(\mu_E(e_i), \mu_{\Delta E}(de_j), \mu_R(e_i, de_j, u_k))] \quad (12.5)$$

Um operador experiente para observar as regras de atuação consideraria os pontos de cruzamento, de máximo e de mínimo da resposta do sistema em malha-aberta (Figura 12.1), e sugeriria ações de controle apropriadas em cada ponto para gerar uma resposta em malha-fechada com um tempo de subida rápido e com mínimo sobre-sinal. As definições lingüísticas das funções de pertinência são dadas na Figura 12.1 e a sugestão do operador para as ações de controle estão inseridas no *mapa de regras fuzzy* mostrado na Figura 12.2.

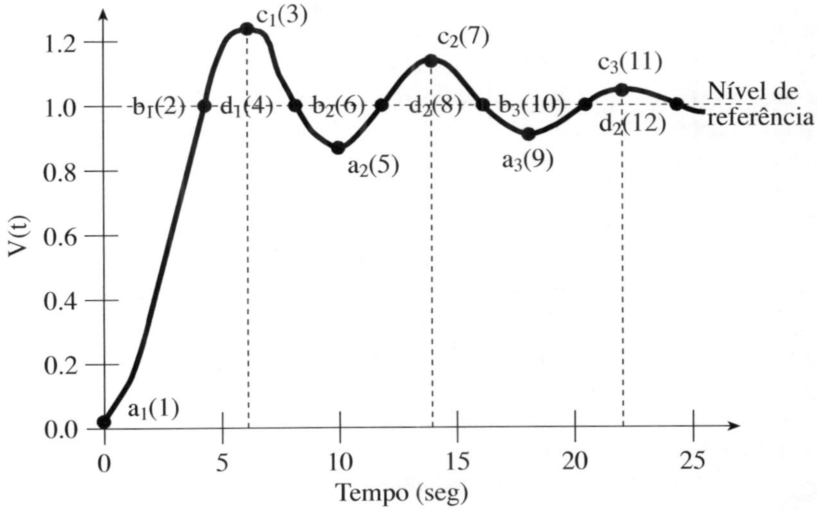

***Figura 12.1** — Resposta em malha-aberta de um processo de segunda ordem*

	−5	−4	−3	−2	−1	0	1	2	3	4	5
PB	0	0	0	0	0	0	0	0,1	0,4	0,7	1
PM	0	0	0	0	0	0,1	0,4	0,7	1	0,7	0,4
PS	0	0	0	0,1	0,4	0,7	1	0,7	0,4	0,1	0
QZ	0	0	0,1	0,4	0,7	1	0,7	0,4	0,1	0	0
NS	0	0,1	0,4	0,7	1	0,7	0,4	0,1	0	0	0
NM	0,4	0,7	1	0,7	0,4	0,1	0	0	0	0	0
NB	1	0,7	0,4	0,1	0	0	0	0	0	0	0

(a)

E \ ΔE	NB	NM	NS	QZ	PS	PM	PB
NB				NB(3)			
NM				NM(7)			
NS			NS(15)	NS(11)	PS(14)		
QZ	PB(4)	PM(8)	PS(12)	QZ(17)	NS(10)	NM(6)	NB(2)
PS			PS(16)	PS(9)	NS(13)		
PM				PM(5)			
PB				PB(1)			

(b)

***Figura 12.2** — (a) Definição linguística das funções de pertinência, (b) Tabela de regras fuzzy.*

Por exemplo, no ponto $a_1(1)$, $E = PB$ para um tempo de subida rápido ($PB = 5$), porém $\Delta E = QZ$ ($QZ = 0$ em $PB = 5$), veja a tabela. Assim uma grande ação de controle *PB* é necessária para dirigir a resposta do sistema em malha-fechada para a resposta com um rápido tempo de subida. Esses valores entram no mapa de regras da Figura 12.2(b). Por outro lado, em $b_1(2)$, $E = QZ$ e $\Delta E = PB$, e para prevenir um grande sobre-sinal, a ação de controle *NB* é recomendada. Continuando com os outros pontos, o mapa de regras pode ser heuristicamente gerado; o número entre parênteses depois do símbolo qualificador lingüístico representa o número da regra de controle, ou seja $c_2(7)$ ponto de máximo na Figura 12.1, produz a sétima regra de ação de controle *NM*.

A resposta defuzzificada do controlador, traço (I), é indicada na Figura 12.3. A resposta é bem amortecida, porém um pouco lenta. Não é de se surpreender, uma vez que apenas 12 das 49 possíveis regras foram utilizadas, ou seja há ainda 37 combinações de $(E_i, \Delta E_i)$ para as quais não há decisão de controle.

Uma resposta bem melhor, traço (II), pode ser obtida através da utilização de cinco regras a mais (número 13 a 17 na tabela da figura 12.2) baseadas nas diferenças $(a_i - b_i)$ e $(c_i - d_i)$, $i = 1,2,3$. Há ainda 32 combinações sem decisões de controle, que podem no entanto ser tratadas com base na "regra cuja vizinhança está mais próxima", onde as regras próximas das imediatas são utilizadas. Um critério freqüentemente utilizado é de alguma distância determinada, por exemplo, um nível de quantização em torno do par $(E_i, \Delta E_i)$.

Um controle melhor poder ser alcançado através de partições maiores, com mais funções de pertinência. Porém deve-se questionar se um operador humano também teria condições de interpolar mais que as sete funções de pertinência previamente utilizadas. Este exemplo ilustra a precisão relativa da conversão de conhecimento de um operador humano em regras de controle. Em muitos

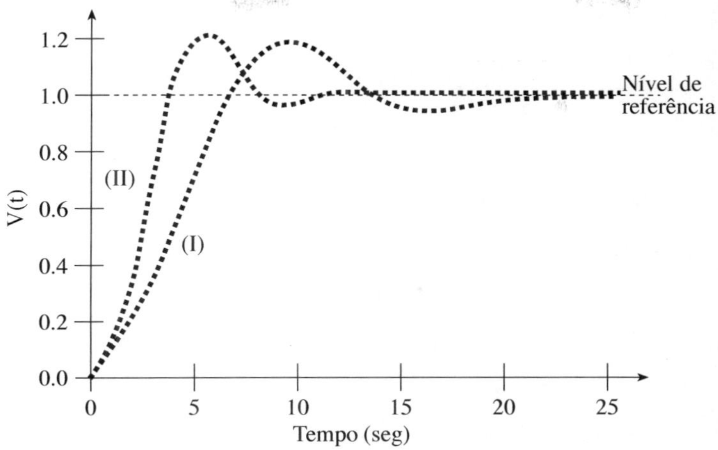

***Figura 12.3** — Curvas de resposta em malha-fechada*

processos industriais, tal precisão seria satisfatória, pois seria a substitução de um controle manual por outro automático. Esse procedimento foi um exercício de identificação de sistemas onde as relações *fuzzy* de entrada e saída de um operador humano foram identificadas, enquanto o operador estaria controlando o processo. Essa relação de entrada/saída pode também ser compreendida como um modelo inverso da planta ou processo.

12.1.2 — Avaliação de princípios físicos

O projetista, com base em sua avaliação dos princípios físicos envolvidos no processo, pode gerar as regras de controle. Como um exemplo, poderia-se mencionar um *controlador de pêndulo invertido,* que freqüentemente tem sido utilizado como um padrão para ilustrar a eficácia do controle *fuzzy*. O pêndulo invertido, mostrado na Figura 12.4, consiste de uma barra vertical com uma junta montada em um veículo que se move na horizontal, onde o objetivo de controle é mantê-lo na posição vertical sempre que a tendência for de queda para qualquer um dos lados. Esse sistema apesar de parecer simples é complexo e não-linear. O projeto de um controlador convencional para esse sistema é bem difícil, sendo necessária a solução em tempo real de um conjunto de equações diferenciais não-lineares, para se ajustar o veículo, com a velocidade correta, de forma a manter o pêndulo em equilíbrio. A solução clássica não será discutida aqui, uma vez que o propósito dessa seção é o de ilustrar o método de projeto de um controlador baseado em regras para esse sistema.

Um controlador *fuzzy* baseado em regras pode ser projetado como segue. As variáveis de estado são: ângulo do pêndulo α, e velocidade angular $\Delta\alpha$, isto é, a taxa de alteração do ângulo, a variável de controle é a velocidade do veículo V (assumindo a direção positiva como mostrado). O projetista pode raciocinar quais são as regras, da seguinte forma:

SE α = (Negativo Médio) NM E $\Delta\alpha$ = (Zero) ZE
ENTÃO $\boldsymbol{V}$ = (Positivo Médio) PM
SE α = (Zero) ZE E $\Delta\alpha$ = (Zero) ZE
ENTÃO $\boldsymbol{V}$ = (Zero) ZE
etc...

No processo de determinação dessas regras o projetista compreende o funcionamento, de forma a identificar o modelo inverso do sistema do pêndulo. É um modelo inverso, porque o projetista determina as ações de controle que um operador necessitaria para compensar a instabilidade.

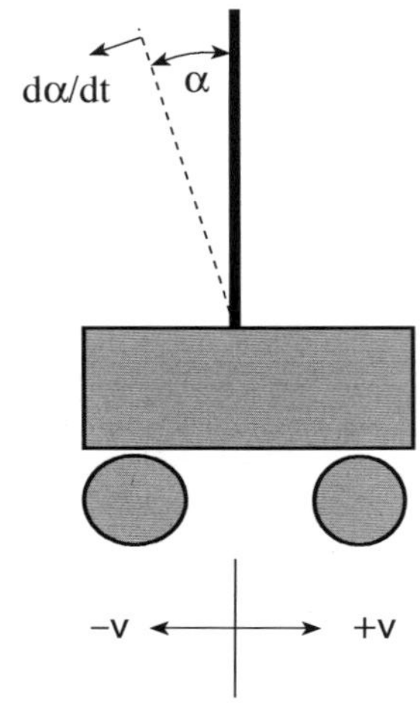

Figura 12.4 — Pêndulo invertido

12.1.3 — Variáveis inerentemente fuzzy

Em alguns sistemas, as variáveis são intrinsecamente *fuzzy*, ou seja, não há quantidades precisas reais que possam ser estabelecidas. O projetista deve assumir funções de pertinência para tais variáveis. Como exemplo, o de um aspirador de pó, fabricado por uma empresa japonesa, cujo objetivo é ajustar a potência de sucção de acordo com as seguintes variáveis identificadas por qualificadores lingüísticos:

- tipo do piso (piso liso, piso de bambu fino, tapete fino ou grosso)
- quantidade de pó (pode ser considerado como uma variável real)
- tipo de pó (poeira, granulado, fios longos)

As regras são determinadas como anterioremente, porém as funções de pertinência constituem a parte empírica fundamental do projeto.

12.2 — SISTEMAS DE APRENDIZADO

Nesse enfoque de identificação, a meta é gerar as regras *fuzzy* e/ou as funções de pertinência, sem interação com operadores que conheçam a planta ou processo e principalmente onde não seja possível a análise dos princípios físicos envolvidos. Ao se utilizar um sistema de aprendizado chega-se a uma *geração adaptativa e "on-line" de uma relação fuzzy entrada/saída,* ou seja, a base de conhecimento do sistema *fuzzy*. Embora, o propósito original de se utilizar a lógica *fuzzy* em sistemas de controle fosse o de incorporar a contribuição de um operador humano, muitas vezes tal operador experiente não era disponível. Nesse caso deve-se recriar o conhecimento através de um processo de aprendizado, baseado em dados de entrada e de saída do processo. Em um outro tipo de aplicação, tal como em robótica, apenas um número limitado de funções necessita ser baseado em aprendizado, e tais funções podem ser implementadas em um controlador inteligente.

Aprendizado significa codificação de informação, assim um sistema aprende um padrão se ele codificar tal padrão em sua estrutura própria. Aprendizado é um processo que consiste de um par estímulo-resposta (u_i, y_i), o qual foi devidamente codificado se o sistema responder com y_i quando estimulado por u_i em cada tempo discreto k, $k = 1,2, \ldots, N$.

Considere a função $f{:}U \Rightarrow Y$, ou seja, um mapeamento dos vetores $u[k]$, $u[k] \in U$ aos vetores

$y[k]$, $y[k] \in Y$, $k = 1,2, \ldots, N$. O par entrada-saída (u_i, y_i), representa uma amostragem da função f. O sistema é considerado que *aprendeu* a função f *precisamente* como $y = f(u)$, se ele produzir a saída y quando sua entrada for u. Por outro lado, o sistema aprendeu a função f *aproximadamente* se ele responder com y', que difere um pouco de $y = f(u)$, quando estimulado por u.

Um sistema de aprendizado pode melhorar seu desempenho através de modificação de sua *estrutura* ou de seus *parâmetros*. Assim, a *base de conhecimento de um sistema de aprendizado pode ser dinamicamente alterada,* de forma a manter o conteúdo de conhecimento sempre atualizado ou então para se otimizar sua qualidade.

Um tipo de aprendizado ocorre quando há a presença de um avaliador de desempenho, o qual age como um *supervisor* que decide sobre a necessidade de alteração estrutural ou de modificação de parâmetros, através da comparação com um padrão predeterminado. Se for detectada uma diferença nesse padrão, um sinal de erro é gerado, o qual é utilizado para reforçar o processo de aprendizado através de "premiação" da precisão e "punição" da imprecisão.

Outro tipo de aprendizado chamado por *não-supervisionado* ou *autodidata* não envolve supervisão, ou seja não há comparação com nenhum padrão determinado. Tal sistema procura por padrões similares montando tais padrões em conjuntos. Na realidade, tal enfoque é baseado em sistemas biológicos, como por exemplo na forma de aprendizado de uma criança em idade pré-escolar.

Dois tipos de métodos de aprendizado que foram originados no campo de redes neurais devem ser aqui mencionados: *aprendizado competitivo linear* e *aprendizado competitivo diferencial.* De uma maneira simplificada, um processo de aprendizado competitivo pode ser considerado como uma competição entre neurônios de uma camada de uma rede neural. Em um sistema *fuzzy*, uma competição similar pode ocorrer entre as regras. A regra vencedora, terá então o mais elevado *Grau de suporte.*

A diferença entre os enfoques linear e diferencial é que no primeiro as regras são adaptadas continuamente durante o processo de aprendizado, enquanto que no enfoque diferencial as regras são adaptadas apenas se houver uma alteração no conjunto de dados. No método linear, o peso de uma regra (seu grau de suporte) é continuamente modificado sempre que tal regra específica for disparada, devendo sempre ocorrer uma normalização dos pesos para uma norma unitária. Tais interações são evitadas no método diferencial.

A designação "sistema de aprendizado" implica que a estimação da saída depende de uma experiência passada e que *novos dados continuamente modificam a relação fuzzy através da incorporação em sua estrutura.* Portanto, aprendizado significa que há uma *auto-organização* no sentido do sistema construir sua própria estrutura com base nos dados fornecidos. Nesse processo, padrões antigos são trocados pelos padrões mais recentes que representem o ambiente que está sendo modelado. Como tal processo é discreto, deve-se levar em questão que a *taxa de esquecimento* é tão importante quanto a *taxa de aprendizado.*

A vantagem de um sistema de aprendizado é que ele é "específico" para o tipo de dados que se espera que ele gerencie, sendo portanto extremamente conveniente para casos em que não há modelo matemático, ou que falhem hipóteses de linearidade e invariância no tempo. Tal característica é de importância fundamental quando a planta ou o processo não forem fortemente conhecidos.

12.2.1 — Aprendizado fuzzy

Pode-se admitir uma relação *fuzzy* (R) como uma imagem (*fuzzy*) de um processo protótipo, do qual tal relação foi derivada. Durante o processo de identificação de um modelo *fuzzy*, essa imagem é *formada*, ou *induzida* pela tabela de dados de entrada-saída apresentados. No sistema prototipado, a relação entre os dados de entrada e de saída gerados por uma relação real $\mathfrak{R}$ em cada tempo de amostragem serviria como uma *função primitiva,* que induziria uma característica desejada na relação *fuzzy*. Assim, a função *fuzzy* identificada *R* representaria o modelo *fuzzy* da *função primitiva*. A função primitiva "ensinaria" o modelo *fuzzy* a assumir um comportamento, dessa forma identificando o modelo com características específicas. Uma vez "aprendida", a relação *fuzzy* conectaria a entrada (y_k) e saída (u_k) dentro do universo de discurso previamente assumido.

O sistema *fuzzy* de aprendizado aqui discutido é um atributo proveniente do baseado em equações relacionais; na modelagem relacional foi assumido que poderia haver aprendizado, ou seja a construção de uma relação *fuzzy* baseada em dados de entrada-saída. Todavia, sistemas *fuzzy* baseados em regras também podem ser equipados com outras características de aprendizado, como mostrado na próxima seção.

12.3 — SISTEMA DE APRENDIZADO FUZZY BASEADO EM REGRAS

Um sistema *fuzzy* baseado em regras pode aprender relações entre dados através da modificação das regras e dos conjuntos *fuzzy* durante a fase de aprendizado. Esse procedimento também leva a uma relação *fuzzy* alterada dinamicamente, ou seja à uma *base de conhecimento* que se amolda dinamicamente aos dados que foram utilizados para a aprendizagem. Em um sistema baseados em regras pode-se com relativa facilidade adaptar a base de conhecimento através de alteração de regras ou de funções de pertinência.

12.3.1 — Adaptando as regras

Em um sistema de aprendizado *fuzzy* baseado em regras, associa-se a cada regra um peso ou fator de ponderação: o *Grau de suporte* que é um número no intervalo [0,1] indicando a importância relativa da regra dentro do conjunto de regras. Esses pesos são multiplicadores para cada regra, inicializados com o valor unitário. Conforme o mapa de regras é dinamicamente alterado, o *Grau de suporte* é ajustado de forma a atualizar quais são as regras mais importantes para o ambiente que está sendo modelado. A aplicação de um algoritmo de gerenciamento de tais pesos tende a amplificar as regras que contribuem para a saída e amortecer as regras que não contribuem. Assim, o sistema mostrará uma polarização em direção às áreas onde os dados estão localizados, adaptando as regras que mapeiam as regiões mais significativas dos dados. A amplificação dos pesos das regras adaptam o sistema para se mover à região central de controle e se manter nos estados de equilíbrio da planta que está sendo estimada.

12.3.2 — Adaptando as funções de pertinência

Enquanto que o ajuste de fatores de ponderação das regras pode mover a região central de controle do algoritmo *fuzzy* em resposta às alterações da planta, a modificação de pesos apenas não é suficiente para permitir uma rápida adaptação multidimensional. Deve-se também reorganizar as funções de pertinência para ajustar-se às mudanças no ambiente de operação. As funções de pertinência podem se ajustar através de expansão/contração de domínio ou deslocamento horizontal, conforme mostrado na Figura 12.5. Se a resposta do sistema no ciclo anterior foi acima do esperado, então o domínio da respectiva função de pertinência deve ser um pouco contraído, ou seja a borda esquerda da função deve-se mover para a direita e a borda direita deve-se mover para a esquerda. Similarmente, se a resposta do sistema estiver abaixo da expectativa, o domínio deve ser um pouco alargado, ou seja a borda esquerda deve-se mover para a esquerda e a borda direita para a direita. Essa modificação é, todavia, restringida pela quantidade de *sobreposição* permitida entre conjuntos *fuzzy* vizinhos. De acordo com essa restrição, para uma linha vertical dentro de uma região, o valor de pertinência de todos os conjuntos *fuzzy* encontrados deve somar no máximo o valor *1*. Se essa regra não for obedecida, podem ocorrer instabilidades. Em um modelo adaptado dinamicamente, o reajuste das regiões *fuzzy* vizinhas faz com que as funções de pertinência se alterem.

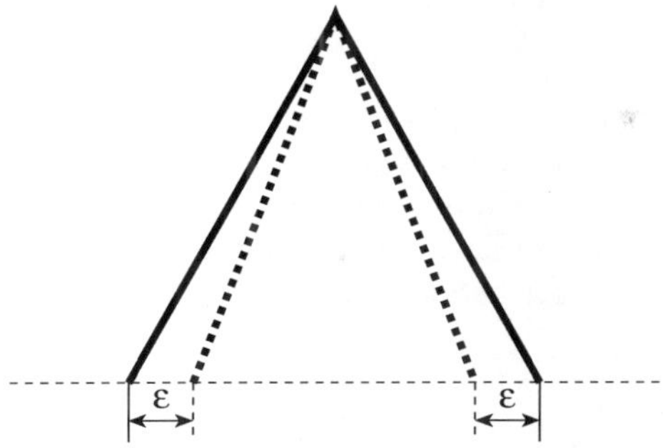

***Figura 12.5** — Ajuste adaptativo da largura de uma função de pertinência*

12.4 — MECANISMO DE ADAPTAÇÃO DE SISTEMAS DE APRENDIZADO FUZZY

Um controlador *fuzzy* adaptativo pode ser gradualmente desenvolvido de uma relação *fuzzy* vazia, construindo-o a partir dos dados adquiridos em um enfoque relacional. Todavia, nos controladores *fuzzy* utilizados atualmente, o mecanismo de adaptação depende de (1) estratégias baseadas em regras, (2) paramétricas ou (3) neurofuzzy.

Em um controlador *fuzzy* baseado em regras, utiliza-se da alteração das funções de pertinência conforme mostrado na Figura 12.5, ou utiliza-se do *Grau de suporte*, ou seja o peso relativo de cada regra, conforme mostrado na Figura 12.6. A estratégia de alteração de funções de pertinência também pode ser realizada através de uma rede neural, conforme será mostrado no Capítulo 14 onde há a combinação adaptativa de uma rede neural e um controlador *fuzzy*, chamada por *controlador neurofuzzy*. É, entretanto, uma adaptação que ocorre apenas uma vez ("off-line"), pelo menos como comercialmente disponível na maioria dos sistema de desenvolvimento.

O capítulo 15 discute a utilização prática de um sistema, disponível comercialmente para o projeto de controladores *fuzzy*. Em um controlador *fuzzy* paramétrico, uma adaptação "off-line" pode ser realizada conforme descrito no Capítulo 10. Uma adaptação "on-line", isto é, a busca de coeficientes de uma expressão linear nos conseqüentes, é também possível através de um mecanismo de recursão linear iterativa. Nos controladores neurofuzzy, descritos no Capítulo 14, as funções de pertinência são sintonizadas adaptativamente e um mecanismo "on-line" é também teoricamente possível.

Matrix	IF		THEN	
Utilities	Angle	Distance	DoS	Power
1	zero	far	1,00	pos_medium
2	neg_small	far	1,00	pos_high
3	neg_small	medium	1,00	pos_high
4	neg_big	medium	1,00	pos_medium
5	pos_small	close	1,00	neg_medium
6	zero	close	1,00	zero
7	neg_small	close	1,00	pos_medium
8	pos–small	zero	1,00	neg_medium
9	zero	zero	1,00	zero

***Figura 12.6** — Ilustração do* Grau de Suporte

12.5 — SISTEMA FUZZY ADAPTATIVO BASEADO EM REGRAS POR ESPAÇO DE PRODUTOS

De forma a determinar como as regras podem ser derivadas de uma forma adaptativa, pode-se utilizar o chamado método baseado no conjunto do espaço de produtos. Os universos de discurso das variáveis de entrada e de saída são particionados em um grande número de subcampos bem definidos. Esses subcampos podem também ser definidos como as bases para os subcampos referenciais dentro dos universos de discurso, conforme mostrado na Figura 12.7.

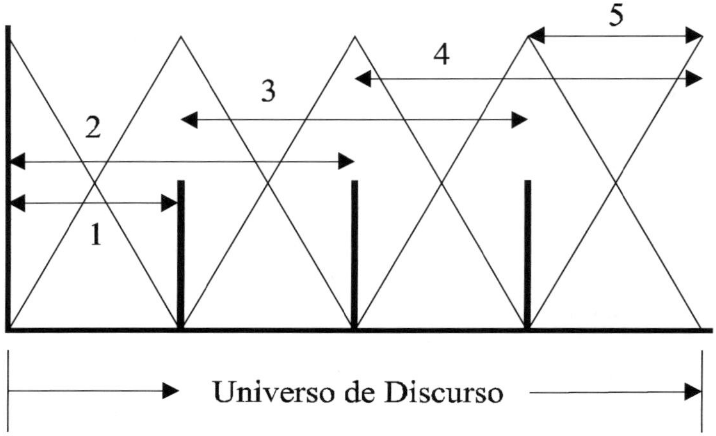

***Figura 12.7** — Subcampos para o método adaptativo de conjuntos de espaço de produtos*

A combinação de uma determinada entrada com uma saída é um par que pode ser plotado em uma matriz. Uma vez que cada elemento matricial representa um número de combinações entrada-saída que está no correspondente subcampo, é razoável de se admitir que os elementos da matriz são equivalentes às regras de conexão de entrada-saída. O peso que pode ser admitido à regra é então definido como a *freqüência de ocorrência* da regra para um determinado número de amostras, conforme mostrado na Figura 12.7 e em seu correspondente histograma na Figura 12.8, enquanto que a Figura 12.9 mostra a distribuição de pontos de dados de entrada e saída dentro da matriz de regras. Quanto mais escura a região do elemento matricial, mais dados ocorreram nessa região. Assim, a regra *SE x = ZE ENTÃO y = ZE* tem a mais alta freqüência de ocorrência que, como consequência, tem o peso mais elevado.

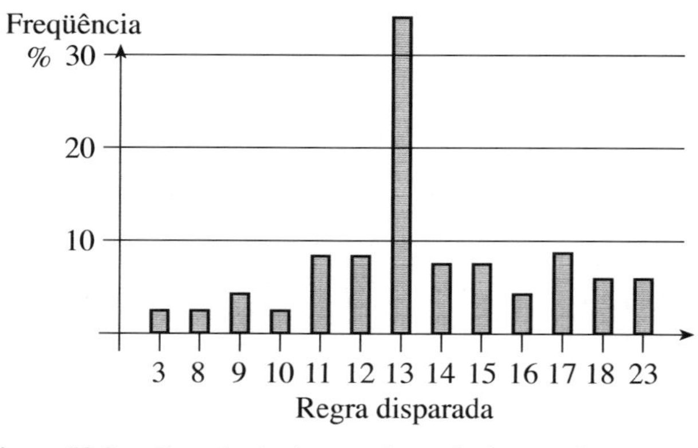

***Figura 12.8** — Freqüência de ocorrência de disparo de uma regra*

A divisão em subcampos para o método adaptativo de conjuntos de espaço de produtos indicada na Figura 12.7 determina as células da Figura 12.9. Após uma sessão de treinamento de dados de entrada e saída o histograma determina quais regras são as mais relevantes. Esse método permite diminuir o tamanho da base de dados ou então de se alterar dinamicamente a dimensão do espaço de regras.

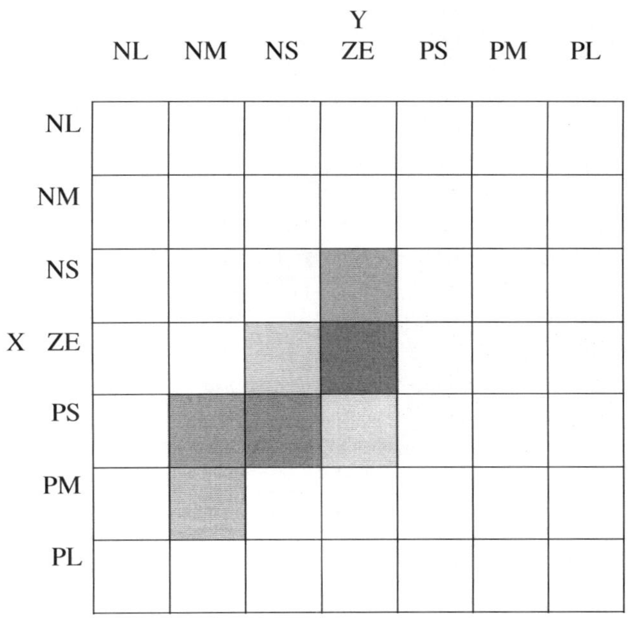

***Figura 12.9** — Matriz de regras com indicação do peso das regras*

12.6 — O POSTULADO FUNDAMENTAL DA PREVISIBILIDADE

Uma relação *fuzzy* ocorre da combinação de universos de discurso de vetores de entrada $u'(k)$ atrasados por τ_u (este termo modela os atrasos), o vetor de saída $y'(k)$ é atrasado por τ_y para se considerar um vetor de condições iniciais. A relação *fuzzy* é construída durante a fase de treinamento, enquanto que a predição de saídas para novos estímulos é feita durante a fase de predição. Assim, dada uma relação *fuzzy* $R(U, Y^1, Y)$, *treinada* durante um intervalo de tempo discreto $1 \leq k \leq M$, $k = 1, 2, \ldots, N$ por vetores fuzzificados $u'(k - \tau_u) \in U$, $y'(k - \tau_y) \in Y^1$, $y'(k) \in Y$. Quaisquer novos dados $u(k - \tau_u)$ recebidos no próximo intervalo de tempo $M + 1 \leq k \leq N$, e processados por um estimador, é previsível se, e somente se, $u'(k) \in U$ (que é o mesmo universo de discurso U usado para construir a relação *fuzzy*). Se esta condição não for satisfeita, saturação ocorrerá em algum dos conjuntos *fuzzy* do modelo. O postulado afirma que para se obter boas predições o universo de discurso dos novos dados deve ser o mesmo daqueles utilizados para se construir a relação *fuzzy* durante a fase de treinamento.

12.7 — SÍNTESE LINGÜÍSTICA DE UMA FUNÇÃO DE ENTRADA-SAÍDA

A lógica *fuzzy* é ideal para se sintetizar uma função lingüística que relacione entradas e saídas de um processo. Uma vez que um algoritmo baseado em lógica *fuzzy* não tem capacidade de armazenagem, ou seja, não tem memória, ele pode sintetizar uma função não-linear multidimensional que relacione um vetor de saídas a um vetor de entradas. A solução pode ser gráfica, como a do método paramétrico mostrado no Capítulo 10, ou pode-se utilizar de uma interface de desenvolvimento como a que será apresentada no Capítulo 15.

12.7.1 — Aplicação a um sistema de uma entrada e uma saída

Dado um sistema com uma entrada e uma única saída, cuja função de transferência seja definida por uma tabela de valores discretos. Assume-se ainda que o universo de discurso da entrada e da saída seja coberto pelo mesmo número de funções de pertinência triangulares. A técnica de síntese lingüística é baseada em se ajustar as funções de pertinência de entrada e de saída, de tal forma que num gráfico em escala as projeções verticais dos picos dos triângulos das funções de pertinência encontrem-se em pontos da função desejada de entrada versus a saída. Isso é ilustrado na Figura 12.10. Através de tentativa e erro, ajustam-se as sobreposições entre as funções de pertinência para uma aproximação suave da função de transferência. Depois de se ajustar os picos (por exemplo, através da planilha do sistema de desenvolvimento mostrado no Capítulo 15) para mapear a entrada diretamente à saída, em uma relação de um para um, conforme mostrado na Figura 12.11. Por exemplo, SE entrada = neg_small ENTÃO saída = neg_small, pode-se perceber que quanto mais pontos de inflexão existirem, mais funções de pertinência devem ser usadas para cobrir o universo de discurso de entrada e de saída.

Essa técnica pode ser estendida para sistemas multidimensionais, como por exemplo o sistema de duas entradas e duas saídas, mostrado na Figura 12.12, onde a função de entrada-saída é uma superfície que mostra uma boa correspondência com a função desejada da Figura 12.10.

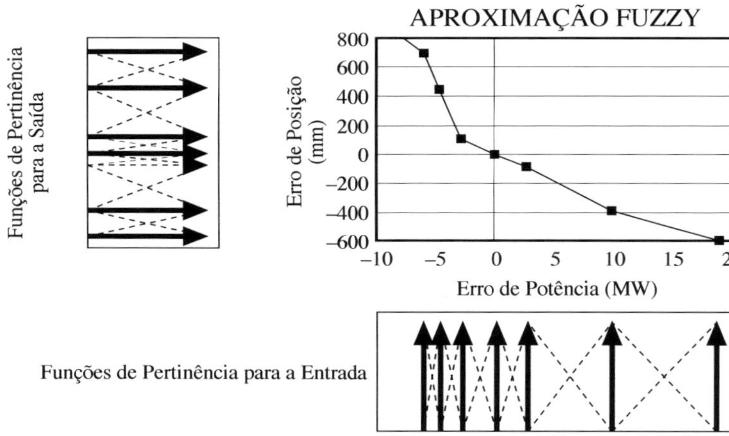

Figura 12.10 — *Ajuste dos picos das funções de pertinência*

	SE	ENTÃO	
Regra	Potência	GS	Xr
1	NB	1	PB
2	NM	1	PM
3	NS	1	PS
4	ZERO	1	ZERO
5	PS	1	NS
6	PM	1	NM
7	PB	1	NB

Figura 12.11 — *Tranferência direta para construção de base de regras*

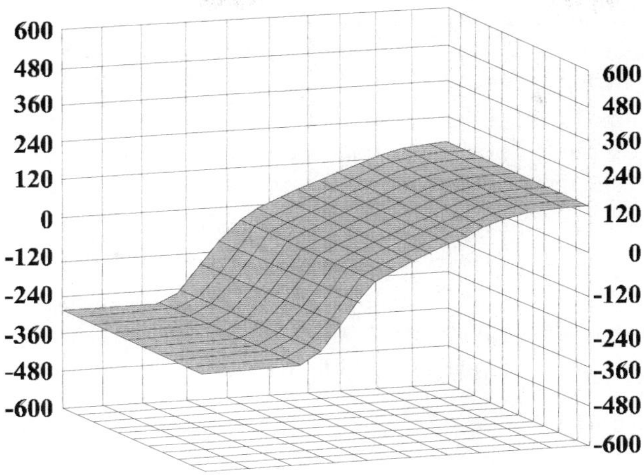

***Figura 12.12** — Superfície de controle para um sistema de duas entradas e uma saída*

12.7.2 — Aplicação a um sistema de duas entradas e uma saída

O procedimento descrito abaixo mostra como montar uma determinada superfície de controle, cujas bordas correspondem às funções entrada-saída da forma Y_a ("Alta potência") e Y_b ("Baixa potência") mostradas na Figura 12.13. Uma terceira variável indicará a distância entre as bordas, $Z = z_p$ para "Alta potência" e $Z = z_q$ para "Baixa potência"; nos valores de Z entre z_p e z_q a função resultante será uma correspondência linear entre Y_a e Y_b, formando a superfície de controle. Na superfície de controle da Figura 12.12 as duas funções de entrada descrevem duas bordas idênticas e a superfície propriamente dita foi representada por uma constante, em vez de uma função linear.

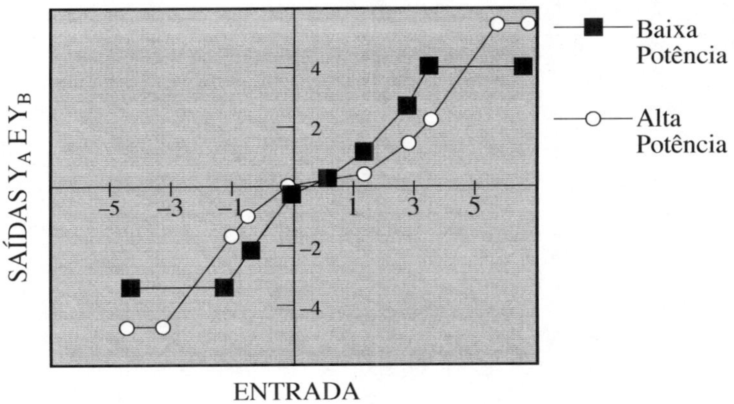

***Figura 12.13** — Funções desejadas na borda da superfície de controle*

Como mencionado, essa é uma solução gráfica de um sistema *fuzzy* paramétrico, onde as variáveis condicionais são *fuzzy* e as variáveis de conseqüência são funções lineares (veja Capítulo 10). Um procedimento passo a passo é dado a seguir:

- Desenhe duas funções de entrada Y_a e Y_b em um conjunto comum de eixos, como na Figura 12.13.
- Ajustar as funções de pertinência como descrito na Figura 12.10 e Figura 12.11, através dos picos.

- Ajustar uma terceira função de pertinência para a variável Z conforme mostrado na Figura 12.14, indicando a distância entre as duas bordas. Para a variação linear de Y_a para Y_b faça esta função de pertinência conter dois termos.
- Faça com que as funções de pertinência sejam ajustadas para superposições igualmente espaçadas, que iniciem e terminem no mesmo ponto e cruzem no centro. Se isso não for obedecido, a interpolação não será uma função suave.
- Ajuste a base de regras, por exemplo, utilizando a planilha do sistema de desenvolvimento do Capítulo 15 para mapear as entradas Y_a diretamente às saídas, porém inclua Z. Por exemplo: SE entrada Y = neg_small E Z = z_p ENTÃO saída Y = neg_small
- Repetir esse processo para Y_b ,mas com Z = z_q.
- A Figura 12.16 mostra a superfície de controle obtida dessa forma

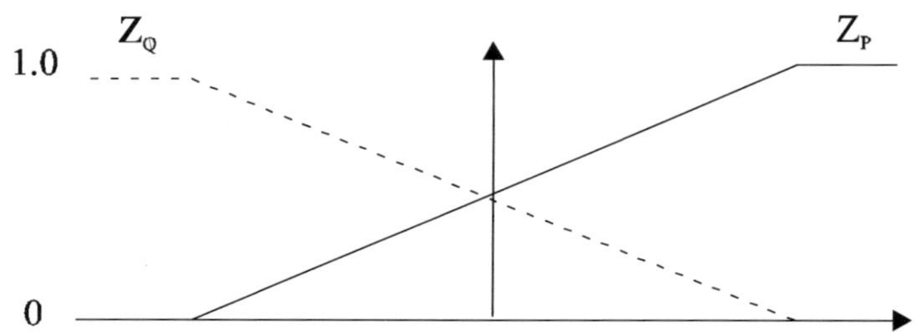

***Figura 12.14** — Função de pertinência para a variável Z*

SE ENTRADA Y_A	SE ENTRADA Z	ENTÃO
n_a	z_p	SAÍDA $Y_a = n_a$
ns_a	z_p	SAÍDA $Y_a = ns_a$
$zero_a$	z_p	SAÍDA $Y_a = zero_a$
ps_a	z_p	SAÍDA $Y_a = ps_a$
p_a	z_p	SAÍDA $Y_a = p_a$
pb_a	z_p	SAÍDA $Y_a = pb_a$
SE ENTRADA Y_B		
n_b	z_q	SAÍDA $Y_b = n_b$
ns_b	z_q	SAÍDA $Y_b = ns_b$
$zero_b$	z_q	SAÍDA $Y_b = zero_b$
ps_b	z_q	SAÍDA $Y_b = ps_b$
p_b	z_q	SAÍDA $Y_b = p_b$
pb_b	z_q	SAÍDA $Y_b = pb_b$

***Figura 12.15** — Base de regras para o sistema de duas entradas e uma saída*

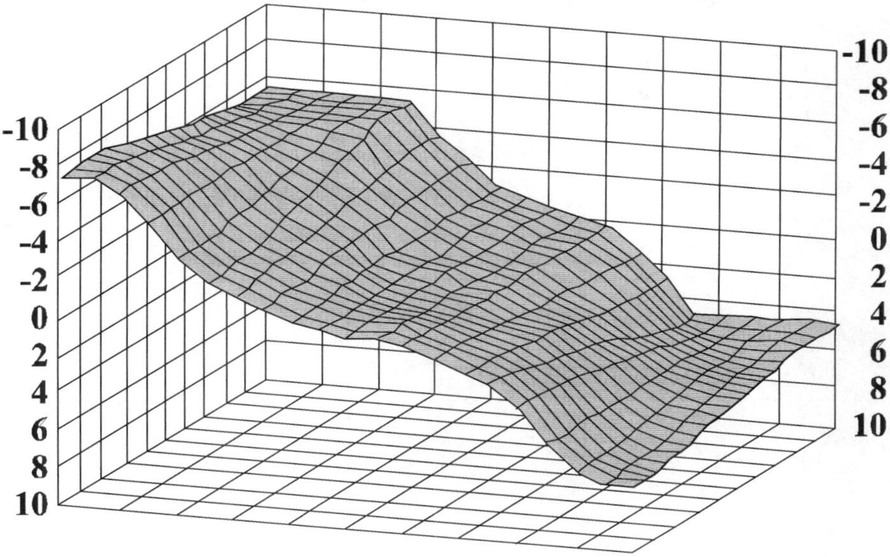

Figura 12.16 *— Superfície de controle desejada para um sistema de 2 entradas e 1 saída*

QUESTÕES DE REVISÃO

1. Descreva as técnicas de captura de conhecimento empírico.
2. Como a base de conhecimento de um sistema de aprendizado pode ser dinamicamente alterada ?
3. Qual a diferença entre o enfoque linear e diferencial do aprendizado competitivo e como este processo de aprendizagem pode ser considerado numa rede neural e num sistema *fuzzy* ?
4. Explique o porquê da "taxa de esquecimento" ser tão importante quanto a "taxa de aprendizado" num sistema de aprendizado.
5. Como as funções de pertinência podem se ajustar permitindo o sistema *fuzzy* capturar a base de conhecimento?
6. Justifique o postulado da previsibilidade que afirma que, *para se obter boas predições o universo de discurso dos novos dados deve ser o mesmo daqueles utilizados para se construir a relação fuzzy durante a fase de treinamento.*

13 ESTABILIDADE DE SISTEMAS DE CONTROLE FUZZY

OBJETIVOS DO CAPÍTULO

- Rever os critérios gerais de estabilidade de sistema de malha fechada
- Discutir o problema específico da estabilidade de sistemas *fuzzy*
- Apresentar um método prático de análise de estabilidade de sistemas *fuzzy*

13.1 — INTRODUÇÃO

Uma preocupação fundamental do projetista de qualquer sistema de controle refere-se à estabilidade do sistema devido à utilização do controlador. Na maioria das vezes o controle baseia-se em uma malha de realimentação, e a possibilidade da instabilidade existir ocorre toda vez que o ganho de malha exceder o valor unitário para sinais com atraso de fase com mais de 180 graus. Em todo novo projeto de controle deve-se certificar que não ocorrerá instabilidade.

O estudo de estabilidade em sistemas de controle em malha fechada tem forte interesse acadêmico, muitas técnicas são bem fundamentadas, de forma a se determinar os limites de estabilidade de controladores clássicos, digitais e multivariáveis.

Com controladores *fuzzy* a situação é diferente. Em termos matemáticos, um sistema baseado em lógica *fuzzy* é um mapeamento de um espaço de entradas R^n em um espaço de saídas R^m, com as seguintes propriedades:

- *determinístico* (as mesmas condições de entrada sempre resultam nas mesmas condições de saída)
- *invariante no tempo* (a função que descreve a relação de entrada-saída não se altera com o tempo)
- *não-linear* (as variáveis de saída não são combinações lineares das variáveis de entrada).

Os controladores *fuzzy* são normalmente aplicados em situações práticas, onde as soluções convencionais de controle não podem ser aplicadas devido à falta de um modelo analítico da planta e processo, ou então quando a planta ou processo é demasiadamente complexa, não-linear e/ou invariante no tempo. Além disso, o controlador *fuzzy* (principalmente o baseado em regras), não pode ser expresso em termos matemáticos, o que faz com que uma solução analítica seja impossível. Por outro lado, deve-se enfatizar que uma *análise de estabilidade por métodos analíticos de controladores convencionais, com grau similar de complexidade, é também difícil ou impossível de se obter!*

13.2 — ANÁLISE DE ESTABILIDADE DE UM SISTEMA FUZZY

Um sistema em malha fechada é estável se ele se mantém em um ponto de equilíbrio depois de uma perturbação (interna ou externa). Se o ganho do sistema não for grande de forma a manter uma oscilação sustentada, ou se o desvio de fase não for grande o suficiente para que o sinal de realimentação esteja fora de fase com o sinal de entrada, então não ocorre instabilidade. As condições limites para estabilidade do sistema em malha fechada são em geral expressas em termos do ganho de malha e do ganho de fase como segue:

$$K_{malha} \leq 1 \text{ e } \varphi_{malha} \leq -180^{\circ} \tag{13.1}$$

O *tempo morto* do sistema (ou, em outras palavras, o atraso entre a entrada e a saída) é o que mais contribui para o atraso de fase na malha e portanto, as plantas e processos industriais que tem um tempo morto de valor considerável são as mais susceptíveis à instabilidade. Uma explanação qualitativa seria que a saída é uma conseqüência de uma entrada que ocorreu há algum tempo atrás. Assim a saída não contém informação sobre os eventos que ocorrem instantaneamente, apenas sobre eventos que ocorreram no passado. Se essa saída for realimentada com a entrada (que ocorre no instante atual) para gerar um sinal de controle, se houver uma defasagem tal que em vez de realimentação negativa ocorra uma realimentação positiva, o sistema se tornará instável, onde a saída não é mais função da entrada e sim gerada internamente pelo sistema. O controlador *fuzzy* por si não contém memória, ou seja, capacidade de armazenagem, representando uma não-linearidade estática. Dessa forma, um controlador *fuzzy* contribui para o ganho do sistema sem acrescer atrasos. O fato que em geral um controlador *fuzzy* não tem memória interna pode ser facilmente visto da regra composicional de inferência, onde todas as saídas estimadas são geradas de componentes de entrada que estão instantaneamente disponíveis na entrada do estimador *fuzzy*.

13.3 — O MÉTODO DO CAMPO VETORIAL

O assim chamado método do campo vetorial é aplicável na análise de sistemas de múltiplas malhas e em plantas não lineares, que podem ser *transformadas em um sistema em malha-aberta com apenas uma entrada e uma saída*, como indicado na Figura 13.1. É um método bem fundamentado teoricamente, além de ser empiricamente aplicado em sistemas *fuzzy* com múltiplas malhas.

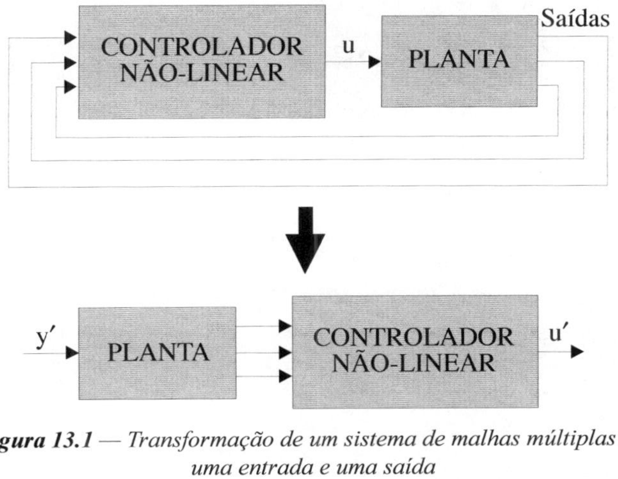

Figura 13.1 *— Transformação de um sistema de malhas múltiplas em uma entrada e uma saída*

O sistema não-linear deve ser descrito por uma função de saída simétrica, ou seja, uma função ímpar (em torno do ponto de equilíbrio):

$$u = F(y) \tag{13.2}$$

e

$$F(-y) = -F(y) \tag{13.3}$$

Por exemplo, considere a função sendo:

$$sen\,(+x) = +\,sen(x),\ porém\ sen\,(-x) = -\,sen(x) \tag{13.4}$$

por outro lado, a função cosseno é não-simétrica (função par):

$$cos\,(+x) = +\,cos\,(x) \quad e \quad cos\,(-x) = +\,cos\,(x) \tag{13.5}$$

A necessidade de uma função de saída simétrica é uma restrição que evita problemas causados por "offset" que poderia ser introduzido por uma função não-simétrica. Uma função simétrica tem a resposta de saída proporcional à entrada em módulo e sinal. A conseqüência é que, num sistema em malha aberta descrito por uma função simétrica sujeito à uma resposta senoidal, a saída variará simetricamente em torno do ponto de equilíbrio. Para uma descrição através de uma função não-simétrica a saída se desviaria de forma não uniforme do ponto de equilíbrio. Considerando-se um sistema em malha aberta com entrada a e saída α, transformada de um sistema multimalha onde a entrada da planta é u e a saída y. Se esse sistema em malha aberta for sujeito a uma função harmônica de entrada

$$a(t) = a.e^{j\omega t} \tag{13.6}$$

então a saída produzida também será uma função harmônica de amplitude diferente e com um deslocamento de fase em relação à função de entrada:

$$\alpha(t) = \mathrm{a}.e^{j(\omega t+\Phi)} \tag{13.7}$$

Se o sistema em malha aberta for estável e ignorando-se as freqüências mais elevadas (ou seja, o sistema exibe um comportamento tipo filtro passa-baixas), então o comportamento do sistema em malha aberta pode ser caracterizado pela função:

$$V(\omega,\alpha) = (\,\alpha / a\,)\; e^{j\varphi} \tag{13.8}$$

que em geral é uma função definida no conjunto dos números complexos.

A estabilidade limite ocorre quando:

$$V(\omega,\alpha) = 1 \tag{13.9}$$

Pares de valores (ω,α) para o qual a Equação 13.9 é obedecida, indicam um *ciclo limite* de amplitude α e freqüência ω , provavelmente existentes no sistema em malha fechada.

O sistema será estável para todos os casos quando

$$V(\omega,\alpha) < 1 \tag{13.10}$$

13.4 — PROCEDIMENTO DE ANÁLISE

Na prática, os valores da função $V(\omega,\alpha)$ não podem em geral serem calculados analiticamente, mas podem ser determinados por simulação ou experimentalmente para valores discretos de pares (ω_i,α_j), os quais fazem parte de um reticulado no plano $(\omega–\alpha)$. Baseado nesses valores e através de uma interpolação, os valores de $V(\omega,\alpha)$ podem ser determinados para qualquer ponto (ω,α). De forma a se encontrar os pontos (ω,α) que satisfazem a Equação 13.9, ou seja, onde um ciclo-limite ocorre, a função de variáveis complexas $V(\omega,\alpha)$ é interpretada como um *campo vetorial* e visualizada no plano (ω,α). Para isso, deve-se calcular e plotar as *curvas de contorno* das funções:

- *abs* $[V(\omega,\alpha)] - 1$ (contornos de ganho constante)
- *arc*$\{ V(\omega,\alpha) \}$ (contornos de deslocamento de fase constante)

Um certo ponto (ω,α) para o qual

abs $[V(\omega,\alpha) - 1] = 0$ (ganho do sistema = 1)

arc$\{ V(\omega,\alpha) \} = 0$

Assumindo-se que o sistema possui um comportamento de filtro passa-baixas as condições acima representam ganho do sistema = 1 e defasagem de 180º para a situação de sistema realimentado em malha fechada. Se as curvas se *interceptarem*, as condições da Equação 13.9 são satisfeitas, ocorrendo um *ciclo-limite*.

Para se analisar a estabilidade por esse método, o sistema deve ser simulado com vários valores de entrada, usando-se freqüências e amplitudes de forma a se obter um conjunto de pontos para a função *V(ω,α)*. Para cada, as correspondentes amplitudes de saída e deslocamento de fase devem ser medidas, tabuladas e plotadas.

A Figura 13.2 mostra um exemplo de ocorrência de um ciclo limite devido à intersecção das curvas, enquanto a Figura 13.3 ilustra um caso que não ocorre ciclo-limite, pois não há intersecção das respectivas curvas.

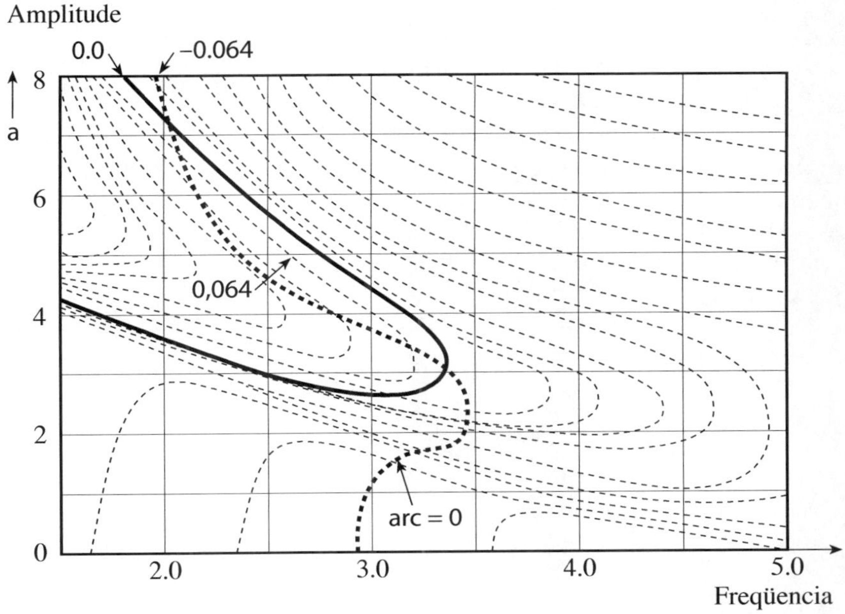

***Figura 13.2** — Características de presença de ciclo-limite*

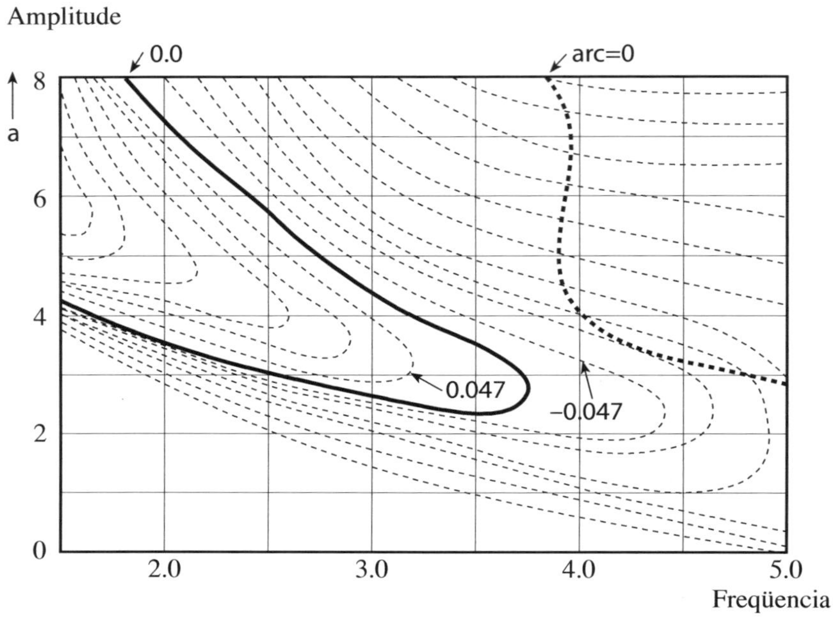

Figura 13.3 — *Características de ausência de ciclo-limite*

QUESTÕES DE REVISÃO

1. Por que os métodos analíticos para estudos de estabilidade analítica não se aplicam aos sistemas de controle *fuzzy* ?
2. O tempo morto ocorrem em sistemas industriais com atraso entre entrada e saída. Procure em textos de controle a explicação analítica dos motivos que fazem com que o tempo morto cause instabilidade em sistemas de malha fechada.
3. Quais são os princípios básicos do método apresentado neste capítulo ?
4. Sugira modificações necessárias ao método apresentado caso o sistema a ser investigado não for tipicamente uma função simétrica.

14 CONTROLADORES NEUROFUZZY

OBJETIVOS DO CAPÍTULO
• Mostrar os conceitos básicos de redes neurais • Discutir a união das estratégias neural e *fuzzy* numa estrutura neurofuzzy e *fuzzy* neural

14.1 — NEURÔNIOS E REDES NEURAIS

Redes neurais (ou melhor, redes neurais *artificiais*) se assemelham com suas contrapartes biológicas. Em contraste às máquinas computacionais tradicionais que se baseiam em processadores relativamente complexos, as redes neurais consistem em um grande número de unidades computacionais simples, chamadas de *neurônios* (Figura 14.1) altamente interconectadas com diversas vias de comunicação.

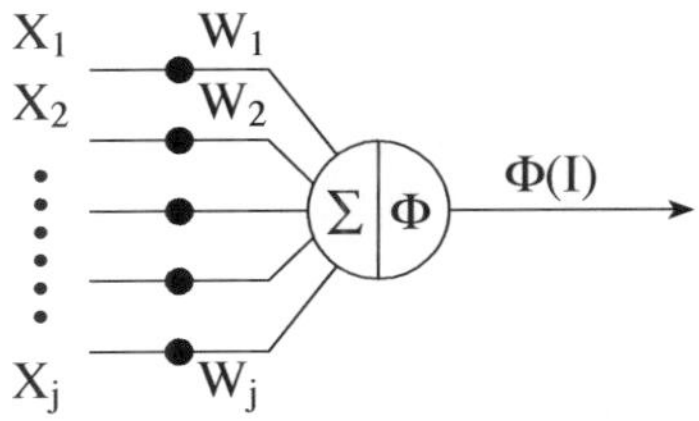

Figura 14.1 *— Estrutura de um elemento neurônio*

Cada neurônio, em uma rede neural, processa os sinais dos terminais de entrada, os quais são controlados por *sinapses*, enviando tais sinais para uma saída, que por sua vez é conectada a outros neurônios.

A rede neural mostrada na Figura 14.2 tem uma *camada* para sinais de entrada, uma camada escondida para processamento e outra para sinais de saída. A informação que entra na camada de entrada, é processada pelas camadas internas (apenas uma é mostrada) emergindo na camada de saída. O objetivo de uma rede neural é processar a informação de acordo com seu prévio *treinamento com dados de entrada-saída.* Redes neurais são extremamente *paralelas*; suas numerosas operações são executadas simultaneamente. Sistemas paralelos podem executar centenas de milhares de vezes mais rapidamente do que microprocessadores convencionais, os quais processam os dados seqüencialmente, fazendo portanto com que aplicações práticas de redes neurais sejam possíveis.

14.2 — TREINAMENTO DE UMA REDE NEURAL

O treinamento de uma rede neural usa um conjunto de dados correspondente a uma amostra de sinais para entrada e saída do sistema. Para esse treinamento, a rede utiliza *algoritmos de aprendizado.*

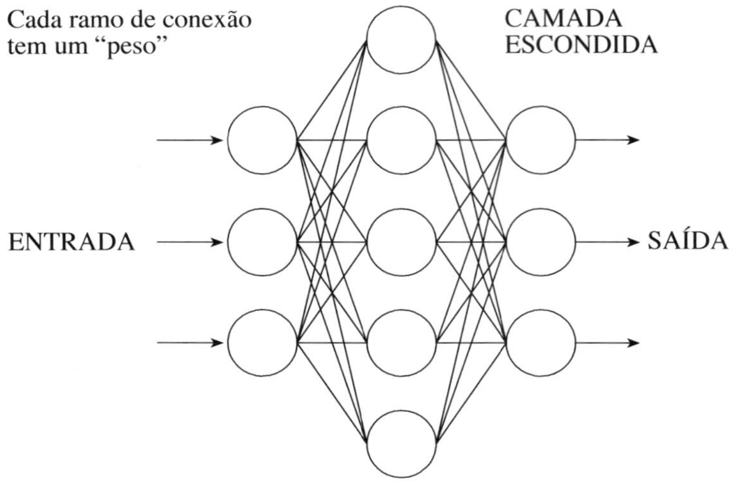

Figura 14.2 *Rede neural simplificada*

Inicialmente a rede permanece inerte e o *algoritmo de aprendizado modifica individualmente os pesos das interconexões* de tal forma que o comportamento da rede reflita a ação desejada. Em outras palavras, a rede pode alterar sua estrutura interna incrementalmente, até que se alcance o desempenho esperado de estimação dos dados. Essa *fase* de treinamento é análoga à fase de aprendizado de um sistema *fuzzy* discutido na seção 12.1. Como resultado do treinamento, a rede neural produzirá valores de saída similares ao conjunto de dados para valores que sejam iguais às amostras de treinamento. Para valores intermediários, a rede produzirá uma interpolação. Ou seja, as redes neurais podem *aprender através de exemplos* a elas apresentados !

14.3 — FASE DE ESTIMAÇÃO

A fase de treinamento é seguida pela *fase de estimação*, onde a rede neural se comporta deterministicamente, ou seja, para cada combinação de valores de entrada a saída será sempre a mesma. A rede treinada poderá então estimar, reconhecer e classificar dados desconhecidos ou incompletos, inferindo soluções e até mesmo capturando relações sutis dentre os dados. Tal habilidade difere radicalmente de técnicas tradicionais, porque uma estrutura de software como essa *não depende de um conhecimento a priori de um programador para as possíveis soluções.* Além disso, esse enfoque também pode ser implementado em hardware especializado.

14.4 — RECONHECIMENTO DE PADRÕES NA PRESENÇA DE RUÍDO

Enquanto que os computadores convencionais são excelentes para o desenvolvimento preciso de cálculos através de processamento seqüencial, uma vez que as instruções de um programa são executadas uma após a outra, as redes neurais são excelentes em reconhecimento de formas, síntese de fonemas, filtragem de sinais ruidosos sem atraso de tempo, percepção de objetos escondidos em cenas complicadas, ou então reconhecendo relações sutis que não são óbvias para observadores humanos. Além disso, as redes neurais podem aprender relações entre dados que são difíceis de se descrever ou desconhecidas até então.

As redes neurais podem *generalizar.* Isso significa que elas podem extrair uma saída útil de um conjunto de dados imperfeito, incompleto ou com ruído. Tal característica é extremamente útil em sistemas com relação sinal/ruído muito deteriorada. As redes neurais podem capturar funções matemáticas de ordem elevada e não-lineares entre as variáveis de entrada. Sua *tolerância ao ruído* é um atributo de seu efeito de medianização e processamento paralelo dos dados de entrada.

14.5 — TOLERÂNCIA ÀS FALHAS

Uma característica intrínseca de *tolerância à falhas* é outra vantagem. Em um computador convencional se uma parte falha, em geral o sistema como um todo se deteriora, enquanto que em uma rede neural a tolerância à falhas faz parte da arquitetura, devido à sua estrutura distribuída de processamento. Se um elemento neural falha, sua saída errônea é "sobrescrita" pelas saídas corretas de seus elementos vizinhos.

14.6 — ALGORITMO DE APRENDIZADO "BACKPROPAGATION"

Há vários tipos de redes neurais, em todas há a característica fundamental de se mapear uma função de um vetor de entrada a um vetor de saída de um ou mais componentes, cada um dos quais representando o valor de alguma variável. O mapeamento de entrada para a saída "sem memória", será adequado no caso de uma rede tipo *feedforward.* Ou então deve ser um mapeamento tipo dinâmico, envolvendo estados anteriores, onde uma rede *feedforwad*, com entradas com atrasos, pode ser usada, ou ainda redes com dinâmica interna podem ser utilizada para sistemas dinâmicos. Para os casos de mapeamento sem memória, as redes neurais feedforward com algoritmo de aprendizagem tipo *backpropagation* se tornaram muito populares, devido à capacidade de resolver a maioria dos problemas de reconhecimento de padrões, além da utilização em aplicações de sistemas de controle.

14.6.1 — Uma descrição qualitativa do algoritmo "backpropagation"

O algoritmo "backpropagation" é um algoritmo de aprendizado. Uma rede neural com uma topologia feedforward, usando o algoritmo backpropagation para treinamento, tem uma *camada de entrada*, pelo menos uma *camada escondida*, e uma *camada de saída.* Uma rede "backpropagation" opera em dois passos *durante o treinamento.* Inicialmente, um padrão de entrada é apresentado à camada de entrada da rede. Há um fluxo de atividade, devido às excitações dos neurônios através da rede, desde a camada de entrada até que a saída seja gerada. Então, o segundo passo é calcular o erro entre esse padrão de saída e o padrão esperado; esse erro é passado da camada de saída, para trás, com os pesos das conexões sendo alterados, conforme o erro se propaga para trás. Um neurônio típico tem diversas entradas (x_j), cada uma das quais é multiplicada pelos seus correspondentes pesos (w_i) como mostrado na Figura 14.1. Cada neurônio soma as entradas de forma ponderada:

$$I = \sum_{i=1}^{n} w_i x_i \qquad (14.1)$$

Esse sinal passa através da função de ativação que é tipicamente não-linear, como a função sigmoidal dada pela Equação 14.2 e mostrada na Figura 14.3.

$$\phi(I) = \frac{1}{1 = e^{-1}} \qquad (14.2)$$

O algoritmo "backpropagation", usado para o treinamento da rede neural, tem por objetivo *estimar o erro*, ou seja, a diferença entre os valores obtidos e os reais para um determinado estímulo na entrada e, por sua vez, *reduzir este erro* através da alteração dos pesos atribuídos ao caminho do fluxo desse estímulo nas diversas camadas da rede.

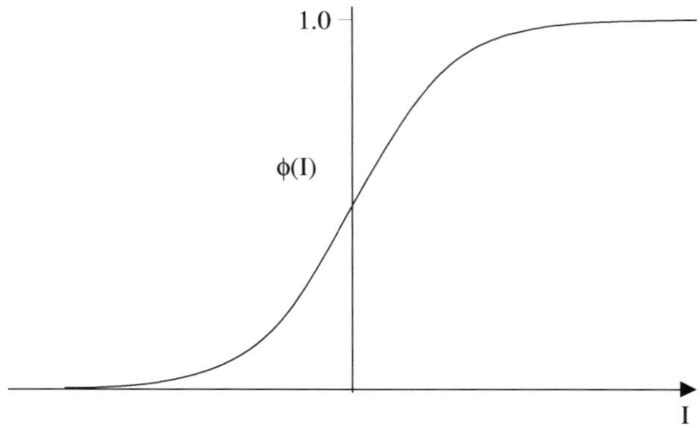

Figura 14.3 *— Função de ativação sigmoidal*

O primeiro passo é o de executar uma aproximação que tenha uma convergência de mínimos quadrados, ou seja gradiente, de um *estimador* que busque o mínimo de uma função de erro, a qual representa o erro de uma iteração *k* na saída da rede. Uma vez que a saída desejada é conhecida durante o treinamento, diz-se que esse é um *aprendizado supervisionado.*

Essa aproximação que estima o gradiente em cada iteração é um algoritmo que move o vetor de pesos na direção em que a derivada parcial do erro em relação à cada peso é negativa, buscando sempre o ponto de mínimo. Ou seja, considerando-se o erro como uma superfície matemática, a variação dos pesos é sempre na direção de um vale nessa superfície. Quando o gradiente é zero é porque se atingiu um determinado ponto de mínimo, que não necessariamente é o mínimo global, logo há diversos enfoques para se escapar de um mínimo local, que serão descritos depois.

Porque um mínimo local não é bom ? Porque, nesse caso a rede neural ficaria "parada" sem aceitar novos padrões para treinamento, mesmo que eles fossem necessários para que a rede pudesse generalizar a respeito das relações de entrada e saída.

14.6.2 — Descrição analítica do "backpropagation"

A seguir descreve-se o mecanismo interno do "backpropagation" com mais detalhes matemáticos. A *regra delta* generalizada é um *algoritmo de aprendizado* como segue:

$$\Delta\omega_{ij} = -\beta \frac{\partial E}{\partial \omega_{ij}} \tag{14.3}$$

onde ω_{ij} representa o peso ω da entrada x_j ; $\Delta\omega_{ij}$ é a variação incremental de um peso particular, β é um coeficiente de aprendizado e E é uma função de erro em relação ao peso que está sendo modificado. Para as conexões entre a camada escondida e a de saída, o *gradiente de descida* é expresso como:

$$\Delta\omega_j = \beta E_j \phi(I) = \beta(y_j^{esperado} - y_j^{obtido})\phi(I) \tag{14.4}$$

O erro de saída que causa a alteração dos pesos é a diferença entre o valor obtido e o esperado. Para as conexões entre a camada escondida e a anterior (em geral a camada de entrada, para uma rede de três camadas) um procedimento mais complexo é necessário. A derivada da função sigmoidal é $\frac{d\phi(I)}{dI} = \phi(I)\cdot[1-\phi(I)]$. A variação das conexões entre a camada de entrada e a escondida é dada por:

$$\Delta\omega_{ij} = \beta\phi_k(I)[1-\phi_k(I)]\sum_{k-1}^{n}\omega_{jk}E_k^{saída}\phi_k(I) \tag{14.5}$$

A Equação 14.5 mostra a relação entre o erro na saída e um peso que esteja no caminho do fluxo de excitação. Para superfícies de ordem elevada, o gradiente de descida pode ser muito lento se o coeficiente de aprendizado β for muito pequeno, e produzindo oscilações se for muito alto; a adição de um termo de momento, α, pode melhorar bastante a situação através da implementação de uma certa inércia, da contribuição anterior do peso, a Equação 14.6 mostra a modificação da regra delta para incluir tal comportamento de inércia:

$$\Delta\omega_{ij} = -\beta\frac{\partial E}{\partial\omega_{ij}} + \alpha(\Delta\omega_{ij})_{anterior} \tag{14.6}$$

14.6.3 — Preparação dos dados de treinamento para o projeto de uma rede neural

A aplicação bem sucedida de uma rede neural requer um conjunto de dados apropriados. A expressão "bem sucedida" implica que sucesso no treinamento não é garantido, a não ser que algumas precauções especiais sejam tomadas, Essa seção discute algumas destas, embora há poucas indicações efetivamente comprovadas, e muita "tentativa e erro" ainda é necessária para o treinamento.

- O conjunto de dados para treinamento deve englobar a faixa total de entradas e saídas que a rede deve generalizar, evitando-se que a rede apenas "memorize" os dados apresentados e não seja capaz de prover uma interpolação intrínseca.
- Deve-se sempre definir, do ponto de vista do especialista nos dados, quais as *variáveis mais importantes* e sua *melhor representação*. Por exemplo, a densidade espectral de potência pode ser mais útil em alguns casos do que uma série temporal de dados.
- O conjunto de dados para treinamento deve ser examinado para identificar características que porventura indiquem relações mais complexas. Por exemplo, se duas variáveis forem extremamente correlacionadas, pode-se reduzir a dimensão do modelo. Outro ponto que pode causar problemas é anomalia nos dados, por exemplo, pontos que erroneamente estejam fora da faixa, indicado erros nos dados, ou alguma outra característica que mereça méritos (por exemplo, sensores defeituosos). Um gráfico comum dos dados de treinamento pode ser uma forma simples de se identificar tais características.
- A representação dos dados é importante para que a rede neural possa aprender relações. Essa representação pode ser *analógica*, *digital* ou *lingüística*. Por exemplo a temperatura ambiente pode ser representada por uma variável analógica, continuamente variando de *8* °C a *32* °C , ou representada digitalmente em faixas, ou por entradas lingüísticas tipo gelada, frio, confortável, morno e quente. Um outro exemplo seria o de utilização de CEPS, para se descobrir regiões geográficas para um determinado mercado consumidor, em vez de se utilizar um valor numérico para isso, seria melhor codificar as regiões em variáveis digitais.
- Uma consideração importante é a utilização de *valores das variáveis* ou *a variação das mesmas*. Em alguns casos, os valores podem ser menos importantes do que sua variação dentro de um certo período, como valores de taxa de juros por exemplo. Um outro fator que pode acelerar o treinamento é a pré-utilização de variáveis que tenham um *determinado quociente dentre si*. Embora a rede possa aprender a executar tal divisão internamente, se o projetista souber que há uma razão natural entre duas variáveis, é melhor deixar que a rede se concentre em estabelecer outras relações não conhecidas entre os dados.
- As redes neurais são sensíveis à *escala* das variáveis; se a magnitude dos valores de entrada

diferirem dentre si, a rede pode erroneamente atribuir uma maior importância a valores maiores. Além disso, os dados de entrada devem estar dentro da faixa da função de ativação (de *0* a *1*, ou de *–1* a *+1*) para evitar a paralisia do treinamento, pois a função de ativação estará sendo excitada em uma região muito plana, com derivada praticamente nula. Os dados de entrada devem ser normalizados, através da divisão dos sinais de entrada pelo maior valor possível, impondo um escalamento numérico dentro da faixa linear da função de ativação.

14.6.4 — Diagrama de blocos e etapas de projeto de uma rede neural

A Figura 14.4 mostra um diagrama de blocos com as etapas necessárias para se treinar e desenvolver uma rede neural com um software simulador. A utilização de *um pacote comercial* pode auxiliar o desenvolvimento e treinamento de redes neurais, o software Matlab possui um poderoso toolbox

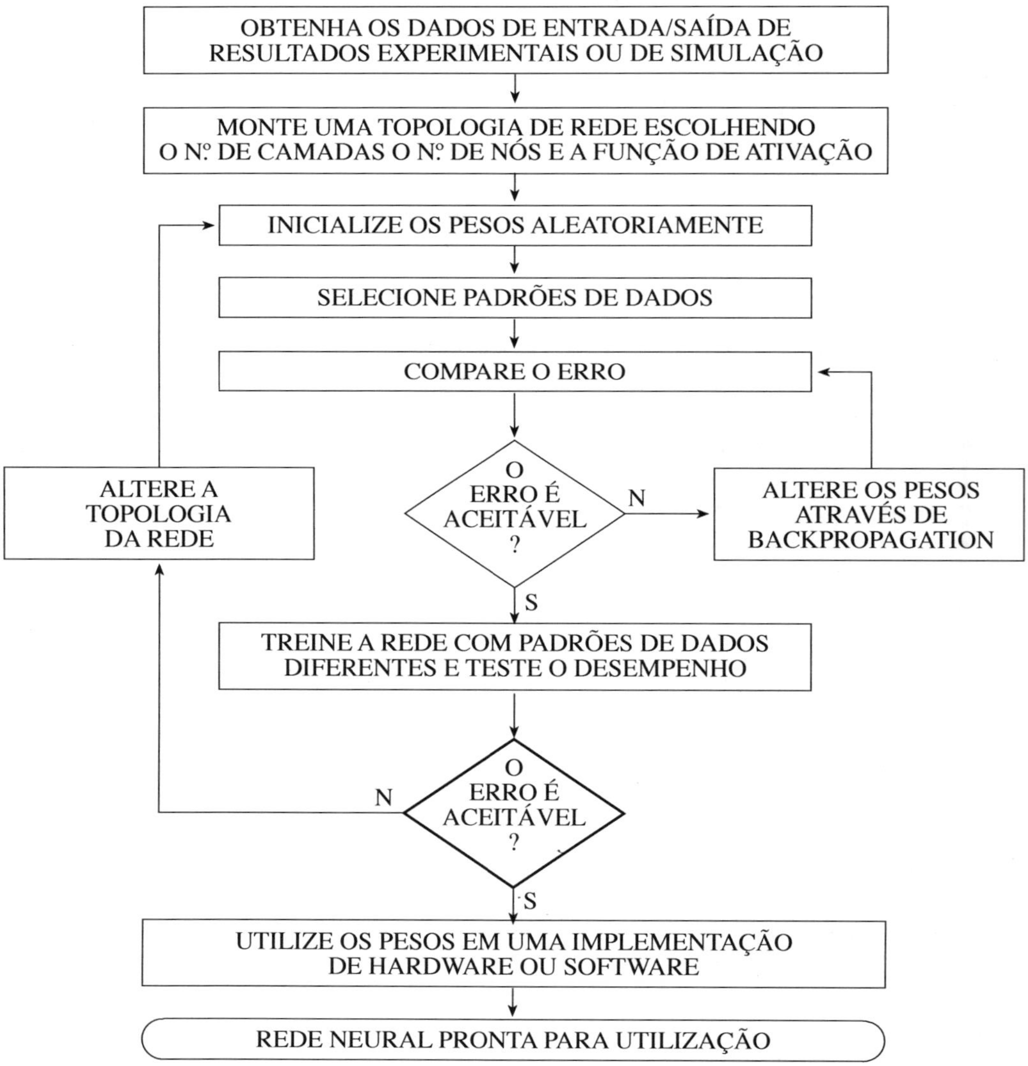

Figura 14.4 *— Fluxograma do desenvolvimento de uma rede neural*

para o projeto de redes neurais. Em algumas aplicações, o projetista quer ter maior controle sobre o processo de treinamento, ou quer embutir o código de tal rede em alguma sistema microprocessador específico, sendo nesses casos melhor que se escreva o código em uma linguagem de computador de alto nível. Para processos que tenham modelo matemático, um estudo de simulação pode gerar os dados iniciais de treinamento, os quais devem ser validados com dados reais da implementação e retreinamento, para incluir todas as características do processo.

A topologia inicial da rede é dependente da experiência do projetista. É melhor iniciar com um número pequeno de nós na camada escondida e gradualmente aumentar o tamanho dessa camada através de tentativa e erro, conforme descrito abaixo na seção 14.6.6. Há uma interação heurística neste processo de projeto que pode ser estudada a fundo em [?].

14.6.5 — Critério de parada de treinamento

Em um processo iterativo como o algoritmo backpropagation, uma questão importante é sobre o critério de parada do treinamento. Em termos absolutos, a solução final ocorrerá para o índice de desempenho (erro global) igual a zero ou dentro de um valor muito pequeno. Todavia, se durante a fase de desenvolvimento o erro não for pequeno e não tiver tendência a diminuir, dois enfoques podem ser adotados:

1. Limitar o número de iterações, ou seja, o treinamento cessa após ter ocorrido um valor limite, prefixado, de *épocas* de treinamento (sessões de treinamento).
2. Amostrar e tirar a média de um certo número de épocas, por exemplo, 500 épocas. Se o erro médio do último conjunto de 500 épocas não for melhor que o das 500 anteriores o treinamento deve ser cessado, indicando que um mínimo local foi alcançado. Depois disso, a rede deve estar ainda pronta para ser reutilizada para testes. Se o desempenho não for satisfatório, aos pesos devem ser adicionados um pouco de ruído branco, para auxiliar a rede a sair do mínimo local. Ou então a rede deve ser completamente reinicializada e o processo de treinamento deve ser retomado.

14.6.6 — Testes com a rede neural

Depois que a rede neural tiver sido treinada, ela deve ser testada com novos dados não utilizados no treinamento. O aumento do tamanho da camada escondida pode melhorar o desempenho da rede para os dados de treinamento, porém pode prejudicar a precisão da rede para dados novos. Esse é um fenômeno de "memorização", ou seja, a rede procura juntar grupos de dados específicos para cada neurônio da camada escondida, perdendo no entanto a capacidade de generalização. Deve-se sempre comparar o erro obtido com os dados para treinamento com os novos dados, os quais devem ser da mesma ordem de grandeza.

É importante que o número de neurônios na camada escondida seja o mínimo possível, assim como evitar que hajam mais que duas camadas escondidas, devido a problemas de estabilidade no treinamento, pois quanto mais propagado para trás for o erro, menos efetivo fica a distribuição de erro por peso individual, uma vez que a alocação de erro através da derivada da função de ativação em relação ao peso é apenas uma estimação do erro, baseado na saída.

14.7 — LÓGICA FUZZY E REDES NEURAIS COMO FERRAMENTAS INTELIGENTES

A lógica fuzzy providencia os fundamentos teóricos para a captura de incertezas associadas com os processos de pensamento humano, através do emprego de definições lingüísticas de variáveis utilizadas em um sistema com uma base de regras. Esse sistema de base de regras pode expressar o comportamento de um processo, ou de um modelo, através de relações do tipo SE...ENTÃO, que podem ser obtidas por exemplo através da entrevista de operadores do processo que está sendo modelado. Na ausência de operadores humanos, treinados no processo, o comportamento do sistema está geralmente contido em conjuntos de dados. Pode ser complicado, ou muito dispendioso se extrair regras SE...ENTÃO através de manuseio dos dados.

Todavia, as redes neurais, treinadas com os conjunto de dados que contém o comportamento desejado do sistema, podem extrair tais regras e passá-las ao controlador *fuzzy*. Assim, a combinação dessas duas tecnologias pode conter uma resposta completa aos problemas de projeto de sistemas inteligentes. A tabela 14.1 compara as características entre sistemas *fuzzy* e neurais.

Tabela 14.1 Comparação entre sistemas *fuzzy* e neurais

	Sistemas *fuzzy*	Redes neurais
Aquisição de conhecimento	Especialistas humanas	Dados numéricos
Método de treinamento	Interação/indução	Algoritmos/ajuste de pesos
Tipo de incertezas	Qualitativa/quantitativa	Quantitativa
Raciocínio	Busca heurística	Computação paralela
Interface lingüística	Explícita	Não evidente
Tolerância a falhas	Não evidente	Muito alta
Robustez	Muito alta	Muito alta

14.8 — REDES NEURAIS: PONTOS FORTES E FRACOS

As redes neurais oferecem características inteligentes muito interessantes, tais como: aprendizagem, adaptação, tolerância à falhas e generalização. Assim, o ponto forte de aplicação de redes neurais está em reconhecimento de padrões, reconhecimento de caracteres e formas, estimação de funções não-lineares, previsões financeiras, e controle de processos. O controle de processos também pode ser considerado uma tarefa de reconhecimento de padrões quando a rede neural puder reconstruir modelos de conjuntos de dados, uma vez que atualmente é rotineiro se utilizar de "data-loggers" para se coletar os sinais de vários sensores e medidores em um processo. Na ausência de modelos matemáticos de processos, as redes neurais podem utilizar um histórico de dados para se construir modelos preditivos. Depois de treinada, a rede neural pode se tornar um equipamento eletrônico equivalente, ou seja, um modelo que pode então predizer as reações do processo à novas condições. Entretanto, as redes neurais tem certos pontos fracos que devem ser considerados:

- Não é possível de se traçar a maneira pela qual uma rede neural chegou à uma determinada solução. Nesse sentido, as redes neurais são semelhantes à muitos especialistas humanos que podem expressar uma opinião sem na realidade ter uma explicação plausível para tal.
- Uma vez que não se pode olhar para o sentido dos pesos e conexões de uma rede neural, torna-se impossível de se interpretar as causas de um comportamento particular; não é possível também de se mudar manualmente a estrutura de uma rede neural para se obter um comportamento desejado.
- A maioria dos métodos de treinamento não é completamente compreendidas, pois além de depender de um enfoque de tentativa e erro, há poucas regras de projeto a serem seguidas. Por exemplo, a definição do número de neurônios, ou o estabelecimento de uma determinada faixa de convergência depende de experimentação com os dados, vide [ ].
- O tempo de treinamento não é previsível, podendo em alguns casos ser muito longo. Por essa razão, o retreinamento "on-line" em geral requerido para um sistema de auto-sintonia só pode ser aplicado para sistemas com dinâmica muito lenta.

- O tempo de execução depende do número de conexões, sendo aproximadamente proporcional ao quadrado do número de neurônios utilizados. Isso significa que apenas alguns nós a mais podem aumentar consideravelmente o tempo de execução. Todavia, hardware especializado para redes neurais está se tornando disponível para aplicações específicas.

Em projetos baseados em controle inteligente, as mais promissoras soluções são as que combinam as características de lógica *fuzzy* e de redes neurais, sendo essa a razão que esse trabalho está devotado às soluções *fuzzy* e neurofuzzy, com apenas uma breve introdução aos sistemas neurais. De acordo com a convenção, os sistemas neurofuzzy consistem de uma rede neural que possa de alguma forma gerar as regras e/ou as funções de pertinência para os sistemas *fuzzy*. O sistema de desenvolvimento *fuzzy* mencionado no capítulo 15 tem um opcional de redes neurais para tais funções. Em essência, a designação *neurofuzzy* tem ganho popularidade em sistemas industriais e significa *a incorporação de uma rede neural em um existente sistema fuzzy.*

14.8.1 — Redes fuzzy neurais

Em contraste aos sistemas neurofuzzy, o termo rede *fuzzy* neural (*RFN*) refere-se à incorporação da tecnologia *fuzzy* em um sistema neural. Uma das formas de assim proceder é pela "fuzzificação" dos dados de entrada.

Por exemplo, supor que uma rede neural receba uma informação de temperatura dentro de uma faixa de 8 °C a 32 °C na forma de um sinal analógico, que após normalização e escalamento, varia proporcionalmente no intervalo numérico de 0 a 1. Por outro lado, a mesma faixa de temperatura poderia se dividida em cinco níveis e a rede neural teria cinco entradas digitais para indicar a região em que a temperatura se encontra. Por fim, às cinco faixas poderiam ser associados conjuntos fuzzy que indicariam, em uma escala entre 0 a 1 o grau de pertinência à faixa de temperatura. Uma outra forma de se incorporar conceitos *fuzzy* em uma topologia neural é pelo rearranjamento das conexões e funções de ativação, fazendo com que uma operação *fuzzy* seja executada internamente em cada neurônio da rede.

Muitas configurações diferentes para sistemas fuzzyneurais foram propostas na literatura especializada. Porém, a configuração que será apresentada tem-se mostrado muito interessante por *emular o raciocínio fuzzy em uma topologia de uma rede neural.* Depois de treinada por um algoritmo backpropagation, as funções de pertinência e a base de regras são construídas. Uma vez que em sistemas complexos a criação de regras e de funções de pertinência é um processo trabalhoso, a *RFN* se encarrega de desenvolver um algoritmo *fuzzy* através do aprendizado do comportamento do sistema com a geração automática das regras e funções de pertinência, uma característica comum aos sistemas neurofuzzy descritos anteriormente.

A estrutura de rede *fuzzy* neural pode ser desenvolvida ou em uma topologia baseada em regras, onde regras SE-ENTÃO relacionam entradas *fuzzy* com saídas *fuzzy*, ou em uma topologia na forma paramétrica (método de Sugeno, conforme o Capítulo 10) onde a parte SE das regras (premissas) são operações lógicas e a parte ENTÃO (conseqüências) são funções lineares das variáveis de entrada. A Figura 14.5 mostra o princípio de utilização de uma rede baseada em regras ou em forma paramétrica.

Uma vez que as regras *fuzzy* em forma paramétrica representam um método híbrido que combina raciocínio *fuzzy* com relações matemáticas, a base de regras será mais compacta que o método regular, baseado em regras. Na topologia *RFN* as funções de pertinência são gaussianas, construídas de funções sigmoidais. A estrutura neural para tal função de pertinência é mostrada na Figura 14.6, onde os pesos ω_c e ω_g controlam o espaçamento e a inclinação das funções, respectivamente.

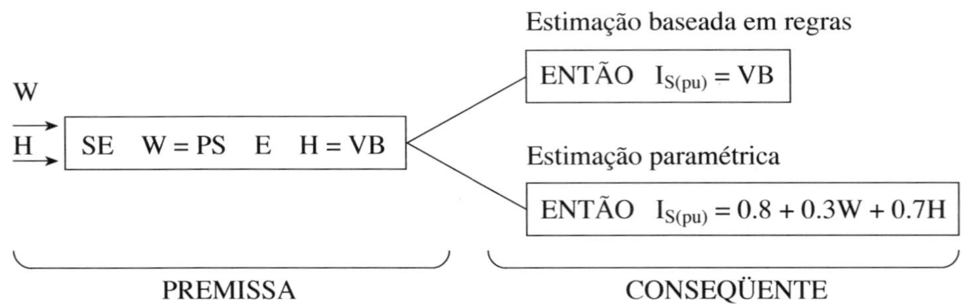

Figura 14.5 *— Princípios de estimação baseada em regras e paramétrica*

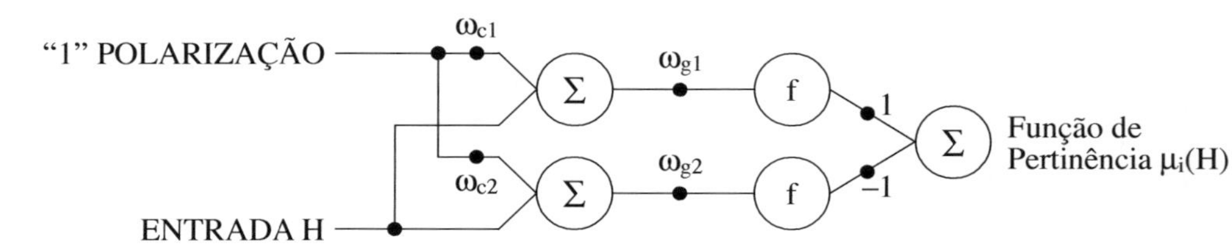

Figura 14.6 *— Estrutura neural para a função de pertinência de um* RFN

A Figura 14.7 mostra a estrutura neural para o arranjo das premissas. Estão indicados na figura três conjuntos *fuzzy*, para a variável *W* (Pequeno, Médio e Grande) além de outros três conjuntos *fuzzy* para a *H* (Pequeno, Médio e Grande), onde as funções de pertinência são do tipo gaussiana. O neurônio indicado com a letra π é um nó que implementa a multiplicação dos sinais de entrada. Uma vez que a multiplicação é uma norma *t*, é possível a implementação da operação lógica *E* em tal neurônio. Assim, os resultados da operação E das nove possíveis combinações (regras) para cada entrada *fuzzy* estão disponíveis nos nós de saída da Figura 14.7. Cada saída representa o grau de verdade da cada regra da premissa *E*.

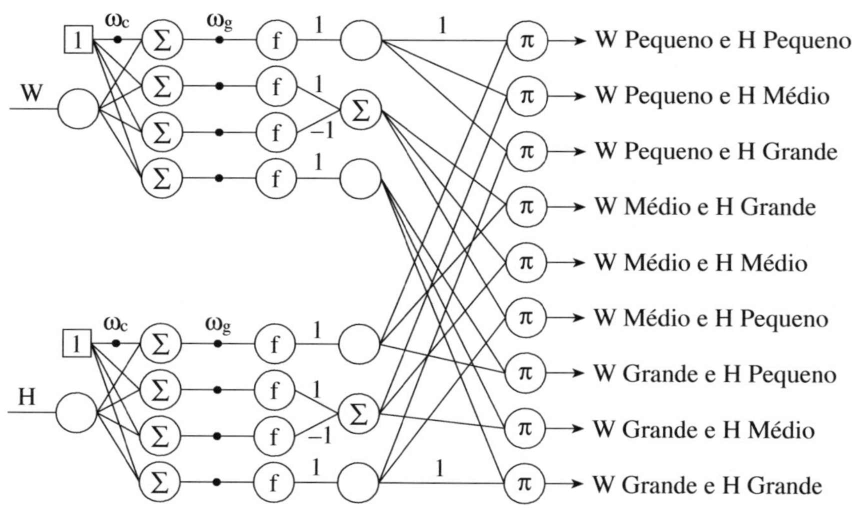

Figura 14.7 *— Estrutura neural para as premissas de uma RFN*

A estrutura do sistema em base de regras é mostrada na Figura 14.8, sendo utilizado o método de defuzzificação pelas alturas, onde os pesos w_f são os valores de pico dos respectivos triângulos dos conseqüentes e a saída é a soma dos valores verdades de cada regra, que multiplicam tais valores de pico (média ponderada).

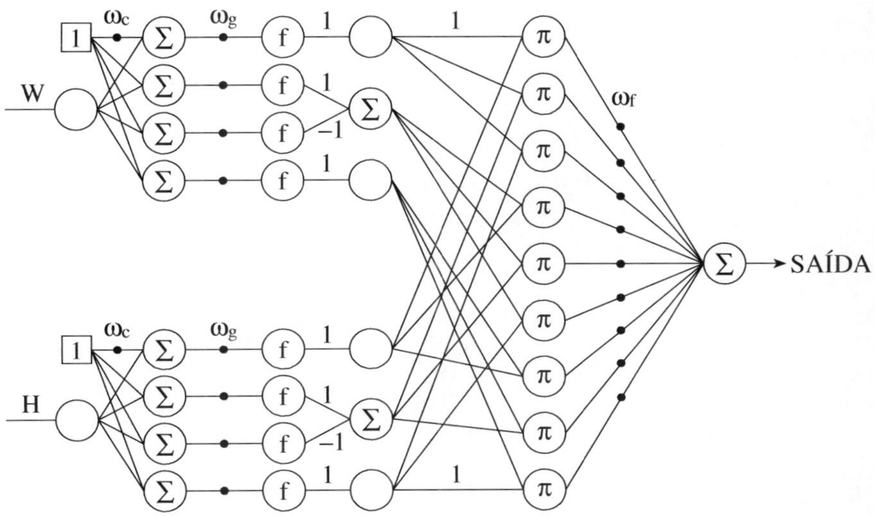

***Figura 14.8** — RFN baseada em regras*

Para implementar uma *RFN* tipo paramétrica, é necessário se usar a estrutura dada na Figura 14.9, onde a equação linear tem parâmetros definidos pelos pesos w_{ao}, w_{a1}, e w_{a2}.

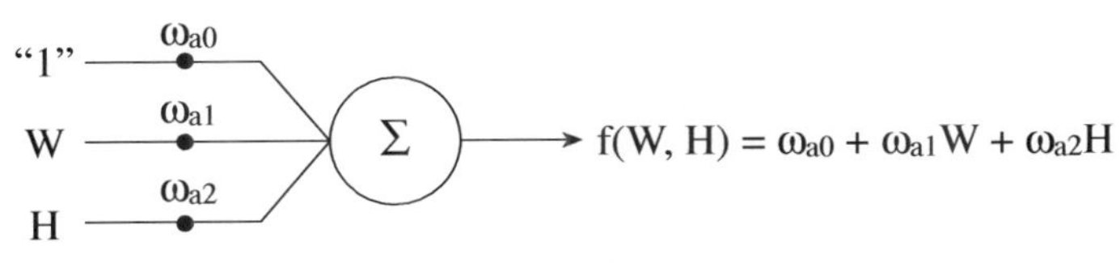

***Figura 14.9** — Estrutura neural para os conseqüentes paramétricos de uma* RFN

Um exemplo com uma *RFN* completa, do tipo paramétrica, é mostrado na Figura 14.10. Há duas entradas, X_1 e X_2, duas saídas Y_1 e Y_2 com nove regras, cada uma delas ativando uma relação linear das entradas X_1 e X_2. A importância de uma rede *fuzzy* neural como a aqui descrita deve-se à combinação do processamento numérico de uma rede neural com a facilidade de descrição lingüística de um sistema *fuzzy*. Qualquer simulador de redes neurais com algoritmo backpropagation, mesmo uma rotina escrita em linguagem de alto nível, pode ser usada para implementar o sistema mostrado na Figura 14.10. O simulador deve ser capaz de executar os cálculos necessários e de editar as conexões entre neurônios que emulam a inferência *fuzzy*.

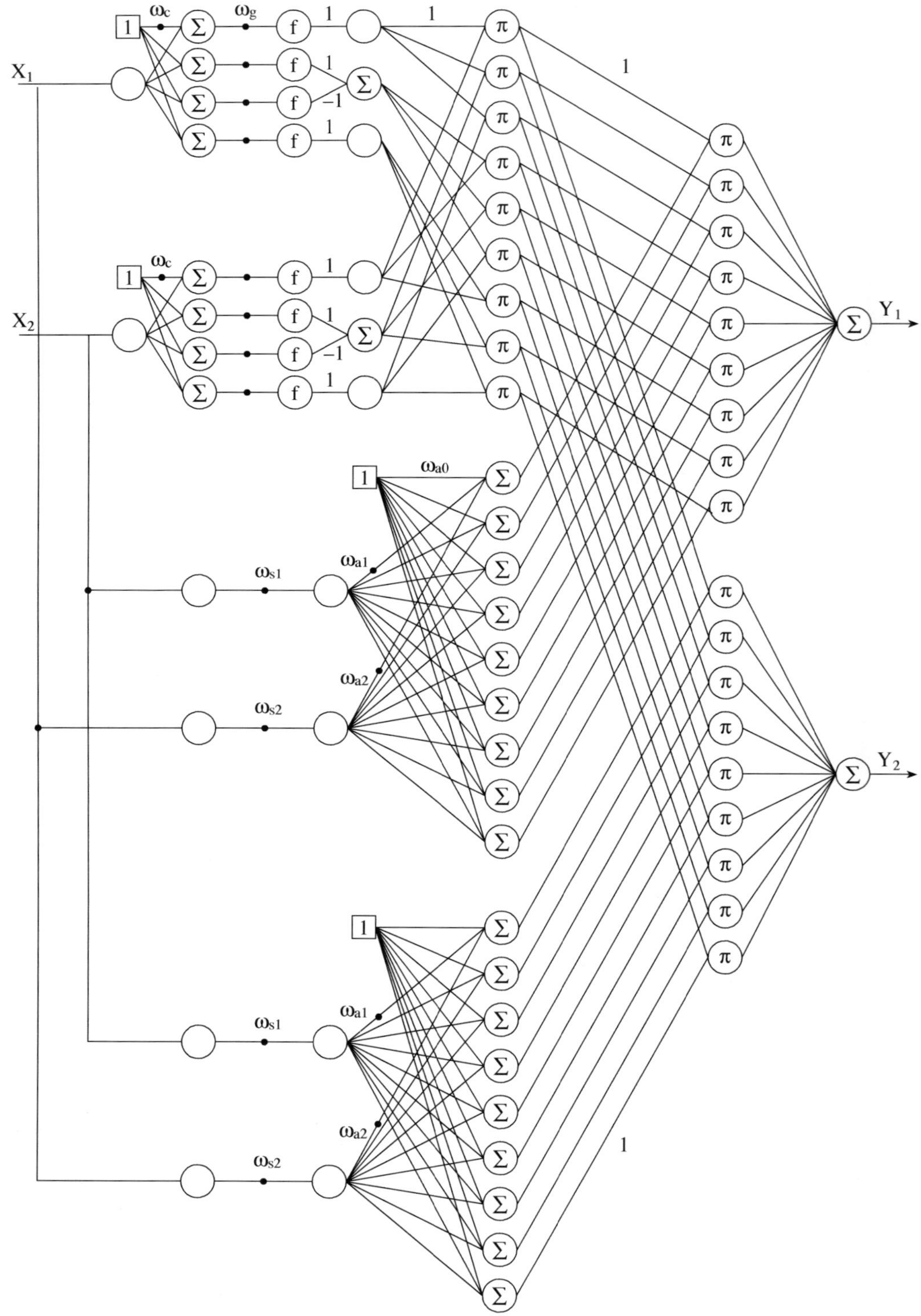

Figura 14.10 *— Topologia de uma rede fuzzy neural em forma paramétrica*

14.9 — UM RESUMO QUALITATIVO DAS TECNOLOGIAS NEURAL E NEUROFUZZY

- A lógica *fuzzy* provê uma interface de alto nível e amigável para se desenvolver programas, auxiliando os projetistas a se concentrarem nos objetivos funcionais em vez dos detalhes matemáticos. Por sua vez, as redes neurais artificiais são conveniente para o manuseio massivo de dados numéricos.
- Esta seção revisou os conceitos de treinamento por "backpropagation", os detalhes de preparação de dados e as técnicas de processamento desses dados para utilização em redes neurais.
- As tecnologias *fuzzy* e neural estão dentro da área denominada computação suave, mostrando um enorme potencial para aplicações que combinem conhecimento qualitativo com robustez.
- Ambos os enfoques neurofuzzy e fuzzy neural possibilitam a extração de regras de dados numéricos.

QUESTÕES DE REVISÃO

1. Qual a caracterítica importante das redes neurais ?
2. Quais são os pontos fortes e fracos das redes neurais ?
3. Qual a diferença entre redes neurofuzzy e fuzzy neural ?
4. Como o algoritmo "backpropagation" opera e qual é sua função ?
5. Quais as expressões das equações do algoritmo "backpropagation" ?
6. O que é o problema de se atingir um "mínimo local" através do algoritmo de "backpropagation" ?
7. Quais são os mecanismos internos de um sistema neurofuzzy ?
8. Quais são os passos de projeto de sistema neurofuzzy ?

15 PROJETO DE CONTROLADORES FUZZY NA PRÁTICA

OBJETIVOS DO CAPÍTULO

- Mostrar que há sistemas de desenvolvimento para o projeto de controladores *fuzzy* através de interface gráfica
- Entender os métodos e a importância da sintonia de sistemas *fuzzy*
- Distinguir entre a simulação "off-line" e "on-line"
- Apresentar um exemplo de simulação
- Apresentar um exemplo de projeto

15.1 — SOFTWARE PARA O DESENVOLVIMENTO DE CONTROLADORES FUZZY

Dentre os sistemas *fuzzy* discutidos até o momento, os controladores baseados em regras são os mais práticos e efetivamente aplicados em processos industriais. Tais controladores podem ser implementados tanto em software quanto em hardware. Há diversos graus de liberdade em um projeto de um sistema *fuzzy* que requerem muita flexibilidade para facilitar o processo de tentativa e erro, além de diversas opções para se utilizar métodos de fuzzificação e defuzzificação. Assim, tal necessidade de flexibilidade sugere o uso de um software que simplifique tal interface com o projetista, deixando a implementação em hardware para o final do projeto. Uma implementação completa em software é também muito factível para a maioria das plantas industriais, que são em geral térmicas, mecânicas ou químicas, com constantes de tempo extremamente lentas, quando comparadas com o processamento em computadores pessoais. Atualmente, os sistemas de desenvolvimento *fuzzy* baseados em software podem ser rodados em diversas plataformas de hardware, possibilitando ciclos de trabalho entre milissegundos até 100 μs, fazendo com que a velocidade de execução do algoritmo não sacrifique a capacidade computacional da máquina. Por tais razões, nos últimos anos, sistemas de software baseados em lógica *fuzzy* se tornaram ferramentas predominantes, quando comparados com os projetos específicos de circuitos integrados dedicados para a tecnologia *fuzzy*. Nos últimos anos, microcontroladores poderosos tem possibilitado a implementação de controladores inteligentes em diversas aplicações em engenharia.

15.2 — SISTEMAS DE DESENVOLVIMENTO FUZZY BASEADOS EM SOFTWARE

Um controlador *fuzzy* baseado em regras poderia ser desenvolvido e codificado em qualquer linguagem de computador, de alto ou de baixo nível, por exemplo C++ ou assembler de microprocessador, então posto para ser executado em um PC ou sistema baseado em microprocessador. Todavia, programação exige tempo e conhecimento do projetista na linguagem em questão. Nesse caso, todas as alterações devem ser recompiladas, e em sistemas microprocessados é necessário que o novo programa seja descarregado através de um elo serial. Dessa forma, a sintonia de um controlador *fuzzy* fica afetada pelo ciclo de desenvolvimento, *tornando-se difícil acessar os efeitos de alterações de regras e funções de pertinência na resposta da planta.* Portanto, é desejável em um sistema de desenvolvimento para o projeto de controladores *fuzzy* o seguinte:

- eliminação ou redução dos requisitos de programação,
- a possibilidade de se efetuar mudanças no algoritmo *fuzzy* de forma rápida,
- a disponibilidade de diversas opções correspondentes aos vários graus de liberdade, típicos de um sistema *fuzzy*,
- realimentação visual ao projetista, de forma a auxiliá-lo a acessar os efeitos das modificações do controlador *fuzzy*.

15.2.1 — Manipulação gráfica em vez de programação

Como dito no início deste capítulo, os controladores *fuzzy* requerem um longo tempo para sintonia, necessitando diversos ajustes de regras e funções de pertinência. Por essa razão, um sistema de desenvolvimento deve *oferecer ferramentas baseadas em gráficos*, que possibilitam alterações rápida e observações de efeitos imediatos na resposta da planta. Dessa forma, o projetista de sistemas *fuzzy* pode, na maioria da vezes, evitar escrever um programa para o controlador *fuzzy* e as atividades desse projetista seriam a manipulação de padrões visuais na tela do computador. Uma vez satisfeito com o desempenho do sistema *fuzzy*, o projetista poderia gerar o programa de controle automaticamente, o programa de controle se tornaria uma rotina em C, com parâmetros de chamada, para ser incorporado em um programa principal de um microprocessador, conectado a sensores e atuadores; um bom sistema de desenvolvimento poderia também traduzir automaticamente para linguagem assembler dos microprocessadores típicos do mercado.

15.2.2 — Sintonia e "debugging" de controladores fuzzy

O sistema de desenvolvimento aqui apresentado como exemplo é um programa comercialmente disponível pelo nome de *FuzzyTech*^{TM}. Há diversos outros sistemas que também permitem o projeto de controladores fuzzy, oferecendo vários métodos para se ajustar, ou seja, sintonizar, um sistema baseado em regras durante o processo de projeto. Esses pontos são aqui enfatizados, pois o conjunto inicial de regras e de funções de pertinência devem ser inicialmente colocados no sistema e através de interação com o sistema, o projetista deve otimizar o desempenho através de uma simulação adequada.

No *Interactive Mode* (modo interativo), o projetista pode imediatamente visualizar o relacionamento dinâmico entre diferentes variáveis, com dados de entrada manualmente colocados na base de regras. É possível a alteração das funções de pertinência, das regras, e dos processos de inferência. O tempo de desenvolvimento é acelerado, pois esse modo propicia aos projetistas uma verificação instantânea de mudanças. Entretanto, alterações estruturais, tais como adição de novas interfaces, variáveis lingüísticas ou blocos de regras não são possíveis. O exemplo de projeto discutido na próxima seção ilustra o uso prático do modo interativo. A principal vantagem desse modo deve-se à sua simplicidade, pois não necessita de nenhum modelo de processo, como o que será descrito no *Off-Line Debugging Mode.*

Quando a planta ou processo puder ser simulado com um modelo, esse poderá ser ligado com o sistema *fuzzy* através do *Off-Line Debugging Mode* (é a opção *ftlink* no menu Debug). Esse modelo não precisa ser em forma matemática fechada, equações de diferença, funções lineares por partes e tabelas que aproximem a planta ou processo podem ser utilizados. Essa possibilidade de modelagem do processo é um adendo interessante, mas nem sempre utilizado, pois a grande vantagem de controladores *fuzzy* se encontra em processos que não tem modelo conhecido, é na realidade a implementação de um *modelo comportamental*, a um modelo completo e preciso, sendo utilizado para inicialmente se calibrar um sistema *fuzzy* inicial, antes de se aplicar ao sistema real.

Ferramentas gráficas disponíveis no sistema possibilitam ao projetista *conectar o controlador fuzzy com o modelo comportamental da planta* através de um elo de software para se proceder a sintonia. O modelo de simulação da planta apresenta uma tela gráfica, por exemplo, mostrando a construção gráfica do sistema, cujo movimento pode ser observado pelo projetista. Ou então, a tela gráfica pode ser uma réplica do painel de instrumentos real, visto pelo operador humano, cujas ações devem ser incorporadas ao sistema. Essa tela fornece um comportamento visual do comportamento da planta, enquanto as regras e funções de pertinência são alteradas. Sem tal realimentação, o projetista poderia perder o controle do ciclo de sintonia. A otimização do desempenho do controlador consistirá em repetidas simulações e modificações no controlador. Após essa sintonia, o controlador *fuzzy* estará capacitado a controlar a planta simulada.

O *Off-Line Debugging* é recomendado para plantas industriais em larga escala e em sistemas onde a precisão, boa reprodutibilidade e um ciclo de projeto rápido é recomendado, admitindo-se nesse procedimento a necessidade de um modelo comportamental da planta. A programação da parte gráfica constitui-se de dois terços dos esforços do projetista, porém a realimentação visual compensa a validação do algoritmo *fuzzy*.

Após a fase inicial de projeto com o *Off-Line Debugging*, deve-se utilizar o *On-Line Debugging* onde o modelo aproximado da planta ou processo é trocado pela planta real e uma sintonia fina do controlador *fuzzy* pode ser efetuada, pois fatores que não foram considerados no modelo comportamental podem efetivamente ser levados em consideração nesse modo de operação, que é efetivamente o que será implementado. Há uma versão sofisticada do *On-Line Debugging*, onde o controlador *fuzzy*, que está sendo executado no PC é conectado através de canal serial a um outro PC que efetivamente está controlando a planta. Nesse caso, alterações on-line no controlador *fuzzy* podem ser efetivamente observadas no controle da planta industrial.

Outra versão similar do *Off-Line Debugging Mode* é o *Serial Link Mode*, que permite que o controlador *fuzzy* seja conectado a uma planta ou modelo de simulação que está rodando em uma plataforma de hardware diferente. Esse hardware pode ser um microcontrolador, um PLC ou até mesmo um modelo analógico da planta, com conexão serial.

Esse sistema de desenvolvimento permite também que seja utilizada uma opção *Neurofuzzy*, com as respectivas ligações para os modos *Off-Line* e *On-Line Debugging*, permitindo a geração automática de regras e funções de pertinência, através de medidas on-line, conforme descritos anteriormente.

No *File Recorder Mode* os dados podem ser processados de um arquivo, contendo amostras previamente gravadas do processo. No *Batch Mode*, os dados são processados de um arquivo de entrada para um arquivo de saída. Há uma opção de "*Pattern Generator*" o qual possibilita a produção de conjuntos de entrada e de saída em arquivos, em conjunto com ambos os modos.

15.2.3 — Implementação em hardware de controladores fuzzy

O sistema de desenvolvimento aqui descrito possibilita a geração de código de máquina, para circuitos microcontroladores, como por exemplo, *Motorola*^{TM}, *Intel*^{TM} e *Microchip*^{TM}. Assim, o controlador *fuzzy* pode ser integrado a placas especializadas em controle de processos, onde tais placas possibilitariam que controladores fuzzy pudessem implementar algumas funções do controle de processos.

Alguns módulos específicos disponíveis no sistemas de desenvolvimento permitem a utilização de diverso controladores lógicos programáveis (*PLC*), utilizados em automação industrial. Na Europa e na Ásia, principalmente, e com menos intensidade nos EUA, diversos fabricantes adotaram a solução de controladores *fuzzy* em seus *PLC*'s, como exemplo *AEG*^{TM}, *Siemens*^{TM}, *Klockner-Moeller*^{TM}, *OMRON*^{TM}, *Foxboro*^{TM} e *Allen-Bradley*^{TM}, assim como muitos outros. Atualmente esses produtos estão sendo produzidos de forma a respeitar as normas *ISO 9000* e *IEC 1131*, que estão se tornando especificações internacionais.

15.2.4 — Características do sistema de desenvolvimento

As especificações de interfaces do software de desenvolvimento de controle *fuzzy* que está sendo discutido são amplas, em geral permitindo *255* entradas, *32* saídas, *255* variáveis lingüísticas e *128* blocos de regras. Diversos tipos diferentes de formatos de funções de pertinência, operadores de agregação, operadores composicionais e métodos de defuzzificação estão disponíveis no sistema.

Esse pacote provê o chamado *Fuzzy Design Wizards* que possibilita aplicações e prototipação rápida, através de um procedimento metódico, passo a passo indicado. Há o *Inference Structure Wizard*, o *Linguistic Variable Wizard* e o *Fuzzy Rule Wizard* que auxiliam ao projetista em todas as fases de projeto. Cada *Wizard* coloca uma série de perguntas, gerando um protótipo em virtualmente minutos, podendo então ser refinado e sintonizado.

O *Inference Structure Wizard* cria um sistema *fuzzy* completo, incluindo as variáveis lingüísticas, as funções de pertinência e as regras *fuzzy*. O *Linguistic Variable Wizard* faz com que ocorra consistência nas funções de pertinência, e o *Fuzzy Rule Wizard* constrói a base de regras automaticamente, gerando o ponto de partida para otimização e sintonia. Além disso, o *Documentation Generator* gera a documentação completa, de acordo com a *ISO 9000*. A quantidade de detalhes a serem apresentados na documentação pode ser especificada pelo projetista. A opção de *Run-time* possibilita que o código *fuzzy* desenvolvido possa ser distribuído em um bloco de software, que não mostra as regras e funções de pertinência desenvolvidos, possibilitando a comercialização do algoritmo.

15.2.5 — Configurações típicas de controladores

De forma a mostrar várias configurações típicas de controladores *fuzzy*, que podem ser projetados nesse sistema de desenvolvimento, o fornecedor do sistema de desenvolvimento aqui discutido mediu a velocidade computacional e os requisitos de memória para cinco sistemas padrões, conforme abaixo. Com exceção do caso 5, que é uma aplicação de pesquisa, todas as demais configurações são típicas de sistemas industriais.

- **Caso 1:** **Controlador de posição *fuzzy***
  2 entradas, 1 saída
  7 regras, grau de suporte: 1 para todas as regras
  Funções de pertinência: 3 para cada entrada, 5 para a saída
- **Caso 2:** **Controlador *fuzzy PI***
  2 entradas, 1 saída
  20 regras, grau de suporte: 1 para todas as regras
  Funções de pertinência: 5 para cada entrada, 5 para a saída
- **Caso 3:** **Controlador *fuzzy* PD**
  2 entradas, 1 saída
  20 regras, grau de suporte: variável
  Funções de pertinência: 5 para cada entrada, 5 para a saída
- **Caso 4:** **Estimador de parâmetros em um sistema de freios tipo ABS**
  3 entradas, 1 saída
  80 regras, grau de suporte: variável
  Funções de pertinência: 3, 4, e 6 para entradas, 5 para a saída

- **Caso 5:** **Controlador dinâmico interveículos**
  8 entradas, 4 saídas
  500 regras, grau de suporte: variável
  Funções de pertinência: 7 para cada entrada, 7 para cada saída

Os tempos computacionais foram medidos pelo fornecedor do sistema de desenvolvimento. O sistema relativamente complexo do Caso 4, rodando em um PC tipo 486, com relógio de 33-Mhz, com código compilado em C, tem um ciclo computacional de 120 ms, para o circuito microcontrolador 80C166, utilizando linguagem de máquina, o tempo de execução ficou em *140* ms. Usando-se um processador digital de sinais (*DSP*) *TMS*-320, com desenvolvimento em assembler, o ciclo computacional ficou 49 ms, enquanto que em um microcontrolador relativamente lento, 8051 com relógio de 12-Mhz, o mesmo código em assembler rodou no máximo em 4.9 ms. O popular PIC16C5X com desenvolvimento em assembler executa em 2.7 ms, enquanto que um *PLC Klockner-Moeller* PS4/401 usando os blocos funcionais fuzzy roda o algoritmo em 1.6 ms. Qualquer um desses tempos computacionais comprova que um algoritmo *fuzzy* pode ser aplicado na maioria dos sistemas industriais existentes. Durante a primeira década do século XXI, outros sistemas computacionais e microprocessados permitiram, ainda mais, o avanço no desempenho e flexibilidade de implementação em tempo-real.

O sistema de desenvolvimento também contém ferramentas de avaliação gráfica, como o tridimensional *Time Plot* mostrado mais adiante na Figura 15.6 e *Control Surface Plot* mostrado na Figura 15.8.

15.3 — EXEMPLO DE SIMULAÇÃO: PONTE ROLANTE DE CONTÊINERES

O exemplo seguinte é uma simulação simplificada da operação de uma ponte rolante que carrega um contêiner. O propósito é o de ilustrar o uso do sistema de desenvolvimento aqui discutido, podendo a técnica no entanto ser aplicada em outros sistemas ou ambientes de manufatura.

O objetivo de controle é o de transportar um contêiner, por uma ponte rolante, de um ponto (o navio) até outro (o trem). A dificuldade dessa tarefa está no fato de que o contêiner é conectado à ponte rolante por um cabo, causando um ângulo de abertura do cabo enquanto o container está sendo transportado, interferindo na operação em velocidades altas, devido à oscilação que ocorre no ponto final. No entanto, uma alta velocidade de transporte é necessária para que o navio possa ser esvaziado no mais curto espaço de tempo, para se diminuir os custos da operação. A tarefa requer uma otimização simultânea de duas variáveis: *velocidade de transporte*, e o *ângulo de abertura* do cabo, não podendo ser executado por um controlador *PID* único. Embora possam ser utilizados dois controladores *PID*, um para cada variável, ocorrerá uma interação entre as malhas interna e externa, sendo extremamente difícil a obtenção da mesma resposta que um operador humano tem, ao controlar manualmente o transporte.

Apesar de que outras soluções convencionais são também possíveis, baseadas em modelos físicos, e em controle por variáveis de estado, tais soluções requerem recursos e conhecimentos de engenharia sofisticados, aumentando o custo de desenvolvimento de um controlador para essa tarefa. Por tais razões, a maioria das pontes rolantes tem sido controladas manualmente. Há, no entanto, acidentes que podem ocorrer com o operador, que em geral caminha paralelo ao contêiner, segurando o controlador em suas mãos, podendo muitas vezes tropeçar em objetos no chão. Além disso, a consistência da operação depende dos operadores. Um "layout" simplificado de uma ponte rolante é mostrado na Figura 15.1.

Uma estratégia de controle fuzzy parece ser uma boa solução nesse caso, pois há uma experiência de operadores humanos como base para projeto do sistema de controle. Durante a simulação do sistema, os valores instantâneos de ângulo, distância e potência do motor são mostradas, em tempo real. A tela gráfica mostrada na Figura 15.1 é parte de um programa de simulação, onde o modelo comportamental

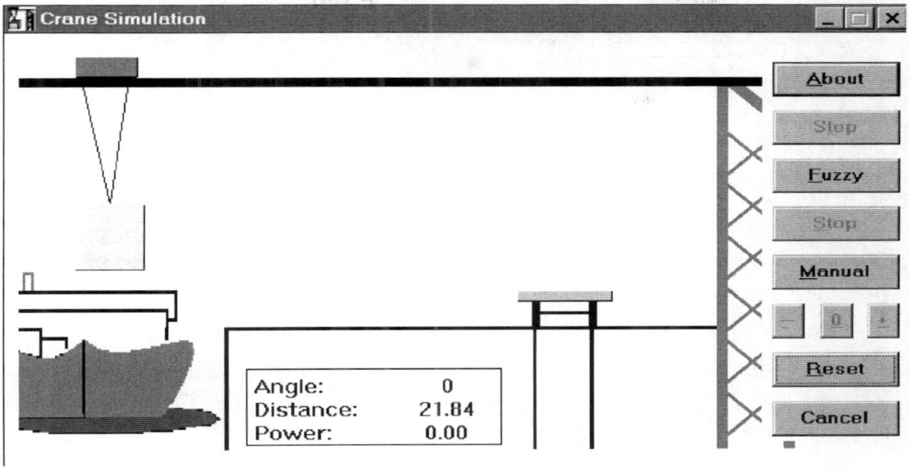

Figura 15.1 *— Ponte rolante para transporte de cargas portuárias*

da ponte rolante foi desenvolvido e ligado ao simulador *fuzzy* através do software de ligação chamado *ftLink,* provendo uma realimentação visual ao projetista durante o processo de sintonia.

Pode-se compreender que, se fosse transportado um outro contêiner, contendo algum líquido, em alta temperatura, por exemplo ferro fundido, de um ponto a outro numa fábrica, a estratégia de movimentação seria completamente diferente da adotada na movimentação de uma carga portuária, pois o operador em vez de maximizar a velocidade de transporte, tentaria minimizar o ângulo de abertura, evitando o derramamento do líquido. Assim, as regras de controle seriam diferentes em ambos os sistemas, apesar de parecem semelhantes.

15.3.1 — Estrutura de controle

O projetista deve entrar com a estrutura de controle, incluindo as entradas e saídas necessárias, no sistema de desenvolvimento, através do *Project Editor*, conforme mostrado na Figura 15.2. No exemplo da ponte rolante, a estrutura de controle consiste de duas entradas (*Distância e Ângulo*) e uma saída (*Potência*). A variável *Distância* denota a distância entre a posição da ponte e a posição final, enquanto que a variável *Ângulo* mostra a abertura do cabo que segura a carga. Por fim, a variável *Potência*, representa a potência entregue ao motor que movimenta a ponte rolante. O controlador fuzzy é o bloco de regras que conecta as interfaces. Cada bloco de interface contém um número de opções que deve ser selecionado pelo projetista.

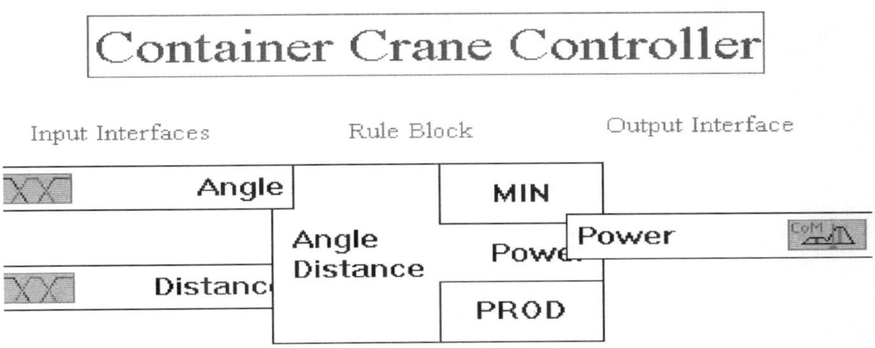

Figura 15.2 — *Project Editor*: estrutura do sistema de controle

Matrix	IF		THEN	
Utilities	Angle	Distance	DoS	Power
1	zero	far	1.00	pos_medium
2	neg_small	far	1.00	pos_high
3	neg_small	medium	1.00	pos_high
4	neg_big	medium	1.00	pos_medium
5	pos_small	close	1.00	neg_medium
6	zero	close	1.00	zero
7	neg_small	close	1.00	pos_medium
8	pos_small	zero	1.00	neg_medium
9	zero	zero	1.00	zero

Figura 15.3 — Planilha "Spreadsheet Editor": conjunto de regras

15.3.2 — Estrutura de regras

As regras são editadas por uma planilha, o *Spreadsheet Editor*. Para se auxiliar a sintonia de cada regra durante o projeto, um fator de ponderação, ou *Grau de Suporte* (*Degree of Support DoS*) é assumido inicialmente com o valor unitário. A Figura 15.3 mostra o conjunto de regras.

15.3.3 — Variáveis lingüísticas

As regras usam termos lingüísticos como *distante* ou *médio*, os quais devem inicialmente ser definidos. Um exemplo de funções de pertinência que corresponde à variável lingüística *Distância* está mostrado na Figura 15.4. Essas funções de pertinência podem ser definidas numericamente, graficamente ou alteradas com o *Variable Editor*. Várias funções de pertinência, tanto para entrada, quanto para saída podem ser mostradas ao mesmo tempo com a opção Tile.

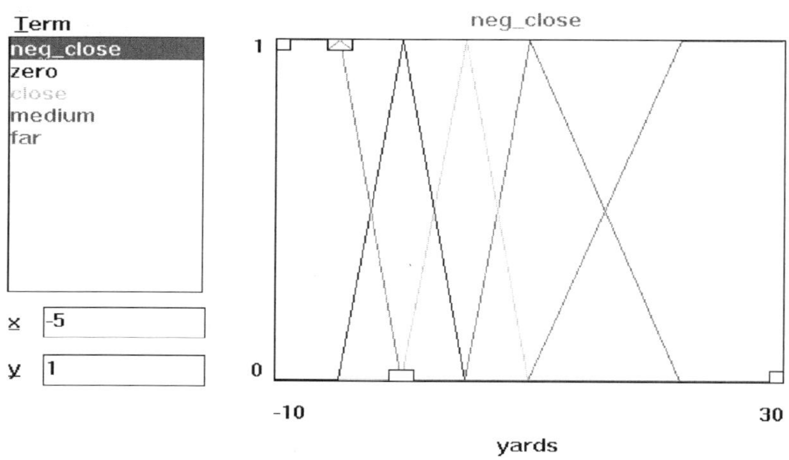

Figura 15.4 — Funções de pertinência: variável lingüística "Distância"

15.3.4 — Modo de sintonia interativo

No modo *Interactive Debug* (sintonia) a pequena seta que está na barra vertical, que indica os valores reais de entrada, pode ser arrastada com o mouse para outro valor, ao mesmo tempo em que se observa o processo de defuzzificação (veja Figura 15.5), ou seja, alterando a altura das barras de saída, enquanto que o pequeno triângulo no diagrama de saída representará o valor real, defuzzificado. Assim, é possível observar diretamente o comportamento da saída, como resultado de alterações nas entradas.

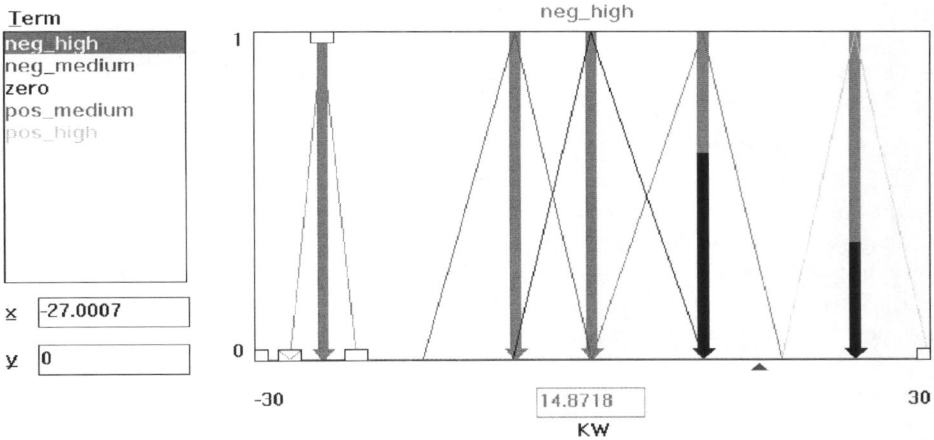

Figura 15.5 — Defuzzificação

15.3.5 — Analisadores

O sistema de desenvolvimento de software possui outras ferramentas que permitem a observação do sistema que está sendo controlado; duas delas serão aqui apresentadas: o *Time Plot Window* e o *3-dimensional Control Surface Plot* . O *Time Plot Window* (Figura 15.6) mostra as variáveis selecionadas em função do tempo.

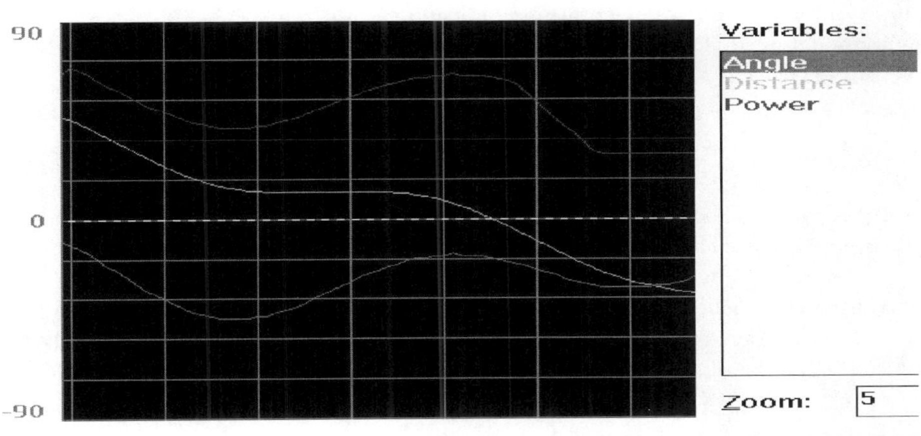

Figura 15.6 — Gráfico de variáveis de simulação em função do tempo

Pode-se mostrar na janela de tempo os valores reais das variáveis lingüísticas, os valores-verdade das funções de pertinência, os níveis de ativação de regras. O eixo vertical pode englobar o universo de discurso completo para variáveis lingüísticas, a escala entre 0 e 1 para as funções de pertinência e níveis de ativação de regras. O eixo horizontal denota os ciclos de malha de controle. Se esses ciclos forem sincronizados, como na maioria dos processos, então esse eixo é o mesmo que o tempo. Para mudar a escala de tempo há um fator zoom que pode ser modificado. O *3-dimensional Control Surface Plot* mostra a superfície de controle do controlador *fuzzy*, com duas variáveis *fuzzy* nos eixos horizontais e uma variável de saída no eixo vertical Até dez gráficos podem ser mostrados e armazenados durante uma simulação. A Figura 15.8 mostra um exemplo de um gráfico 3D.

15.4 — IMPLEMENTAÇÃO INDUSTRIAL DE CONTROLADOR FUZZY DE PONTE ROLANTE

Uma ponte rolante de 64 toneladas, que transporta módulos de concreto para pontes e túneis, em uma distância de 350 metros, de uma indústria alemã, foi automatizada com o auxílio de um sistema *fuzzy*. Os ganhos devido à tal automatização foram o de aumento de capacidade de transporte de 20% e melhorias na questão de segurança. O novo sistema foi colocado para atuar em 1995 e o controlador *fuzzy* obteve um alto grau de aceitação pelos operadores. Isso tem uma importância fundamental, pois os aspectos psicológicos que provocam impacto em trabalhadores de ambientes industriais são fatores também importantes para o sucesso de soluções automatizadas.

15.5 — METODOLOGIA DE PROJETO

Esse exemplo ilustra a metodologia de projeto de um simples controlador *fuzzy* de 2 entradas e 1 saída usando a opção *Interactive Debug* do sistema de desenvolvido discutido nesse capítulo. Essa opção fornece uma grande *realimentação ao projetista*, indicando quais modificações no controlador *fuzzy* estão causando uma melhoria de desempenho, auxiliando o discernimento das atuações de cada modificação. Tal processo de sintonia é um fator fundamental no projeto de um controle *fuzzy*.

As variáveis de entrada nesse sistema são (1) *temperatura* em C° e (2) pressão em kPa, a variável de saída é a porcentagem (%) de ajuste da abertura de uma válvula. Assumindo-se inicialmente três conjuntos *fuzzy* com funções de pertinência triangulares, pode-se também descrever tais conjuntos por variáveis lingüísticas: *QUENTE, MORNO* e *FRIO* para a *temperatura* e *BAIXA*, *MÉDIA* e *ALTA* para a pressão, conforme indicado na Figura 15.7. As funções de pertinência associam uma definição de uma função matemática à essas variáveis qualitativas, e de certo modo imprecisas. Os valores numéricos exatos não são importantes para esse exemplo. O formato geral de uma regra *fuzzy* é então:

SE *temperatura = MORNO E pressão = BAIXA* ENTÃO *ajuste de válvula = ALTO*

Deve-se, a seguir, definir a taxa de amostragem em que as entradas serão observadas, definindo a velocidade em que a saída será corrigida. Durante o intervalo de amostragem, entre dois tempos consecutivos, o conjunto de regras é completamente varrido, para se verificar quais regras devem ser ativadas. A entrada do controlador *fuzzy* consiste de valores, processados de sensores. Tais sinais elétricos são provenientes de interfaces analógicas-digitais (AD) convenientes. Uma interface digital-analógica (DA) possibilita a atuação na válvula.

A saída ocorre para cada combinação de entrada, dependendo das regras que foram ativadas: pelas duas entradas (antecedentes) com a correspondente saída (conseqüente). Todas as regras são paralelamente ativadas, com um grau de ativação que depende da combinação de entrada. A inferência

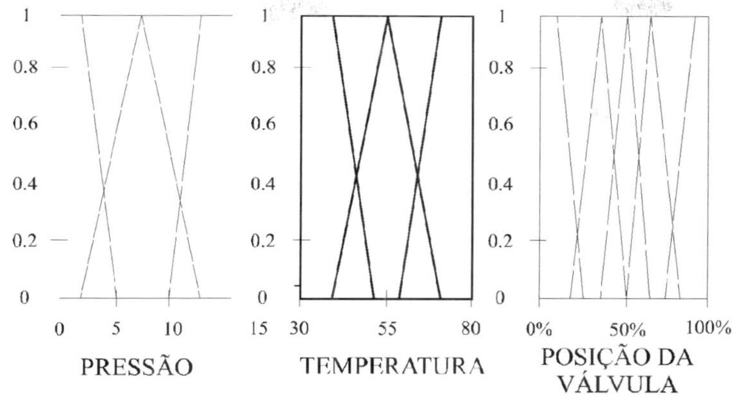

Figura 15.7 *— Funções de pertinência para o exemplo de projeto*

fuzzy pode ser, nesse caso, do tipo *MÁX-MÍN*, para implementar o operador de agregação *E* e o operador composicional *OU*.

A fuzzificação recebe os valores dos sensores, e através das funções de pertinência um mapa de regras é devidamente ativado. Esse mapa de regras pode, facilmente, incorporar situações de alarme, ou situações específicas do processo. Nove regras podem ser implementadas, da seguinte forma:

1. **SE** temp = FRIO **E** press = BAIXA **ENTÃO** válvula = MÁXIMA
2. **SE** temp = MORNO **E** press = BAIXA **ENTÃO** válvula = ALTO
3. **SE** temp = QUENTE **E** press = BAIXA **ENTÃO** válvula = MÉDIO

etc...

O mapa de regras é uma implicação *fuzzy* matricial, ou uma matriz *fuzzy* associativa, onde as entradas implicam em uma determinada saída, ou similarmente saídas estão associadas com determinadas entradas. Essa matriz pode ser entendida como uma superfície de controle, tridimensional, observada na Figura 15.8. O eixo vertical é a variável de saída *Abertura de Válvula* enquanto que em cada eixo horizontal estão a *Pressão* e a *Temperatura*.

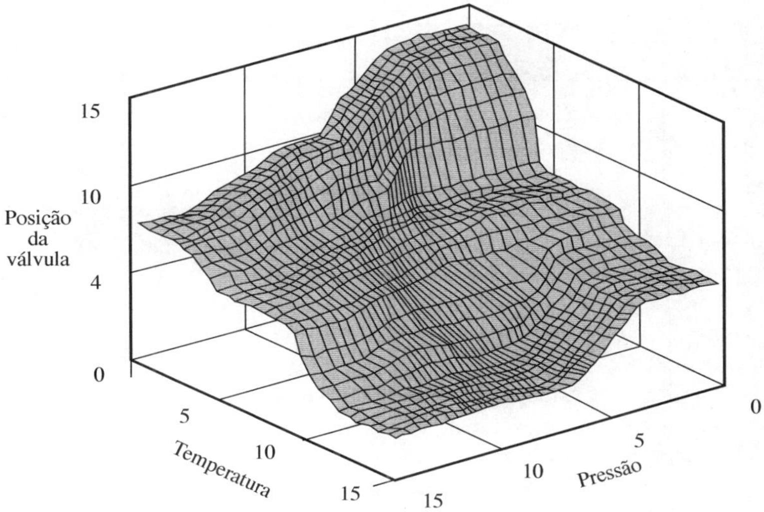

Figura 15.8 *— Superfície de controle para o exemplo de projeto*

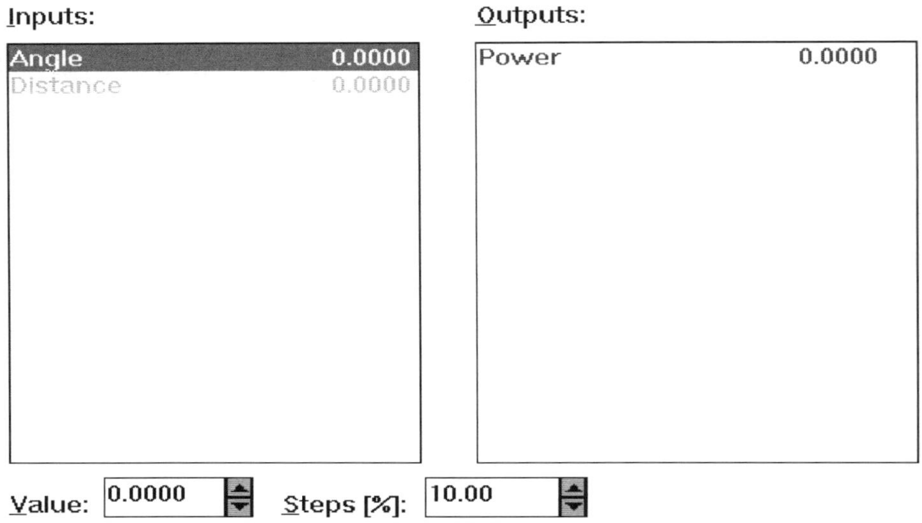

Figura 15.9 *— Janela "Interactive Debug"*

A razão de se utilizar um sistema de desenvolvimento para algoritmos *fuzzy*, como o descrito nesta seção, é o de *sintonizar o projeto fuzzy*, pois esse processo requer muita interação nas modificações das regras, funções de pertinência e até na definição de mais variáveis lingüísticas. Através da opção *Interactive Debug* o projetista pode imediatamente visualizar o efeito de tais mudanças. Tal realimentação visual é essencial para um bom projeto *fuzzy*. A janela *Interactive Debug* mostrada na Figura 15.9, mostra ambas as variáveis de entrada e saída, conforme determinadas pelo controlador *fuzzy*. Se a regra que estiver sendo mostrada for incorreta, o projetista pode alterá-la, ou então mudar o grau de suporte de cada regra, ou interativamente alterar as funções de pertinência, até que a saída seja coerente com o esperado. Através da monitoração da superfície de controle tridimensional, o projetista pode, se for necessário, alterar a estrutura de inferência *fuzzy*, de *MÁX-MÍN*, para outra, tentando buscar respostas suaves, que não causem descontinuidades na ação de controle. Por fim, a saída *fuzzy* é defuzzificada, de acordo com o método escolhido, conforme descrito anteriormente.

QUESTÕES DE REVISÃO

1. Qual a vantagem específica do uso de um software especializado para o projeto de controladores *fuzzy*, comparado à opção de se escrever o sistema fuzzy em linguagem de alto nível ?
2. Quais devem ser as características de um bom programa de desenvolvimento de controlador *fuzzy* ?
3. Qual o produto de saída final de um sistema de desenvolvimento de controlador *fuzzy* e como este pode ser integrado a um programa de controle principal ?
4. Como o modo "Interactive Debugging" é usado ?
5. Como o modo "ftlink"é usado ?
6. Qual a diferença entre "debugging on-line" e "off-line" ?
7. Como um diagrama tridimensional pode ser utilizado no projeto de processos ?

16 EXEMPLOS DE CONTROLE FUZZY

OBJETIVOS DO CAPÍTULO

- Discutir os aspectos práticos de como reconhecer aplicações potenciais de controladores *fuzzy*
- Identificar características específicas em plantas ou processos que necessitam de controle e modelagem inteligente

16.1 — OBJETIVO

Os capítulos anteriores discutiram fundamentos teóricos, metodologias e ferramentas para aplicação de técnicas *fuzzy* e neurofuzzy em problemas de controle industrial. Há literalmente centenas de aplicações bem sucedidas de controle *fuzzy* publicadas em revistas e jornais técnicos, além de diversos livros; o leitor interessado pode se referenciar à seção de bibliografia para uma visão geral. Tais artigos, descrevendo o problema, a forma de implementação e de aplicação do controle fuzzy e neurofuzzy podem ser úteis em muitos casos, onde a planta ou o processo são similares. Todavia, tais textos não fornecem as linhas gerais para aplicações potenciais, ou prospectivas, de controle *fuzzy*. O objetivo desta seção é o de apresentar as situações e enfoques, onde o controle inteligente por lógica fuzzy e neurofuzzy podem ser bem sucedidos.

16.2 — IDENTIFICAÇÃO DE CARACTERÍSTICAS ESPECÍFICAS DE PLANTAS OU PROCESSOS

Um bom projetista de sistemas de controle deve se comportar, ao analisar soluções para o controle de processos, de uma forma não-polarizada, procurando encontrar a filosofia de controle mais aplicável ao problema em questão. Em outras palavras, ele ou ela não tem preferência particular por qualquer enfoque específico e deveria se esforçar em aplicar o que for mais adequado. Há, certamente, situações em que o projetista se confrontará com a questão de se deve ou não investir em um controle inteligente, baseado em um enfoque *fuzzy* ou neurofuzzy, e onde tal caminho pode ser uma alternativa viável. O controle *fuzzy* ou neurofuzzy pode ser também objeto de um estudo inicial de viabilidades, onde o caso de aplicabilidade será analisado em profundidade. Por tais razões, é em geral necessário se analisar criticamente a planta, ou processo, de forma a se decidir por tal solução. Quais características específicas o projetista deve observar na planta ou no processo para responder tal questão ?

1. Toda vez que a planta ou o processo for não-linear, complexo, ter múltiplas variáveis e principalmente quando tal planta ou processo for pouco compreendido,
2. Quando a otimização do sistema de controle for baseado em conhecimento técnico de especialistas ou for dependente da experiência de um operador humano, em vez de ser baseado em modelagem matemática. Ou seja, toda vez que os objetivos de otimização forem termos vagos, tais como

"facilidade de operação", "conforto de transporte", ou "boa satisfação do cliente", ou onde as variáveis sejam intrinsecamente *fuzzy*, como "qualidade do piso", "extensão da sujeira", "maciez adequada", "qualidade do material", os quais não podem ser matematicamente definidos.

3. Quando um compromisso entre diversos parâmetros e variáveis contraditórias é requerido,
4. Quando o uso de controle *fuzzy* prover uma frente competitiva, tais como prototipação rápida, menos consumo de energia, tamanho de código ou velocidade computacional,
5. Um importante campo de aplicação que tem sido promissor é a utilização de *controladores fuzzy implantados*, onde o controle *fuzzy* seria utilizado apenas para algumas funções de um controlador convencional. A combinação de controle convencional e inteligente em um sistema de integração faz sentido técnico e econômico. Nesse caso, o controlador *fuzzy* seria desenvolvido em um *PC*, conforme indicado anteriormente, e então carregado em uma placa microcontroladora, em código assembler. Por sua vez, essa placa seria integrada em um sistema convencional.

A seguir, descrições curtas de algumas aplicações típicas de controle serão dadas, para fundamentar um ou mais dos critérios acima indicados, através da indicação do correspondente parágrafo.

Câmera de vídeo (2)

Controladores *fuzzy* são aplicados ao foco automático e ao controle da íris da câmera; o primeiro pode manter um objeto em movimento continuamente no foco, enquanto que o segundo analisa as condições de iluminação para ajustar a velocidade automaticamente. Experiência humana é necessária para estimar a qualidade de focalização e o ajuste da íris, possibilitando o planejamento das regras e funções de pertinência no estágio de projeto.

Forno de microondas e panelas inteligentes para cozimento (1, 2)

Baseado nas informações de sensores apropriados (infravermelho, umidade, pressão atmosférica) o controlador *fuzzy* ajusta a intensidade e duração do cozimento para cada tipo de comida. Conhecimento humano empírico e receitas são necessários para calibrar o forno na etapa de projeto do controlador.

Máquina de lavar (1,2)

Sensores adequados (temperatura da água, concentração de detergente, peso de roupas, nível de água, tipo de tecido, tipo de sujeira, grau de sujeira) controlam os ciclos da máquina: bater, enxaguar e centrifugar. A literatura específica indica que há 270 tipos de ciclos de lavagem. Conhecimento empírico humano é necessário para avaliar e calibrar o controlador *fuzzy*, além de definir o significado lingüístico de variáveis inerentemente *fuzzy* tais como tipo de sujeira, tecido, grau de sujeira, dentre outros.

Controle de locomotivas (1, 2, 5)

Este é um controlador *fuzzy* implantado, com a função de prevenir danos ao motor e acoplamentos mecânicos, causados em uma grande locomotiva de um trem de cargas, devido ao escorregamento das rodas e aceleração. Esse controlador enriquece e complementa o controlador convencional existente, através de funções inteligentes, derivadas da experiência de pilotos e operadores. Embora haja projetos recentes que utilizam "choppers", e inversores, com modulação em largura de pulso (PWM), que incorporam a compensação de escorregamento de rodas, há literalmente centenas de locomotivas com motores de corrente contínua controlados por reostato que necessitam ser modernizadas gradualmente, e um controlador *fuzzy* implantado é uma excelente alternativa, de custo baixo, que ainda permite a utilização de tais locomotivas. O controlador *fuzzy*, nesse caso, é ativo apenas enquanto o motor *CC* está acoplado em modo série, que persiste até ser acelerado à velocidade de 25 km/h. No modo paralelo, e subseqüente modo de enfraquecimento de campo, o sistema *fuzzy* é desconectado e o operador/piloto toma o comando. Por questões de segurança, o piloto pode desconectar o controlador *fuzzy* em qualquer instante, se necessário. O conhecimento empírico dos operadores mais experientes foi necessário para calibrar e colocar o sistema em operação. O controle de motores de indução tem sido também muito avançado nos últimos anos, através do uso de sistemas *fuzzy*.

Incineração de lixo (1, 2)

Manter uma temperatura de queima constante em uma planta de incineração de lixo é fator importante para minimizar a geração de gases tóxicos e evitar a corrosão da câmara de combustão. Entretanto, o valor calórico do lixo flutua fortemente e a posição e formato do fogo não podem ser medidos diretamente. Controle em lógica *fuzzy* reduziu a variação de temperatura para menos do que um décimo do valor obtido por controle convencional, além de ter consideravelmente reduzido o nível de emissão de gases poluentes. A experiência humana foi necessária para se projetar o controlador e avaliar o desempenho.

Ar-condicionado (3, 4)

O controlador *fuzzy* produz sinais de referência para as válvulas de água fria, de água quente, e a válvula de água para controle de umidade. A estratégia de controle usa diversos sensores diferentes para temperatura e umidade para determinar como operar o ar condicionado de forma a conservar energia. Esse é um controlador multivariável, com a capacidade de processar variáveis interdepen-den-tes, por exemplo, quando a temperatura aumenta a umidade relativa do ar diminui. Isso pode ser explorado, através da informação do controlador de temperatura com o controlador de umidade de que a válvula de aquecimento será ativada. Por sua vez, o controlador de umidade pode responder antes de na realidade detectar a alteração de temperatura por seu sensor. A qualidade desse sistema é excelente, e a economia de energia é considerável, entre 10 % e 30 %.

Controle de temperatura (1, 2, 4)

A lógica *fuzzy* emula a forma de um operador especialista reagir a distúrbios no processo, como se o operador estivesse operando manualmente. Dessa forma ocorre uma resposta muito mais rápida às perturbações do que um controlador convencional tipo *PID*, reduzindo o sobre-sinal e permitindo se ajustar a resposta conforme o conhecimento do processo. Através da combinação de controle *fuzzy* e convencional, um *PID* opera durante as condições normais, enquanto o controle *fuzzy* opera durante um sinal de distúrbio externo. A velocidade de reação de um controle convencional é ajustada nesse caso para ser alta, porém o controle *fuzzy* cortará a resposta em um tempo crítico, para eliminar qualquer sobre-sinal.

- **Selagem de embalagens:** uma barra quente é usada para selar embalagens plásticas. Tal processo contém uma perturbação externa, pois o calor é transferido da barra ao saco plástico. Como conseqüência, a temperatura da barra de selagem cai, mas o controlador *fuzzy* responde rapidamente para manter a temperatura dentro da faixa adequada para uma boa qualidade de selagem.
- **Equipamento para testes com carbono:** Para se determinar idade de materiais, há um equipamento com uma operação centrífuga, onde o carbono é adicionado, misturado e finalmente testado quimicamente. A temperatura tem que ser mantida constante. A centrífuga é refrigerada por um líquido que se mantém ao redor da parede externa; conforme o carbono é adicionado

ao material que está sendo centrifugado, ocorre mais atrito, fazendo a temperatura aumentar. O controlador *fuzzy* regula o fluxo de líquido refrigerante, de forma a rapidamente trazer a temperatura dentro do valor adequado ao teste.

Controlador de tensão mecânica (1, 2, 5)

Esse controlador *fuzzy* mantém tensão constante em sistemas de rolo de papel, filme, aço, ou enrolamento de cabos, mantendo a qualidade de bobinação mesmo com variação da velocidade de rolagem e o diâmetro da bobina. Devido à importância dessa aplicação, mais detalhes estão descritos a seguir.

Uma aplicação típica é na partida de máquinas de fabricação de fios de aço para soldagem. Conforme o fio se enrola na bobina, o diâmetro da bobina aumenta, criando mudanças na velocidade de partida e tensão do fio. Além disso, é difícil controlar a situação em uma fábrica com diversas máquinas operando ao mesmo tempo, devido às variações individuais. Máquinas convencionais permitem que ocorra uma folga, fazendo com que o fio tenha uma depressão natural, antes do ponto de aperto, ou então há rolos que ajustam a tensão.

O método da folga necessita de área muito grande para instalação, o fio freqüentemente se enrosca, tendo que haver guias para se alinhar o fio que ainda está fora do carretel, fazendo com que o sistema não seja flexível para fabricar fios com larguras diversas.

O sistema com rolos emprega um sensor para detectar as alterações de tensão, geralmente controlado por um *PID*. Um operador deve ajustar as condições de controle e fazer ajuste no *PID*. Embora haja uma boa precisão, o controle é otimizado para uma faixa estreita de operação, não sendo flexível à variação de velocidade e de tensão. Se o operador ajustar parâmetros inapropriados, a velocidade de partida varia com uma pequena oscilação, que faz com que a bobina e os rolos vibrem. Toda vez que o número ou diâmetro dos carretéis for alterado, o sistema requer novos reajustes e a máquina volta a operar satisfatoriamente somente depois de muito tempo, em geral dias.

Um controlador *fuzzy* foi instalado que determina a velocidade ótima de partida, além de comandar a velocidade do motor para manter a tensão constante. O operador comanda os tipos de partida para cada carretel, a velocidade de rolagem para controle de tensão, e posição dos rolos que causam a pressão para ajuste fino de tensão. Esse controlador *fuzzy* reduziu o tempo de calibração do sistema, e os custos dessa calibração também foram reduzidos. Além disso, o controlador *fuzzy* pode controlar oito máquinas diferentes, simultaneamente, com requisitos individuais de parâmetros e tensões. Uma vez que esse sistema oferece a capacidade de controle de múltiplas entradas e saídas, pode ocorrer uma decisão ótima, até para eventos mutuamente contraditórios. Por exemplo, o sistema recebe quatro entradas: velocidade, tensão, e suas respectivas variações durante a última amostragem, e o controlador *fuzzy* determina a velocidade ótima de partida para cada máquina, mesmo que tais entradas estejam em direções opostas. Esse controlador *fuzzy* usa regras e funções de pertinência que descrevem o "know-how", a intuição e experiência de operadores em um sistema computacional. Assim, os operadores podem estudar as regras implementadas e adaptá-las facilmente para novas situações, mesmo para a difícil tarefa de se ajustar oito máquinas. Essa facilidade se deve ao fato de que é muito mais fácil para o operador ajustar regras semânticas de operação, do que ajustar constantes matemáticas que não fornecem nenhum significado para o operador. Assim, esse sistema *fuzzy* de controle aproxima o conhecimento de operadores, especialistas em uma forma de controle seqüencial.

Freio "anti-lock" (1, 2, 5)

Controle *fuzzy* foi usado para otimizar sistemas existentes de freio, de forma a se obter um melhor desempenho em todas as condições de frenagem. Um sistema como esse reduz a força de frenagem para o nível adequado, necessário para parar o carro. Um sistema *fuzzy* estima a qualidade da superfície, e o controle evita escorregamento e frenagem mais rápida. Apesar de existirem modelos matemáticos para essas situações, eles são demasiadamente complexos e repletos de parâmetros difíceis de se estabelecer, e a interação de um modelo desse com um controlador de freio seria complexa de se resolver de forma computacional. O sistema *fuzzy* contém o conhecimento empírico de muitos anos de testes em ruas e estradas, pelos mais diversos pilotos submetidos a climas diferentes.

Produção de celulose (2)

Esse é um controlador *fuzzy* implantado, usado para a transformação de madeira em matéria-prima de fabricação de papel. O objetivo é melhorar a firmeza da celulose e minimizar a perda de lascas de madeira e o consumo de água. Na produção de celulose, a madeira é macerada e filtrada dentro de grandes caldeiras. É acrescida uma mistura ácida (solução de bissulfato de magnésio e dióxido de enxofre) e a mistura é aquecida até a temperatura de 130 °C. A reação com esse ácido solta a lignina, deixando fibras de celulose, que são utilizadas para fabricação de papel e de tecidos. Para produzir uma polpa de alta qualidade, os operadores da planta necessitam balancear as variáveis que influenciam o processo, tais como qualidade da madeira, tempo de cozimento, pressão, temperatura e a composição da mistura ácida, requerendo experiência e julgamento pessoal.

O controlador *fuzzy* incorpora o conhecimento e a experiência de vários operadores da fábrica. O controlador avalia as condições e gera os valores para o controle de processo através de padrões de decisão análogos ao comportamento humano, calculando as margens de atuação em cada processo de cozimento. Por exemplo, com madeira de baixa qualidade e ácido de baixa qualidade, a temperatura não deve ser muito alta, a mistura deve ser aquecida mais vagarosamente alcançando no máximo 115 °C. Já com mesma qualidade de madeira mas com um ácido melhor, mais ácido pode ser adicionado e a mistura pode ser aquecida mais rapidamente. As afirmações inexatas e às vezes contraditórias são difíceis de se medir e de determinar, por exemplo a qualidade da madeira, permitindo uma automação de processos anteriormente considerada impossível.

Para se obter a qualidade desejada, o processo de cozimento deve ser determinado no momento exato. Infelizmente, a qualidade não pode ser medida durante o processo de preparação, e a celulose será qualificada dentro de certas especificações após o processo ter terminado. Apesar de existir um modelo simplificado, baseado nas equações químicas, sua precisão não foi adequada para controle convencional. Por outro lado, um modelo neurofuzzy, extraído de dados, permitiu extrair um excelente modelo, que permitiu que a capacidade pudesse ser aumentada em 30%, mantendo o consumo de madeira o mesmo, reduzindo as perdas em 25%, e melhorando os gastos de energia em 14% para a mesma produção volumétrica.

Indústria química (2, 3)

Um sistema de *tratamento de esgotos* e um *reator de polimerização* foram equipados com controle fuzzy. Após a introdução de tal tecnologia, o sistema de tratamento de esgotos utilizou uma quantidade muito menor de reagentes para precipitação, resultando em um rápido investimento no projeto. O reator de polimerização pode mostrar um outro tipo de comparação para o enfoque fuzzy: o controlador *fuzzy* operou tão satisfatoriamente quanto um controlador convencional, todavia o controlador *fuzzy* necessitou de apenas algumas semanas de dedicação de consultoria técnica e instalação, enquanto que o controlador convencional exigiu um ano de dedicação de uma equipe técnica.

Projetos-pilotos em indústrias químicas (2, 3)

Projetos-pilotos para produção de etanol, butano, hidrogenação, óxido de etileno, mostraram melhorias de 5% a 20% em redução de custos variáveis. Em todos esses casos, apenas algumas semanas de trabalho técnico foram investidos. Embora, o controle de qualidade de um controlador convencional fosse pouco melhor que um baseado em *fuzzy*, esse último exigiu apenas uma fração de tempo de desenvolvimento. A experiência tem mostrado que os controladores *fuzzy* podem também ser utilizados no lugar de controladores multivariáveis, que são muito mais custosos de se desenvolver.

Coluna de distilação (2)

O problema de se controlar uma coluna de destilação é análogo a outras áreas, principalmente onde algum sistema de movimento entrega material, uma esteira por exemplo, e uma análise química de amostras do material deve ser feita "on-line", de forma a se decidir uma específica estratégia de controle. Esse sistema também pode ser implementado em uma rede neural, ou em um controlador neurofuzzy. A rede neural captura as funções não-lineares de entrada e saída, enquanto que o controlador *fuzzy* executa as funções de controle.

O objetivo de um sistema de destilação é o de separar a mistura de determinados líquidos, através de uma coluna com um gradiente de temperatura controlado. Uma análise no topo da coluna por um analisador químico é usado para ajustar o refluxo, a razão de refluxo, ou a razão de alimentação do destilado. Um problema existente (que também ocorre em sistemas similares) é que o resultado do analisador aparecerá, digamos, em 20 minutos, depois da tomada de amostra. A correlação entre o resultado do analisador e a diferença de temperatura entre a mais elevada da coluna, e p. ex., a saída # 15, é desconhecida. Entretanto, uma rede neural pode ser treinada por amostras e essa informação fornecer os resultados esperados. Em uma implementação real, o erro médio foi menor que o de 0,3%, melhor que uma química análise teórica.

Transmissão automática adaptativa para carros (3, 4, 5)

Em transmissão de automóveis, a escolha de estratégia de controle utiliza critérios contraditórios. Por exemplo, para o rendimento máximo do combustível deve-se selecionar o câmbio na marcha mais alta o mais breve possível. Por outro lado, para melhorar o desempenho de movimento, deve-se aguardar um pouco, antes de mudar de marcha. Com uma caixa de câmbio manual, a melhor estratégia é escolhida pelo motorista de acordo com as condições do trânsito. Entretanto, uma caixa de câmbio automática não tem entrada para as condições de trânsito e a forma de dirigir do motorista.

O controlador *fuzzy* para transmissão automática evita desnecessárias mudanças de marcha em locais montanhosos. Esse controlador também sensoriza se o motorista deseja uma forma de dirigir econômica, ou esportiva, por fim evita a alteração de marcha para baixo se a aceleração corrente é muito baixa. O controlador *fuzzy* avalia mais do que a velocidade do veículo, ele também analisa quanto que o motorista acelera e freia, observando quantas vezes o pedal de aceleração foi acionado em um determinado período de tempo. A variação dessas mudanças nos pedais é uma entrada para que o controlador *fuzzy* consiga obter conclusões a respeito das condições de dirigibilidade:

- Muitas mudanças nos pedais, dentro de um certo período de tempo, indicam uma rodovia com muitas curvas e montanhosa, enquanto que poucos toques nos pedais com poucas variações indicam uma auto-estrada.

- Muitas alterações nos pedais com alta variação de intensidade indicam uma rodovia com curvas de velocidade média baixa, enquanto que uma variação média de toques nos pedais indica uma rodovia com curvas de velocidade média mais alta.

O lado interessante dessa aplicação é a utilização do piloto como um sensor para obter as condições de dirigibilidade. O controlador *fuzzy* apenas interpreta as reações do motorista, e adapta o desempenho do veículo de acordo com tais atitudes. Esse controlador *fuzzy* tenta compreender se o motorista está satisfeito ou não com o desempenho do carro, alterando a troca de marchas de acordo com a necessidade momentânea do motorista. Em outras palavras, o desempenho do veículo é *moldado ou adaptado* de acordo com o "desejo" particular do piloto.

Controle e otimização de geração de energia elétrica renovável (1,2,3,5)

Aplicações de energia elétrica derivadas de fontes renováveis, requerem sistemas capazes de compensar a dinâmica de carga e demanda com energia de entrada restritas. Uma vez que energia é a integral da potência, a qual é a multiplicação de duas variáveis (por exemplo torque e velocidade angular, ou tensão e corrente), as quais também dependem de características ambientais (tais como intensidade de iluminação solar, densidade de ar ou água, eficiência de conversão). Assim sendo, a otimização de sistemas renováveis de energia dependem de uma função não linear que pode ser melhor modelada através da utilização de controle *Fuzzy*.

QUESTÕES DE REVISÃO

1. Faça um resumo de pontos práticos que levam à consideração de implementação de controladores *fuzzy*
2. Quais são as características de plantas industriais ou processos que necessitam de controle e modelagem inteligente ?
3. Pesquise algum processo industrial, não descrito nesse capítulo, onde poderiam ser aplicadas as técnicas de controle *fuzzy* e neurofuzzy.
4. Especifique um sistema de análise de crédito onde o perfil dos potenciais clientes seja avaliado através da metodologia *fuzzy*.

17 MODELAGEM DE CONTROLE POR OPERADORES HUMANOS

OBJETIVOS DO CAPÍTULO

- Abranger as típicas ações de controle por operadores humanos em sistemas industriais
- Descrever os modelos de controle "homem-na-malha"
- Mostrar como a modelagem *fuzzy* relacional pode ser utilizada

17.1 — ATIVIDADES DE OPERADORES EM MALHAS DE CONTROLE

Processos e plantas industriais são geralmente sistemas complexos, multivariáveis, não-lineares, com parâmetros variantes no tempo e de dinâmica pouco conhecida. Assim, para se projetar um controlador baseado na teoria de controles, um modelo matemático para tais sistemas é em geral difícil de se obter, fazendo com que controladores *PID* não sejam adequados para lidar com muitos desses processos. Em tais casos, deve-se buscar informações de operadores, treinados em lidar com a planta de uma forma satisfatória, e acostumados com a dinâmica, atrasos e não-linearidades do processo, sem ter que se submeter a uma modelagem matemática.

Em geral, o operador da planta é confrontado com uma *tarefa de rastreamento*, que pode ser executada em malha aberta ou em malha fechada. Mesmo que esse operador controle uma planta através de uma receita, p.ex., de sintonia de valores de referência como tensão de cabos, padrões de temperatura para colunas de líquido, ajuste de posição de cabeçotes, densidade de fluidos para baterias, a extrusão de borracha e de controle da vida útil da borracha de pneus, ou em procedimentos, tais como, aplicação de adesivos, bombeamento de sistemas hidráulicos distribuídos (como em sistemas públicos de água e esgotos), o operador estará rastreando, ou buscando, um padrão conceitual de operação.

Todavia, as atividades de um operador humano são mais explícitas em sistemas de movimento, onde *esse operador esteja incluso na malha de realimentação*. Para se construir um modelo do comportamento do operador, de forma a descrever e predizer seu comportamento, é possível em uma forma simples, bem definida e factível experimentalmente, o de dividir o comportamento do operador em *dinâmica de processo* e *funções de atuação*. O modelo pode ou não incluir variáveis ambientais, tais como: iluminação ambiente, temperatura, altitude, vibração; podendo incluir variáveis sociais tais como: treinamento, motivação e fadiga.

A ação de rastreamento requer uma referência, ou meta que está sendo seguida, como representação das atitudes do operador. No *rastreamento compensatório*, o operador humano observa, em alguma tela ou dispositivo visual, o movimento relativo do alvo em relação ao dispositivo de atuação (atuador), ou seja, o operador observa a *diferença entre ambos*, ou *erro*. Já no rastreamento objetivo, o operador observa o movimento absoluto do alvo e do atuador separadamente, onde pretende-se atingir algum valor predeterminado. Muita pesquisa tem sido realizada em sistemas desse tipo: veículos, aeronaves, bicicletas, navios, espaçonaves, máquinas de produção, pontes rolantes e plantas nucleares e químicas.

Modelos tradicionais de operadores humanos em malhas de rastreamento compensatório são os modelos quase-lineares, método da função descritiva e de freqüência de corte e por variáveis de estado. Tais enfoques de modelagem foram desenvolvidos a partir da década de 60, para se acessar as capacidades do controle humano e suas limitações em aeronaves militares de combate, helicópteros e veículos espaciais. Em 1990, uma malha fechada de um operador humano, utilizando lógica *fuzzy,* foi apresentada, de forma a sobrepujar muitas das limitações do métodos anteriores.

Os objetivos deste capítulo são os de inicialmente fornecer os princípios de modelos tradicionais, de controle com *operador na malha*, e a seguir fundamentar o procedimento de utilização de modelagem *fuzzy* para o operador. O capítulo 3 apresenta os princípios de modelagem e identificação que serão utilizados para se modelar o operador humano, em vez de se modelar a planta ou o processo industrial.

17.2 — MODELO SENOIDAL QUASE-LINEAR

Essa é uma alteração ao método da função descritiva, utilizado na análise de sistemas não-lineares. O modelo usa uma função senoidal de atuação, e a relação de entrada-saída pode ser considerada linear para um conjunto de condições para certos pontos quiescentes de operação. O desvio das condições de linearidade é tratado da forma abaixo:

- a *função descritiva*, representada por uma freqüência fundamental na saída, correlacionada com a função senoidal de entrada; para o caso de sistemas lineares, isto é idêntico à obtenção da função de transferência.
- *remanente,* representado pela componente de saída que não se correlaciona com a função de entrada, contendo todos os harmônicos e ruídos, resultantes da passagem de um sinal senoidal através das não-linearidades do sistema. O remanente é geralmente caracterizado por sua *densidade espectral de potência.*

A Figura 17.1 mostra um sistema de controle compensatório, onde a tarefa do operador é a de manipular dispositivos de controle mecânicos, tais como, chaves, joysticks, botões e alavancas, de forma a minimizar o erro, definido como a diferença entre o padrão real e o desejado das variáveis de saída.

O termo *quase-linear* implica em um comportamento linear, ou seja, parâmetros constantes para o operador humano, cuja transformada de Fourier é G_H, para um determinado conjunto de funções de atuação *r(t),* sujeitos à dinâmica do processo controlado com transformada de Fourier G_C, que *se mantém inalterado durante um experimento.* A função de atuação ou a dinâmica do processo se alterar,

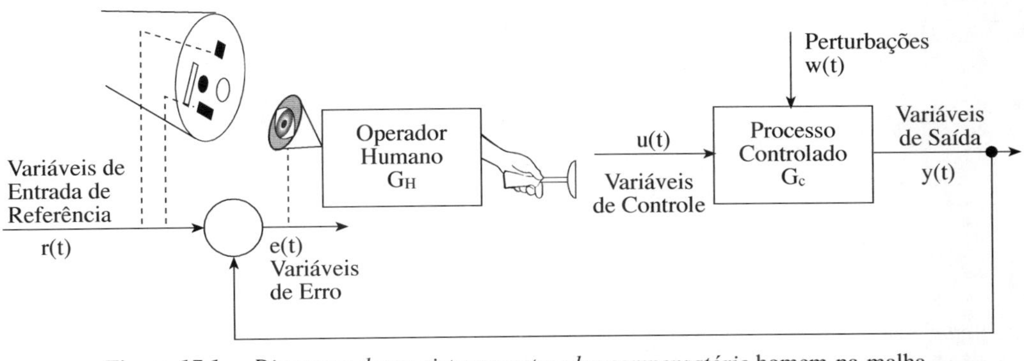

Figura 17.1 *— Diagrama de um sistema rastreador compensatório* homem-na-malha

o modelo quase-linear do operador também se alterará para as novas condições de operação, de forma a ser linear. Foi mostrado que através da consideração da média de dados de muitos experimentos, uma simples função descritiva pode ser formulada, cujos parâmetros podem ser ajustados de acordo com as condições que prescrevem as características principais do comportamento do operador.

A forma generalizada de tal função descritiva é :

$$G_H = \frac{K_p e^{-j\omega\tau}(T_L j\omega + 1)}{(T_1 j\omega + 1)(T_N j\omega + 1)} \tag{17.1}$$

onde K_p = ganho; τ = constante de tempo de reação; T_N = atraso neuromuscular, tipicamente entre 0,1 e 0,2 segundos; $(T_L j\omega + 1)/(T_I j\omega + 1)$ = características de equalização, que acopladas com o ganho K_p, simbolizam a adaptabilidade humana que permite ao operador controlar diversos processos dinâmicos; $e^{-j\omega\tau}$ = atraso de tempo puro, causado por diversas funções de processamento do sistema nervoso humano.

A interpretação para *as constantes de tempo de equalização* é de particular interesse. Para uma determinada função de atuação e dinâmica do processo, a forma to termo de equalização é adaptada para compensar a dinâmica do sistema e a constante de tempo de reação. Essa equalização pode se tornar atraso, avanço, atraso-avanço ou ganho puro, conforme mostrado na Tabela 17.1. Ou seja, operadores em sistemas manuais de controle exibem esse tipo de comportamento, análogo aos elementos de equalização inseridos em um servo-sistema, para compensar o sistema dinâmico. Esse comportamento de equalização ocorre continuamente (é variante no tempo), baseado nos dados observados pelo operador. Foi demonstrado experimentalmente que o operador adapta seu comportamento de acordo com a dinâmica de processo e funções de atuação encontradas. Por exemplo, o termo equalizador, dependente em freqüência $(T_L j\omega + 1)/(T_I j\omega + 1)$ pode ser ajustado intuitivamente pelo operador para uma das formas da Tabela 17.1. Em outras palavras, o operador seleciona o melhor *comportamento equalizador* (estrutura de controle) de seu repertório, desenvolvido através de seu treinamento na tarefa de controle em particular. Assim, a característica de controle do operador é *dependente de contexto*: da função de atuação e da dinâmica do processo. O operador ajusta os valores de algumas de suas *constantes* dentro da estrutura de função descritiva selecionada. Esse comportamento é similar àquele esperado de um servocontrolador, cuja otimização decorre de algum critério de desempenho como função de sua entrada. Em geral, o *ganho puro* é mais aceitável na função descritiva para o operador humano, porque sua carga de trabalho é menor do que também fornecer uma resposta dinâmica.

17.3 — MODELO SIMPLIFICADO PARA FREQÜÊNCIA DE CRUZAMENTO

As definições básicas de margem de ganho e de fase, baseadas na teoria de resposta em freqüência de *Bode*, são tais que a amplitude do ganho é:

$$\left|G_H G_C(j\omega)\right| = \frac{G_H G_C}{1 + G_H G_C} \tag{17.2}$$

e próximo à *freqüência de cruzamento*, ω_{cr} :

$$G_H G_C \cong \frac{1}{(j\omega/\omega_{cr})} \tag{17.3}$$

A *margem de ganho* é o valor do ganho, geralmente em dB, em que $G_H G_C$ está abaixo da linha de 0 dB na freqüência de cruzamento de fase:

$$G_M = \frac{1}{G_H G_C(j\omega_\pi)} \tag{17.4}$$

onde a fase de $arg\ G_H G_C(j\omega_\pi) = -\pi$ *radianos* e ω_π = freqüência de cruzamento de fase

A *margem de fase* é o número em graus (ou radianos) acima de $-\pi$, na freqüência de cruzamento de ganho:

$$\phi_M = 180° + \arg G_H G_C(j\omega_1) \text{ graus no ganho de } |G_H G_C(j\omega_1)| = 1 \tag{17.5}$$

onde ω_1 = freqüência de cruzamento de ganho

O modelo simplificado da freqüência de cruzamento foi desenvolvido para sistemas manuais de controle. Conforme o operador humano ajusta sua função descritiva, a função de malha aberta, $G_H G_C$, na vizinhança da freqüência de cruzamento é tal que:

$$G_H G_C = \frac{\omega_{cr} e^{-j\omega\pi}}{j\omega} \tag{17.6}$$

Portanto, uma dinâmica G_C "invoca" no operador humano a função descritiva G_H na região de cruzamento, da seguinte maneira:

$$G_H = \frac{\omega_{cr} e^{-j\omega\pi}}{j\omega G_C} \tag{17.7}$$

onde a forma, ou estrutura, da resposta humana, G_H, é determinada pela dinâmica do processo G_C.

Esse modelo de freqüência de cruzamento é uma conveniente aproximação, indicada para modelagem em engenharia. Embora seja modelada apenas a resposta em amplitude, as características mais significantes do operador estão inclusas, pois o formato real da função de malha aberta distante da freqüência de cruzamento é em geral irrelevante para o desempenho em malha fechada, fazendo com que a fase não necessite ser modelada.

Experimentos comprovam que a função descritiva do operador G_H é adaptada, tal que a resposta de amplitude em malha $|G_H G_C|$ tem a tendência para se tornar $\frac{K_C}{j\omega}$ nas vizinhanças da freqüência de cruzamento. A Tabela 17.1 ilustra modelos de cruzamento e funções descritivas para o operador em várias dinâmicas de processos.

Tabela 17.1 — Funções descritivas do operador com modelos de freqüência de cruzamento para várias dinâmicas de processo

Dinâmica de processo G_C	Função descritiva do operador G_H	Modelo de freqüência de cruzamento ($\omega \cong \omega_{cr}$) $G_H G_C$
$K_C / j\omega$	$K_P e^{-j\omega\tau}$	$K_C (K_P e^{-j\omega\tau} / j\omega)$
K_C	$K_P e^{-j\omega\tau} / (T_I j\omega + 1)$ *quando* $1/T_I << \omega_{cr}$	$(K_C / j\omega)(K_P e^{-j\omega\tau} / T_I)$
$K_C / (j\omega)^2$	$K_P e^{-j\omega\tau} / (T_L j\omega + 1)$	$K_C K_P T_L e^{-j\omega\tau} / j\omega$ *quando* $1/T_L >> \omega_{cr}$

Dessa discussão, as seguintes conclusões podem ser tiradas:

- Se $G_C = K_C$, ou seja, um *ganho puro* de processo (controle de posição), o operador assume a função descritiva de $K_C/j\omega$, *ou seja um integrador.*
- Se $G_C = K_C/j\omega$, ou seja, um processo *integrador* (controle de velocidade), o operador assume a função de uma função K_C, *ou seja um ganho puro.*

Foi afirmado anteriormente que o operador tem a mínima carga de trabalho quando sua função descritiva for uma constante, K_C. Acima mostra-se que isso ocorre quando a dinâmica do processo for $K_C/j\omega$, ou seja um integrador. No domínio do tempo, integração significa taxa, ou controle de velocidade, assim o *controle de velocidade faz com que ocorra a menor carga de trabalho para o operador humano.*

17.4 — POR QUE MODELAR O RASTREAMENTO DE OPERADORES HUMANOS COM LÓGICA FUZZY ?

Observa-se que os operadores humanos podem, com muito sucesso, gerenciar e coordenar a operação de sistemas industriais bem complexos, com atrasos devido a tempo morto e com desconhecimento das constantes de tempo dinâmicas. Com algum treinamento, o controlador humano pode adaptar suas estratégias para a tarefa que deve ser executada. Esse processo de adaptação consiste em aprendizagem por tentativa-e-erro, e também na referência de experiências prévias. Assim, o controlador humano utiliza os dados observados para criar e continuamente adaptar sua própria “estrutura”, que consiste seu comportamento de aprendizado, fazendo tarefas sofisticadas de uma forma intuitiva, utilizando o raciocínio para detecção, avaliação, diagnose, predição e análise para auxiliar a melhor decisão e seleção de estratégias, mesmo que esse operador não seja um profissional extremamente qualificado em cálculos e em processos quantitativos. Suponha um semáforo com várias fases em um cruzamento de trânsito bem complexo, com padrões de tráfego diferentes de acordo com o horário do dia. Um guarda de trânsito consegue facilmente, através de tentativa-e-erro e experiência prévia, operar manualmente o semáforo, sem se ater ao valor do fluxo, densidade de probabilidade de eventos, ou à estatística de veículos que se movem nas pistas em questão.

A tecnologia moderna necessita cada vez mais de soluções a problemas que não podem ser formulados em uma maneira matemática, envolvendo geralmente problemas que têm sido lidados através de experiência humana, e precedentes que são expressos de forma vaga, ambígua, e qualitativa, ou seja, em uma “forma *fuzzy*”. Esse é o poder associado à utilização de lógica *fuzzy*: *servir de ponte entre o conhecimento empírico e uma implementação computacional.*

As características de uma máquina inteligente, capaz de emular o comportamento de um operador humano são: *aprendizado* (auto-estruturação), *estimação* (rastreamento) e a *habilidade* de manusear informação qualitativa de uma forma sistemática. Tais máquinas computacionais são denominadas por “estimadores livres de modelos”, porque tais sistemas não possuem estruturas rígidas como as encontradas em modelos matemáticos. Apesar de controladores adaptativos permitirem que sua estrutura seja dinamicamente alterada através de uma fase de treinamento, estes controladores ainda necessitam de modelos matemáticos, tais como os enfoques por regressão linear e filtro de Kalman. Por outro lado, a lógica *fuzzy*, sendo capaz de traduzir a experiência humana em regras, os sistemas de rastreamento, onde o operador expressa uma grande quantidade de padrões de comportamento devido a estímulos externos para o processo que ele está controlando: o enfoque *fuzzy* se concentrará *em investir no modelo computacional tal comportamento humano.*

17.5 — CARACTERÍSTICAS DE MODELAGEM FUZZY DE OPERADORES

Analogamente ao modelo de freqüência de cruzamento, o modelo *fuzzy* do operador é também *dependente em contexto*, ou seja, seu desempenho depende da função de atuação e da dinâmica do

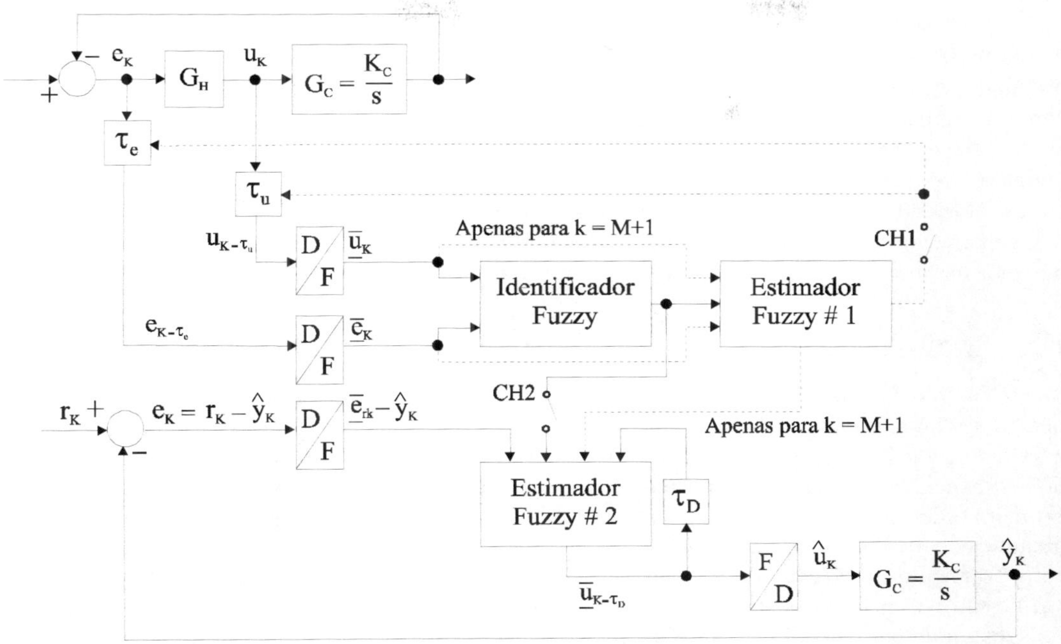

***Figura 17.2** — Treinamento de modelo fuzzy de um operador humano em uma malha fechada*

processo que está sendo controlado; logo a função de transferência do operador é "invocada" pelo repertório da dinâmica dos processos e das funções de atuação. Em contraste aos modelos por função descritiva, o modelo *fuzzy* pode ser equipado com capacidade de aprendizado contínua. Modelos *fuzzy* são não-lineares, tendo portanto a facilidade de embutir tais características, tem erro relativo pequeno e boa rejeição de ruído, podendo serem construídos tanto em software quanto em hardware.

17.6 — IDENTIFICAÇÃO E VALIDAÇÃO DE MODELOS FUZZY

A técnica de modelagem baseada em equações relacionais, usada para identificar o modelo discreto de um controlador, foi explicada em detalhes no Capítulo 11. Uma explanação relativa aos tópicos desta seção é dada abaixo.

A Figura 17.2 mostra o treinamento de modelo *fuzzy* de um operador humano em uma malha fechada. Assumir que durante a fase de aprendizado a relação *fuzzy R* tenha sido já inicializada com os vetores de entrada e saída, respectivamente u_k e y_k, e que a dinâmica do processo é do tipo integrador. O estimador *fuzzy* # 1, que também incorpora no diagrama as funções de fuzzificação e defuzzificação é utilizado para desenvolver um índice de desempenho J, usado na otimização heurística de τ_u e τ_e.

Durante o tempo de otimização a chave de software CH1 é fechada e a chave CH2 fica aberta, e a otimização consiste em assumir uma determinada combinação de valores de τ em $e[k - \tau_e]$ e $u[k - \tau_u]$, calculando-se o índice de desempenho J. Essa busca é feita até que um valor mínimo de J seja obtido. Se as condições de operação não se alteram, não é necessário repetir esse ciclo de otimização. Depois disso a chave CH1 é aberta e a chave CH2 fechada e a relação $\Re$ é calculada e entregue pelo identificador *fuzzy* ao estimador *fuzzy* # 2, que opera como um estimador recursivo. O vetor de estados *fuzzy* é então defuzzificado e a saída do defuzzificador entrega o vetor estimado (discreto) ao processo.

Com esse procedimento, o modelo *fuzzy* do operador pode ser validado através da aplicação do mesmo estímulo à ambos: ao modelo e ao operador. Em resposta a esse estímulo, o modelo deve produzir a mesma ou aproximadamente a mesma resposta que o controle manual. Em aplicações, como a de sistemas de veículos autônomos, treinados por um operador humano, a capacidade recursiva de geração da saída permite a operação do modelo sem a realimentação de erro do operador humano, após ter o treinamento estabilizado. Dessa forma, a construção da relação *fuzzy* ocorreu com a interação com o operador de controles. A validação do modelo foi executada com a remoção dessa interação, portanto sem observações da resposta do operador, porém com aplicação recursiva do vetor *fuzzy* de saída utilizada no sistema, em vez da saída do operador.

17.7 — RESULTADOS

A modelagem *fuzzy* discutida acima tem sido aplicada em situações de controle manual, com operadores humanos, em uma malha compensatória de rastreamento, com diversos e diferentes sistemas dinâmicos. Em um experimento onde foram utilizados cinco conjuntos *fuzzy*, com cinco funções de pertinência triangulares, em uma taxa de amostragem de 30 ms aplicada em um modelo *fuzzy* de primeira ordem, com atrasos de $\tau_u = 2$ e $\tau_y = 1$, e um defuzzificador com o método das alturas. A dinâmica do modelo de inferência do operador humano foi baseada em observação e medidas de seu comportamento entrada-saída, deduzindo-se o conjunto de regras de inferência de experimentos, em vez de entrevistas com o operador. Após a identificação do modelo *fuzzy* do operador, esse operador foi substituído pelo modelo em um sistema em malha fechada, e o desempenho foi comparado sob diversas condições de funções de atuação e dinâmica do processo. Várias funções de atuação, tipo probabilística (ou seja, imprevisível pelo operador) e não-probabilística (por exemplo, o rastreamento de uma função senoidal) foram testadas. Observou-se que no rastreamento de funções de atuação não-probabilísticas, o operador tem a tendência de antecipação, devido à natureza periódica. Porém, em funções de atuação não-probabilísticas, como exemplo, rastreamento de aceleração e "jerks" que ocorrem em navios e aeronaves, demonstram diversas limitações na natureza de antecipação do operador, as quais podem ser sensivelmente melhoradas, com a adoção de modelagem inteligente, como a aqui apresentada.

Diversos sistemas dinâmicos foram também testados com o enfoque de modelagem inteligente: ganho constante, integrador simples, integrador duplo, primeira-ordem e raiz quadrada. Utilizando-se uma função de atuação probabilística e um processo com ganho constante, o operador se comporta como um integrador simples. O modelo *fuzzy* sob tais condições foi comparado e validado, apresentando um bom desempenho nessas circunstâncias.

17.8 — VARIABILIDADE ENTRE TÓPICOS

Aprendizado implica que o controlador *fuzzy* foi construído em tempo real, através de medidas em um determinado padrão de rastreamento ou *tópico de interesse do operador*. Tal enfoque traz à tona a questão da variabilidade de tópicos, discutido na referência, em conjunto com o modelo quase-linear. Um operador de controles *preciso* e um outro *menos rigoroso* são solicitados a atuar, por exemplo, no controle de um automóvel. Em geral, um bom motorista tem um bom compromisso entre precisão e atenção aos itens de segurança, de forma a conservar suas energias e prevenir fadiga. Assim, um operador menos rigoroso em sua tarefa de controle, não necessariamente é um mau operador no caso acima, se ele manter o veículo na via, sem causar um acidente e sem violar regras de trânsito, não se cansará tão facilmente quanto o operador que é preciso em suas tarefas. Após essas considerações, observa-se a resposta em malha fechada de um operador preciso, com uma função de atuação tipo McRuer ($\omega_c = 1.5$ rad/s), e utilizando-se um processo integrador simples. A função de atuação versus a saída do operador preciso é mostrado na Figura 17.3. Um operador preciso tenta rastrear a função

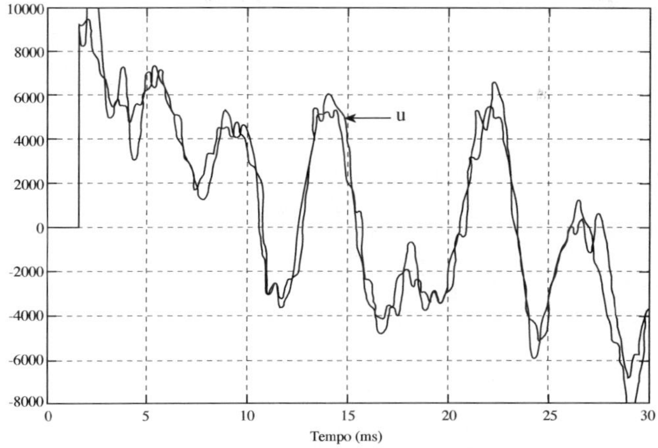

***Figura 17.3** — Resposta do operador preciso*

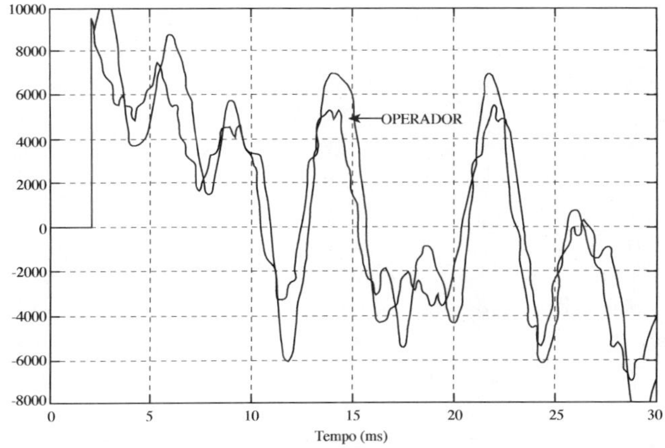

***Figura 17.4** — Resposta do operador menos rigoroso*

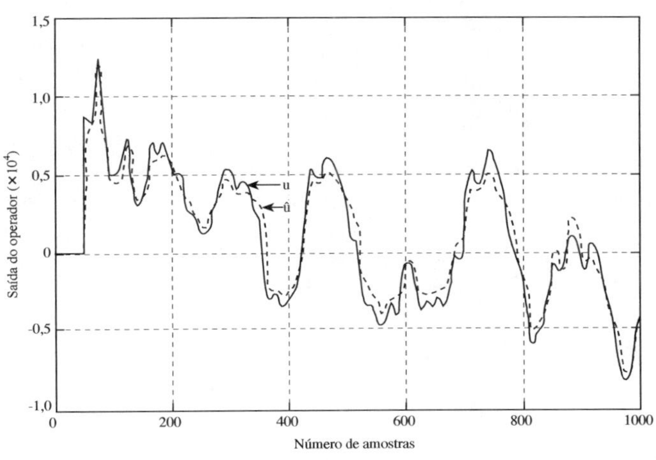

***Figura 17.5** Resposta do operador preciso* u *e sua emulação fuzzy* û

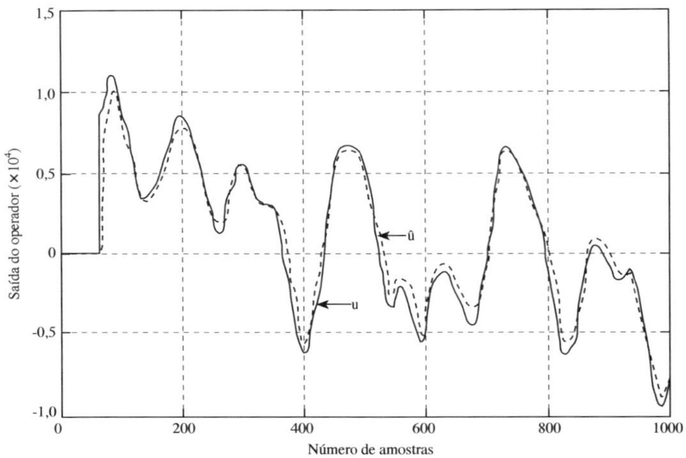

Figura 17.6 — Resposta do operador "menos rigoroso" u *e sua emulação fuzzy* û

de atuação em todos os detalhes, ou seja sua resposta em freqüência é melhor do que a do operador menos rigoroso, cujos resultados estão na Figura 17.4.

Considera-se agora a emulação *fuzzy* das saídas de ambos os operadores. A Figura 17.5 ilustra a saída do operador preciso u e de sua emulação $\hat{u}$. Em ambos os casos, a emulação fuzzy é muito boa, e o modelo *fuzzy* é capaz de emular tanto a saída com detalhes do operador preciso quanto a resposta com menos detalhes do operador não rigoroso. As Figuras 17.5 e 17.6 claramente indicam a capacidade da técnica de modelagem *fuzzy* aprender o comportamento de diferentes tipos de operadores humanos, executando a mesma tarefa. Em contraste com os métodos convencionais de modelagem, que requerem um selecionado grupo de operadores humanos para validar o modelo. Assim, o modelo *fuzzy* mostrou-se capaz tanto de capturar as altas frequências presentes no operador preciso, quanto a de aprender as não-linearidades existentes na resposta do operador não rigoroso.

QUESTÕES DE REVISÃO

1. Quais são as funções de operadores humanos na indústria ?
2. Qual é a interpretação qualitativa dos resultados obtidos com os modelos propostos neste capítulo ? Mostre as características e limitações.
3. Quais são as vantagens de modelagem *fuzzy* de operadores humanos ?
4. O que é variabilidade entre tópicos ? Descreva as limitações de operadores que operam no rastreamento da dinâmica da planta ou processo.
5. Justifique a seguinte afirmação: "Se um operador humano pode executar uma determinada tarefa de controle, um sistema *fuzzy* pode operar tão bem quanto controlar a mesma tarefa."

18 APLICAÇÃO DE LÓGICA FUZZY EM CONTROLE DE ENERGIA ALTERNATIVA

OBJETIVOS DO CAPÍTULO

- Entender como a lógica *fuzzy* pode ser utilizada em otimização
- Mostrar que a otimização pode ser usada para maximizar a transferência de potência de aplicações de energia alternativa
- Descrever exemplos de aplicações bem sucedidas de controle de plantas eólica e solar

18.1 — INTRODUÇÃO

As estratégias de controle e modelagem *fuzzy* e neurofuzzy têm se tornado ferramentas eficientes para aplicações de modelagem e controle, devido aos seus potenciais benefícios em otimização dos custos de implementação. Abordagens tradicionalmente utilizadas em otimização utilizam técnicas de programação linear, não-linear, dinâmicas e estocásticas, enquanto que em teoria de controle, cálculo variacional e controle ótimo são importantíssimos em otimização de sistemas. Pesquisa operacional é o principal ramo da matemática, onde técnicas para se achar soluções ótimas são aplicadas em problemas de estratégias de decisão. Entretanto, esses métodos necessitam de um alto grau de formação teórica, distanciando-se dos tomadores de decisão e gerentes de pessoal encontrados na indústria. Mais recentemente, técnicas de lógica *fuzzy* e neurofuzzy tornaram-se capazes de preencher esse espaço, permitindo a possibilidade de aplicação prática de técnicas de otimização em aplicações industriais.

Um campo que tem provado ser atrativo para otimização *fuzzy* é a geração e controle de potência elétrica das chamadas *fontes de energia alternativas*, tais como a energia eólica e solar. Os custos das instalações são muito elevados, além disso a disponibilidade da fonte alternativa é de natureza intermitente, o que tende a restringir a eficiência. Assim é, portanto, de extrema importância otimizar o desempenho da transferência de potência elétrica, mesmo que sendo um pequeno ganho incremental, de forma a amortizar os custos de instalação no menor espaço de tempo possível.

18.2 — PRINCÍPIOS DE OTIMIZAÇÃO FUZZY

Esforços necessários (ou benefícios desejados), em algumas situações práticas, podem ser expressos como uma função das variáveis de decisão (função custo ou objetivo) e a otimização é definida como o processo de se achar as condições que geram o máximo (ou o mínimo) valor de tal função. A Figura 18.1 mostra uma típica função desse tipo. O eixo y pode representar qualquer variável física como potência, força, velocidade, tensão, corrente, resistência, enquanto que o eixo x indica a amplitude da variável física, em função da qual a variável do eixo v vai ser maximizada. Por exemplo, um sistema de bombeamento de água pode ser controlado por uma válvula (eixo x). Conforme a válvula é aberta, a vazão aumenta mas a pressão cai, e a potência (eixo y) inicialmente sobe, atingindo um máximo e então diminui, devido a válvula continuar sua abertura. Observa-se

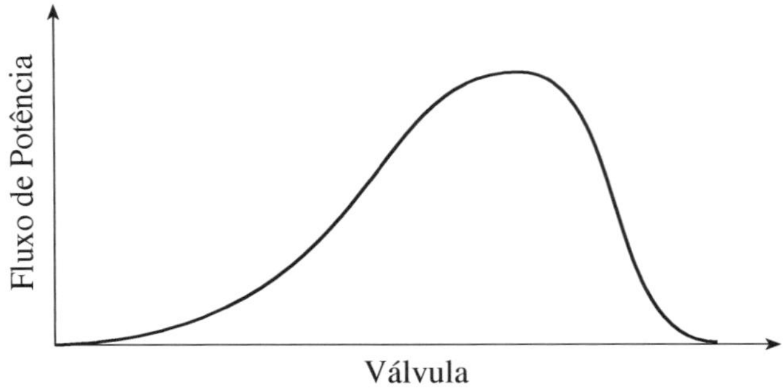

Figura 18.1 — *Exemplo de um problema de otimização: fluxo de potência em termos de comando de entrada da válvula de posição*

com esse exemplo como é, à primeira vista trivial achar o máximo de uma função. Todavia, o ponto de máximo se altera sob algumas condições, como:

- Variações de parâmetros como temperatura, densidade, impedância;
- Não-linearidades, como banda morta e tempo morto;
- Dependência cruzada das variáveis de entrada e saída.

A típica forma de procedimento, com tantas interdependências, poderia ser resolvido da seguinte forma:

- Utilizando-se sensores para melhorar a robustez dos parâmetros;
- Uso de tabelas analíticas e experimentais;
- Desacoplamento matemático.

Tais abordagens aumentam custos e tempo de desenvolvimento, devido a sensores extras, etapas extras de projeto em laboratório, e a necessidade de modelos matemáticos precisos.

Exemplo 18.1:

Suponha que a válvula indicada na Figura 18.1 esteja sendo comandada por uma bomba elétrica de velocidade variável. É claro que existe um valor de velocidade da bomba que corresponde ao máximo fluxo de potência, ou seja ao mínimo esforço de entrada da bomba que maximize sua potência de saída. A forma heurística de procura do máximo de uma função $y = f(x)$, pode ser baseada no seguinte conceito:

"Se a última alteração na variável de entrada (x) causou acréscimo na variável de saída (y), mantenha a alteração da variável na mesma direção; se ela causou a queda na variável de saída, mova-a na direção oposta."

O *algoritmo fuzzy* baseado em regras pode ser construído conforme o conceito acima. Para o caso do comando da bomba há duas variáveis de entrada: última alteração da válvula (*LVT*) e a alteração da potência (*VP*), que podem determinar a nova alteração da válvula (*NVT*) necessária para atingir o máximo de potência, que são dadas pelas seguintes regras:

- SE LVT = *P* E VP = *PB* ENTÃO NVT = *PB*
- SE LVT = *P* E VP = *PS* ENTÃO NVT = *PM*
- SE LVT = *N* E VP = *PB* ENTÃO NVT = *NB*

- SE LVT = *N* E VP = *PS* ENTÃO NVT = *NM*
- SE LVT = *P* E VP = *NB* ENTÃO NVT = *NB*
- SE LVT = *P* E VP = *NS* ENTÃO NVT = *NM*
- SE LVT = *N* E VP = *NB* ENTÃO NVT = *PB*
- SE LVT = *N* E VP = *NS* ENTÃO NVT = *PM*

A implementação real do algoritmo de rastreamento pode necessitar de algumas regras adicionais. Por exemplo, o ponto de potência máxima também pode ser encontrado mantendo-se a mesma direção de rastreamento ou pode-se alterar devido à algum parâmetro. Durante a procura pelo ponto de potência máxima o sistema pode ficar preso em algum mínimo local, como será visto posteriormente, ou o efeito de quantização de hardware pode causar influência, e regras extras tornam-se necessárias para se resolver esta situação.

18.3 — CONTROLE FUZZY DE UMA TURBINA EÓLICA

Há diversos tipos de projetos de turbinas de vento, classificadas em função da posição de seu eixo: horizontal (similar ao moinho de vento tipo holandês) e vertical, sendo a mais comum a configuração *Darrieus*. Diferentemente das turbinas de vento convencionais, que podem ser reorientadas com a alteração da direção do vento, as turbinas de vento de eixo vertical são omnidirecionais. O eixo de rotação vertical também possibilita a colocação de geradores e caixas de redução na base, transmitindo a potência diretamente para o nível da superfície, facilitando as tarefas de operação e manutenção.

Apesar de tantas vantagens, há características dos rotores *Darrieus* que têm desencorajado seu uso em escala comercial. Primeiramente, porque existem tensões mecânicas alternadas nas pás, causando pulsações de torque e instabilidades dinâmicas ao sistema de controle. Segundo, a turbina não inicializa a gerar potência por si própria: há necessidade de um sistema eletrônico, que acelere a turbina para operar em velocidade adequada a partir da qual ocorre geração. A Figura 18.2 apresenta um modelo simplificado de uma turbina de eixo vertical. O coeficiente de potência C_p é uma figura de mérito, definido como a razão da potência real para o fluxo de potência fluindo por uma área de vento, a razão de velocidade *TSR* é o quociente entre a velocidade do vento e a velocidade da turbina na ponta das pás.

O parâmetro C_p é uma função não-linear de λ. O torque oscilatório da turbina é mais dominante no primeiro, segundo e quarto harmônicos da velocidade angular w_w. A família de curvas torque/velocidade típicas da turbina para diferentes velocidades de vento está na Figura 18.3. Sobrepostas às curvas há, em tracejado, um conjunto de linhas de potência constante, indicando a região de máxima potência fornecida para cada velocidade do vento. Isso significa que para cada velocidade do vento, a velocidade da turbina (ou o *TSR*) necessita ser ajustada para obter a máxima potência de saída, e como indicado, este ponto não é o mesmo que o ponto de torque máximo. Assim, as características

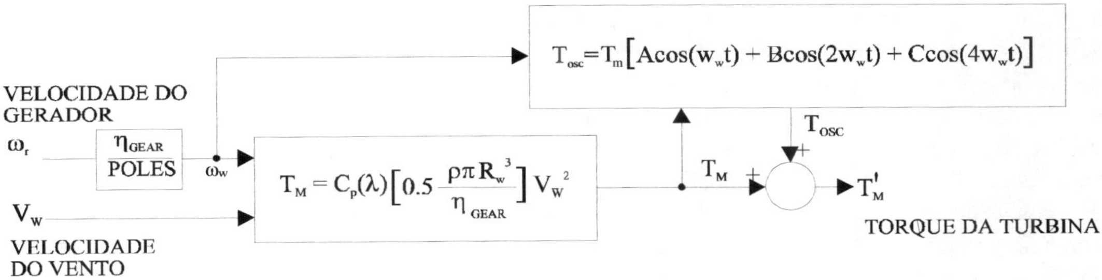

***Figura 18.2** — Modelo de uma turbina de eixo vertical*

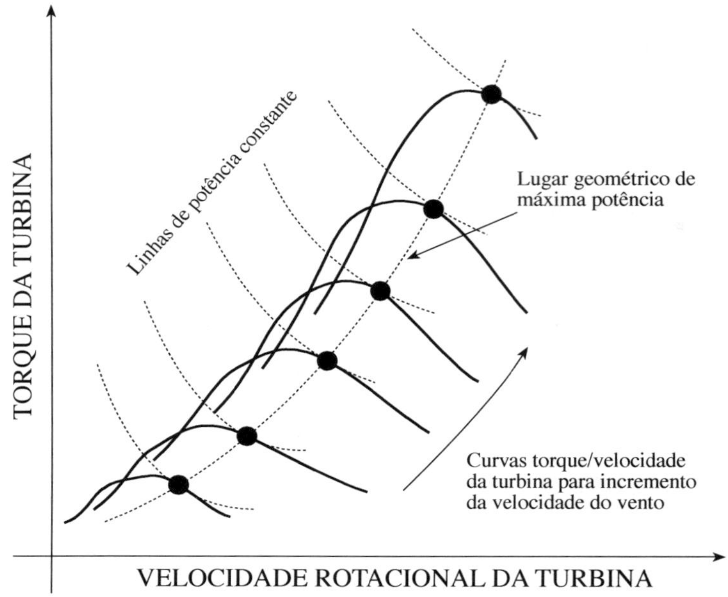

Figura 18.3 *— Família de curvas típicas de torque/velocidade de uma turbina de hélice fixa*

torque/velocidade de um sistema eólico são análogas a de um ventilador (exceto que para turbina a rotação é reversa). O torque segue as características da lei quadrática ($T_e = K\omega_r^2$), a potência de saída segue a lei cúbica ($P_o = K\omega_r^3$), como indicado na Figura 18.3. Assim, em baixas velocidades e carga leve em condições de regime permanente, a eficiência do gerador pode ser melhorada através de programação do fluxo. O sistema de controle da turbina baseado em lógica *fuzzy*, descrito a seguir, utiliza três controladores (FLC-1, FLC-2 e FLC-3), permitindo o aumento da potência e controle robusto. Eles têm as seguintes finalidades: o FLC-1 é o controlador que rastreia a velocidade do vento, o FLC-2 é o controlador que obtém o fluxo magnético ótimo e o FLC-3 é o controlador de Torque e velocidade do gerador de indução.

18.3.1 — Programação fuzzy do gerador de velocidade

Desconsiderando-se as perdas do sistema, pode-se assumir que a potência entregue à rede elétrica seja igual à potência instantânea capturada pela turbina, que é uma função da velocidade do gerador para diferentes velocidade do vento, conforme a Figura 18.4, que também apresenta a operação dos controladores *fuzzy* FLC-1 e FLC-2. Se por exemplo a velocidade do vento for V_{w4}, a potência de saída estará no ponto A para a velocidade do gerador w_{r1}. A potência de saída pode ser elevada ao máximo valor através do acréscimo da velocidade para o valor w_{r2}. Caso a velocidade do vento aumentar para V_{w2}, a potência de saída salta para o ponto D. Portanto, nessa velocidade do vento a potência máxima pode ser obtida através do acréscimo da velocidade do gerador para w_{r4}. Isto significa que como a velocidade do vento se altera, a velocidade do gerador terá a tendência de rastreá-la, função de controle realizada pelo controlador fuzzy FLC-1, que ocorre em tempo real através de hardware dedicado. Como a velocidade instantânea do vento é desconhecida (não se utiliza sensores de velocidade de vento nesse controlador) FLC-1 altera a velocidade do gerador incrementalmente, gerando uma potência na rede elétrica P_0; através do algoritmo *fuzzy* de rastreamento estabelece-se a velocidade ótima do gerador de indução.

A Figura 18.5 apresenta o diagrama de blocos do controlar *fuzzy* FLC-1, onde a potência in-

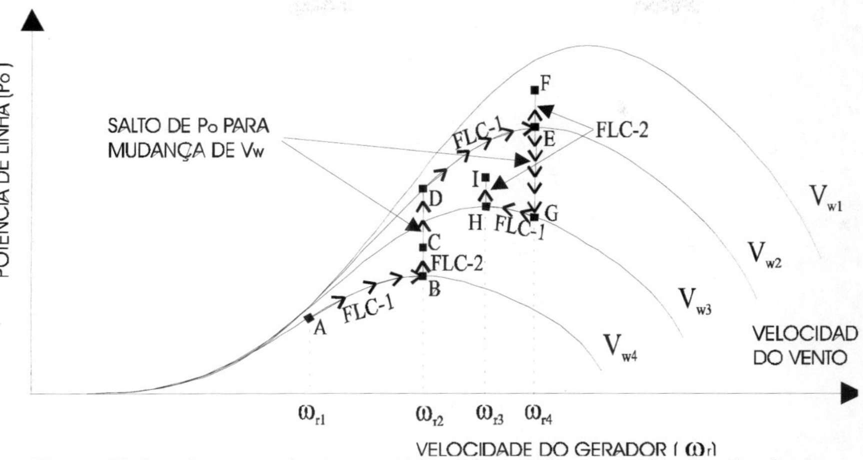

Figura 18.4 *— Operação do sistema indicando a performance do controlar fuzzy*

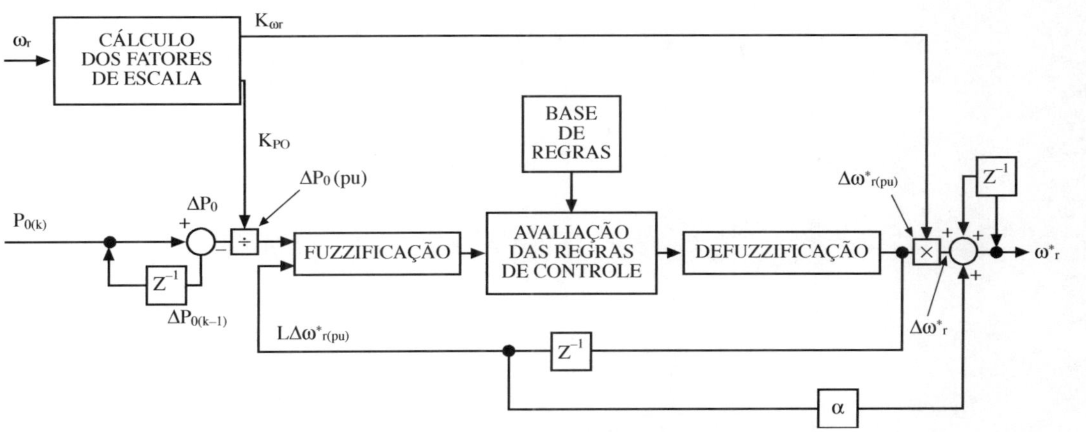

Figura 18.5 *— Diagrama de blocos do controlar fuzzy FLC-1*

stantânea P_0 é estimada e através da imposição do acréscimo (ou decréscimo) da velocidade, observa-se se houve correspondente aumento (ou diminuição) da potência de saída. Se ΔP_0 for positivo com a última variação $+\Delta\omega_r^*$, a procura continua na mesma direção; se, por outro lado, $+\Delta\omega_r^*$ causar $-\Delta P_0$, a direção da busca é invertida. A velocidade oscilará em torno de um ponto onde a condição de transferência é otimizada. As variáveis ΔP_0 (variação de potência), $\Delta\omega_r^*$ (variação de velocid-ade) e $L\Delta\omega_r^*$ (última variação da velocidade), são descritas pelas funções de pertinência triangular mostrada na Figura 18.6, cujas leis de controle são dadas pela matriz de regras da Tabela 18.1. Uma típica regra é:

SE ΔP_0 é *PM* (médio positivo) E $L\Delta\omega_r^*$ é *P* (positivo)
ENTÃO $\Delta\omega_r^*$ é *NM* (médio negativo)

As funções de pertinência para ΔP_0 e $\Delta\omega_r^*$ são assimétricas, com mais sensibilidade nas variáveis próximas do valor nulo. Note que a qualquer instante mais de uma regra (até o máximo de quatro) são válidas. Na implementação do controle *fuzzy* as variáveis de saída são fuzzificadas, as regras de controle são avaliadas e combinadas, e finalmente a saída é defuzzificada para converter ao valor final. Os valores de saída do controlador *fuzzy* $\Delta\omega_r^*$, mostrados na figura 18.5, são acumulados, de

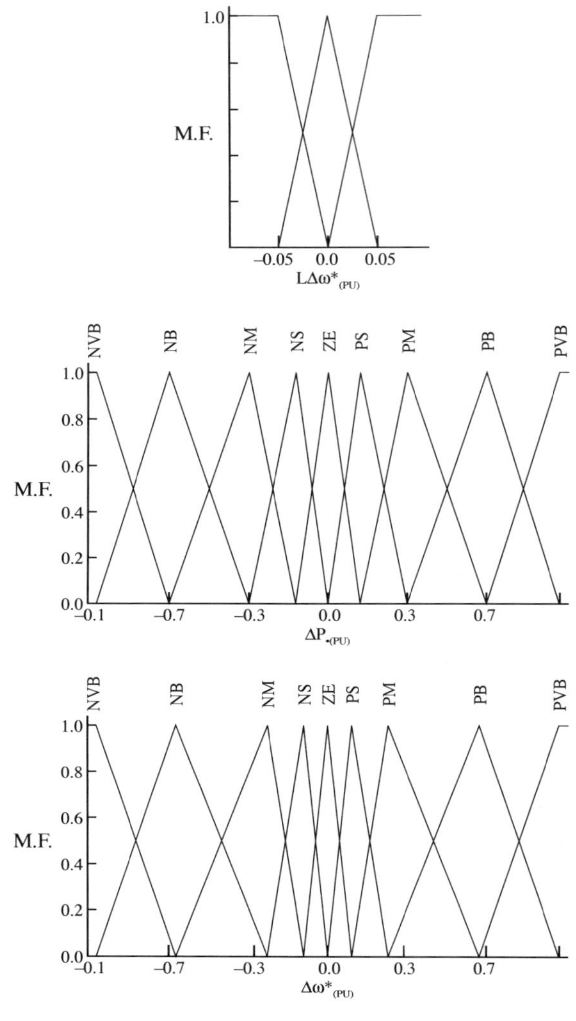

***Figura 18.6** — Funções de pertinência do controlador FLC-1*

forma a se gerar o sinal de comando de velocidade real. Uma parcela do sinal $L\Delta\omega_r^*$ é adicionada à saída $\Delta\omega_r^*$, de forma a se evitar mínimos locais, devido a vórtices de vento e oscilações de torque. O controlador opera com variáveis escaladas à unidade, assim a resposta é insensível às variáveis em escala real do sistema e o algoritmo é igualmente aplicado a qualquer sistema eólico similar. Os fatores de escala *KPO* e *KWR*, mostrados na Figura 18.5, são funções da velocidade do gerador e são usadas para se reduzir a sensibilidade à faixa de operação da velocidade, ou seja, os fatores de escala, convencionalmente gerados por alguma função matemática, são aqui geradas por computação *fuzzy*. A Figura 18.7 e a Tabela 18.2 mostram as funções de pertinência e a matriz de regras, respectivamente.

O controlador *fuzzy* foi implementado através de conhecimento heurístico e extensivamente sintonizado através de simulações, finalmente ajustado experimentalmente. A vantagem do controle fuzzy é permitir que o *tamanho do passo de busca decresça adaptativamente,* de forma que o rastreamento atinja uma rápida convergência. Por outro lado, o controlador também aceita ruídos e sinais imprecisos. Note que a informação da velocidade do vento não é necessária e variações de parâmetros do sistema não afetam o rastreamento.

Tabela 18.1 — Matriz de regras para Controlador Fuzzy FLC-1

$L\Delta w^*_{r(PU)}$ / $\Delta P_{o(PU)}$	P	ZE	*N*
PVB	PVB	PVB	NVB
PB	PB	PVB	NB
PM	PM	PB	NM
PS	PS	PM	NS
ZE	ZE	ZE	ZE
NS	NS	NM	PS
NM	NM	NB	PM
NB	NB	NVB	PB
NVB	NVB	NVB	PVB

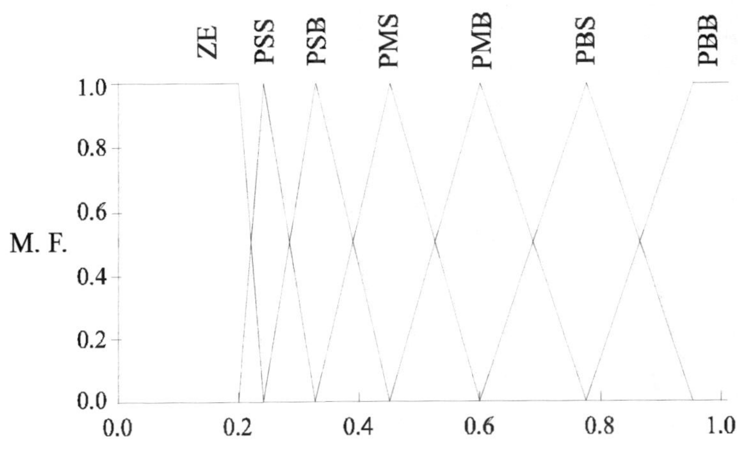

Figura 18.7 *— Funções de pertinência para cálculo do fator de escala em função da velocidade da turbina*

Tabela 18.2 — Matriz de regras para ganho escalar de FLC-1

ω_r	*KPO*	*KWR*
PSS	*40*	*25*
PSB	*210*	*40*
PMS	*300*	*40*
PMB	*375*	*50*
PBS	*470*	*50*
PBB	*540*	*60*

18.3.2 — Programação do fluxo do gerador de indução (FLC-2)

O gerador de indução acoplado à turbina eólica pode ser aproximadamente considerado como um sistema que controla a potência da ordem de $P_0 = K\omega_r^3$, assim o gerador trabalha a maior parte do tempo com uma carga muito leve em várias velocidades de vento e o fluxo do rotor pode ser reduzido para um valor que permita diminuir as perdas no núcleo da máquina (magnéticas) e, portanto, melhorando a eficiência do sistema máquina-conversor.

A otimização pode ser obtida através de busca em tempo real do nível de fluxo rotórico ótimo, implementado aqui através da operação do controlador *fuzzy* FLC-2. Em uma certa velocidade de vento V_w em regime permanente e na correspondente velocidade ótima ω_r*, estabelecida pelo controlador FLC-1, o nível de fluxo rotórico é reduzido pelo decréscimo da corrente de excitação i_{ds}, correspondentemente causando um acréscimo da componente da corrente de torque i_{qs}. Com o fluxo diminuído, as perdas no núcleo diminuem e no cobre aumentam. Entretanto, o total agregado das perdas do sistema máquina-conversor diminui, resultando no acréscimo do total da potência P_0 gerada. O rastreamento continua com a diminuição de i_{ds}, até que o sistema estabeleça o ponto de potência máxima. Experiências mostraram que é possível atingir uma melhoria no rendimento entre 10% a 15%, devido ao uso do controlador *fuzzy* FLC-2.

A operação do FLC-2 é similar à de FLC-1, porém ele inicia a operação de busca de fluxo ótimo quando FLC-1 finaliza o processo de procura da velocidade ótima. A Figura 18.8 mostra o diagrama de blocos do FLC-2. A potência de saída do sistema $P_0(k)$ é amostrada e comparada com um valor anterior, de forma a se determinar a variação ΔP_0. O último decréscimo da corrente de excitação ($L\Delta i_{ds}$*) também é considerada. A diminuição do passo de i_{ds} é gerada através da inferência *fuzzy* e da defuzzificação, como indicado na figura. O controlador FLC-2 manipula os sinais através de valores escalados à unidade, os fatores de escala *KP* e *KIDS* são dados através das equações da estimativa de torque e velocidade do gerador. O controlador FLC-2 induzirá um torque pulsante no eixo do gerador, que será altamente atenuado pela malha de controle de torque do controlador *fuzzy* FLC-3, explicado posteriormente. Caso o velocidade do vento se altere durante ou no fim da operação do FLC-2, o controle realizado por FLC-2 é abandonado, o nível nominal de fluxo rotórico é restabelecido, e o controle retorna para o controlador FLC-1 em regime permanente, iniciando o procedimento de rastreamento novamente.

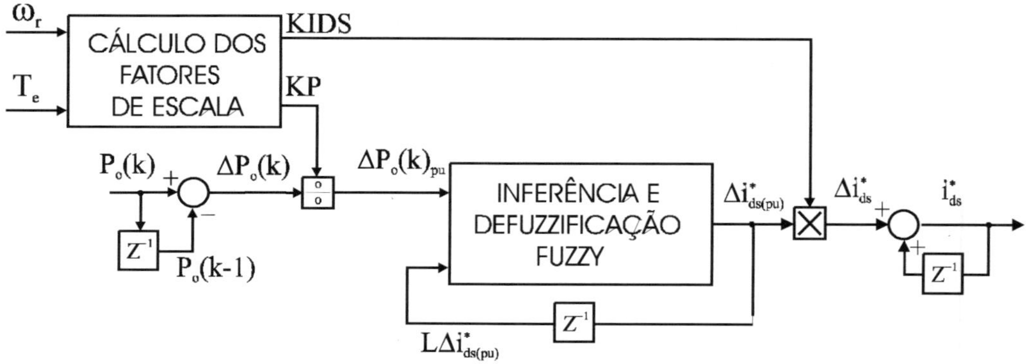

***Figura 18.8** — Diagrama de blocos do controlador fuzzy FLC-2*

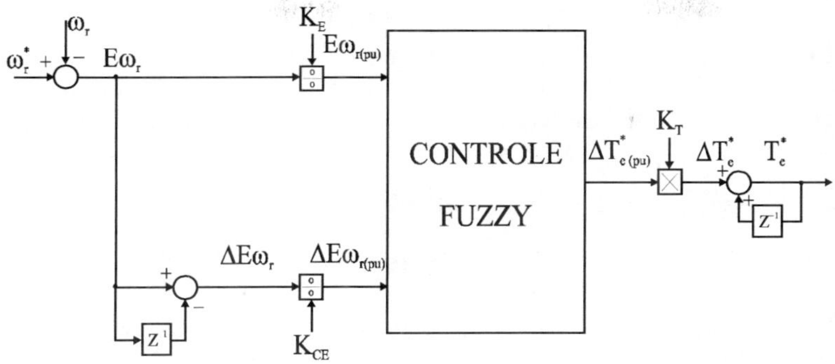

***Figura 18.9** — Diagrama de blocos do controlador fuzzy FLC-3*

18.3.3 — Controle fuzzy da malha de velocidade do gerador

A malha de velocidade do gerador utiliza o controlador *fuzzy* FLC-3, projetado de forma a se obter um desempenho robusto que compense o torque oscilatório característico de turbinas de eixo vertical, efeitos de vórtices e das pulsações induzidas por FLC-2, de forma a minimizar uma possibilidade de ressonância mecânica no sistema. Com a ação de FLC-2 os distúrbios de torque são

Tabela 18.3 — Matriz de regras do FLC-3

$\Delta E\omega_r$ \ $E\omega_r$	*NVL*	*NL*	*NM*	*NS*	*ZE*	*PS*	*PM*	*PL*	*PVL*
NVL					*NVL*	*NL*	*NM*	*NS*	*ZE*
NL					*NL*	*NM*	*NS*	*ZE*	*PS*
NM				*NL*	*NM*	*NS*	*ZE*	*PS*	*PM*
NS			*NL*	*NM*	*NS*	*ZE*	*PS*	*PM*	*PL*
ZE		*NL*	*NM*	*NS*	*ZE*	*PS*	*PM*	*PL*	
PS	*NL*	*NM*	*NS*	*ZE*	*PS*	*PM*	*PL*		
PM	*NM*	*NS*	*ZE*	*PS*	*PM*	*PL*			
PL	*NS*	*ZE*	*PS*	*PM*	*PL*				
PVL	*ZE*	*PS*	*PM*	*PL*	*PVL*				

inversamente modulados dentro da malha de controle, minimizando tais efeitos no sistema. Com o controle *fuzzy*, a malha de controle de velocidade fornece uma resposta rápida quando a alteração de velocidade é feita na busca do ponto ótimo. O diagrama de blocos de FLC-3 é mostrado na Figura 18.9 e a correspondente matriz de regras é apresentada na Tabela 18.3. O controlador *fuzzy* é essencialmente um controlador proporcional-integral (*PI*), onde os fatores de ganho são não-lineares e adaptativamente controlados, de forma a se obter uma resposta robusta. Os sinais de erro de velocidade ($E\omega_r$) e de variação de erro ($\Delta E\omega_r$) são convertidos para sinais normalizados, através dos fatores K_E e K_{CE}, respectivamente, e posteriormente processados pelo controle *fuzzy* para gerar o sinal $\Delta T^*_{e(PU)}$, como indicado. Esse sinal é então multiplicado pela constante de saída K_T e acumulado para se gerar o sinal de comando de torque T_e*. Uma típica regra de controle pode ser lida como:

SE erro $E\omega_{r(pu)}$ é *PS* (pequeno positivo) E alteração no erro $\Delta E\omega_{r(pu)}$ é *PM* (positivo médio) ENTÃO o incremento do torque $\Delta T_e*_{(pu)}$ é *PL* (positivo grande)

As funções de pertinência das variáveis *fuzzy* e a matriz de regras foram exaustivamente sintonizadas por simulações, até se obter o desempenho transitório requerido. A potência extra alcançada com essa abordagem pode ser superior à *35%,* ou seja, um sistema de controle eólico baseado em lógica *fuzzy* pode gerar 35% mais potência que um sistema de controle eólico tradicional.

18.4 – Geração de energia solar usando controle fuzzy

A conversão fotovoltaica para utilização da energia solar é considerada a principal fonte de energia alternativa em diversos países onde, sob uma incidência perpendicular dos raios solares, a densidade de potência é aproximadamente 1 kW/m^2 através de células solares (fotovoltaicas), que são dispositivos que convertem fótons em potencial elétrico. Todavia, o alto custo inicial de instalação, aliado ao baixa rendimento de conversão (de 12% para células fotovoltaicas convencionais até o máximo de 29% para células especiais), são os responsáveis pela pouca utilização e aceitação deste tipo de sistema. Um painel solar é conectado a um sistema de armazenagem de energia, que pode consistir geralmente de baterias, ou então células combustíveis (hidrogênio), rodas-livres, ou para sistemas com geração principal através de hidrelétricas pode haver a conexão ao sistema de distribuição elétrica. O painel solar está sujeito às variações de intensidade solar e da temperatura ambiental, o que altera o ponto de operação onde pode se obter o máximo de potência e, por conseguinte, melhor rendimento de transferência energética. Portanto, do ponto de vista econômico, para se diminuir o tempo de amortização dos custos das instalações é essencial extrair, de forma contínua, o máximo de potência disponível, e um sistema de otimização como o que será descrito é fundamental para tal finalidade. A seguir descreve-se um sistema baseado em lógica *fuzzy* para um controlador fotovoltaico, com as seguintes características:

- Rastreamento adaptativo em tempo real da potência máxima,
- Robustez contra variações de intensidade solar e temperatura,
- Não utiliza sensores externos para a medição da intensidade solar e temperatura.

O sistema foi simulado e posteriormente implementado, utilizando um microcontrolador comercial de baixo custo do tipo *RISC.* O arranjo é modular, permitindo paralelismo ou instalações em potências maiores.

A Figura 18.10 apresenta um típico sistema fotovoltaico. O painel solar recebe a luz do sol e a transforma em energia elétrica, através de um conversor de potência que possui um *controlador rastreador do ponte de potência máxima.* Está provido ainda de um sistema de armazenagem de energia e possíveis conexões a um conversor monofásico ou trifásico. O sistema de armazenagem é usualmente conectado a um elo CC, mas recentemente elos AC utilizando conversores ressonântes de potência têm se mostrado promissores. De forma a se otimizar a transferência de potência, algumas estratégias tem sido propostas em aplicações residenciais e em veículos solares, tais como:

- Otimizadores de condutância on-line que mantém o fator de potência unitário,
- Modelagem dinâmica da maximização de potência,
- Controladores *fuzzy PI* no lugar de controladores *PI* convencionais na malha de realimentação.

Os fabricantes apresentam nos catálogos de células fotovoltaicas diversas características físicas e geralmente um gráfico contendo uma família de curvas de operação (*tensão versus corrente*), como apresentado na Figura 18.11, dependentes da intensidade de incidência do sol e da temperatura. Há um ponto único da curva que permite que a célula solar possa gerar o máximo de potência. A corrente na célula é função da intensidade solar, ou seja, as curvas podem ser deslocadas verticalmente pela intensidade solar e podem ser deslocadas horizontalmente conforme a variação da temperatura.

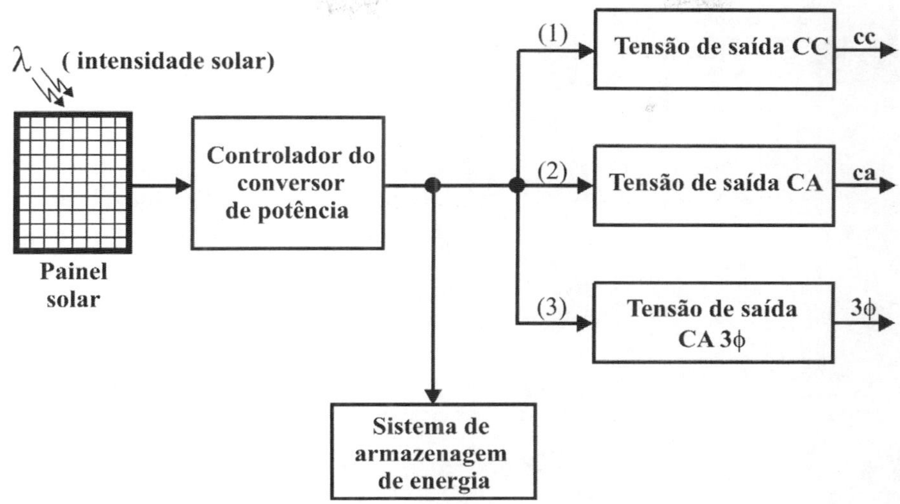

***Figura 18.10** — Diagrama de blocos do sistema fotovoltaico*

Conforme a Figura 18.10 mostrou, há um elo CC, composto em geral por baterias, e a potência instantânea produzida por um painel fotovoltacio pode também ser calculada no elo através do produto de tensão e corrente (neglicenciando-se as perdas, em regime permanente). Assim, para determinados parâmetros, a razão cíclica (duty-cycle) "δ" do conversor de potência, conectado entre o painel solar e o sistema de armazenagem deve ser alterada de forma a se variar a inclinação da reta de carga, ou seja, a impedância do painel solar. Em operação de regime permanente, é desejável ajustar Z^{-1} e um algoritmo poderia ser baseado em uma tabela, o que necessitaria de uma estimação precisa dos parâmetros do painel solar, ou de alteração da razão cíclica passo-a-passo. Na busca passo-a-passo, o rastreamento pode tomar um tempo longo e o algoritmo *fuzzy* proposto a seguir otimiza esse processo. O diagrama de blocos da Figura 18.12 mostra o sistema que foi implementado com um microcontrolador e o algoritmo *fuzzy* desenvolvido em linguagem assembler.

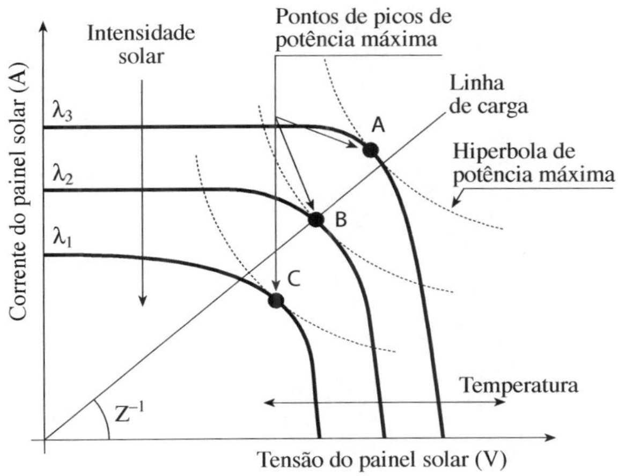

***Figura 18.11** — Curvas para variações da intensidade solar e temperatura*

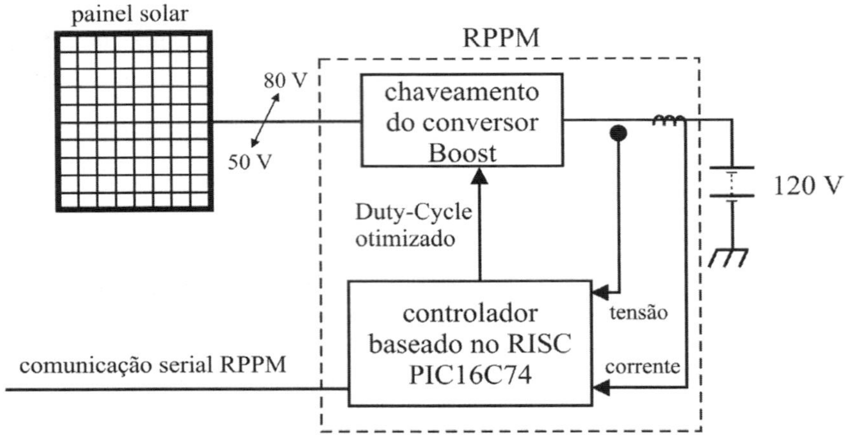

Figura 18.12 *— Implementação do diagrama de blocos do circuito do painel solar para Rastreamento do Ponto de Potência Máxima (*RPPM*) baseado em controle fuzzy*

As funções de pertinência para a variação de potência (ΔP) e a variação da razão cíclica (ΔDC) são mostrados na Figura 18.13. Elas são mais densas no centro, provendo mais sensibilidade para os valores próximos de zero. A Tabela 18.4 apresenta a base de regras, onde as seguintes regras foram determinadas para incluir todas as situações:

- regras que contam com o deslocamento global do ponto ótimo de acordo com o nível de radiação solar,

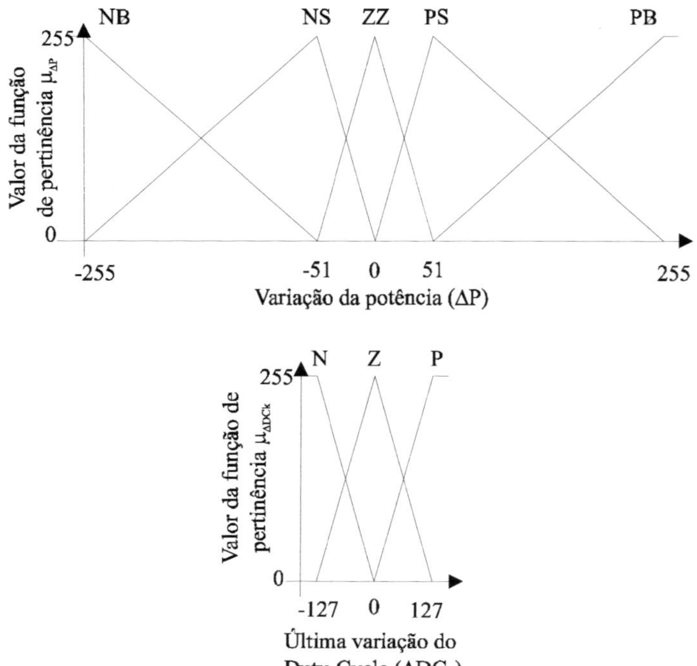

Figura 18.13 *— Funções de pertinência para o controlador de rastreamento fuzzy do painel solar*

- regras que impõem uma inércia artificial, mantendo o sistema parado no cruzamento de zero da potência e também para efeitos de quantização,
- regras que estabelecem o sistema no ponto de potência máxima.

Tabela 18.4 — Regras de rastreamento de potência com graus de suporte diferentes

		ΔP_k				
		NB	NS	ZZ	PS	PB
ΔDC_k	N	PB	PM	NS	NM	NB
	Z	NM	NS	ZZ	PS	PM
	P	NB	NM	PS	PM	PB

onde: (cinza claro) grau de suporte = 1,00; (cinza escuro) grau de suporte = 0,50; (branco) grau de suporte = 0,25

A tabela 18.4 mostra que foram utilizados diferentes pesos nas regras (graus de suporte) de acordo com a intensidade desejada para cada regra. O primeiro conjunto de regras, relativo ao deslocamento global do ponto ótimo de acordo com o nível de radiação solar é o mais intenso (grau de suporte = 1,0) por representar a operação normal do sistema. Os segundo e terceiro grupos ocorrem menos freqüentemente, tendo pesos menores, se tornando ativos quando suas condições específicas são ativadas.

Um controlador de rastreamento do ponto de potência máxima baseado em lógica *fuzzy* foi desenvolvido e implementado em laboratório. O circuito de potência foi baseado em um conversor chaveado tipo "boost", e o controle foi implementado através de um microcontrolador RISC, o algoritmo *fuzzy* busca o valor ótimo da razão cíclica, de forma a transferir a potência máxima do painel solar para um carregador de baterias. As vantagens do controlador *fuzzy* são que o algoritmo de controle permite rápida convergência, robustez de desempenho contra variação de parâmetros, e pode inclusive aceitar sinais ruidosos e imprecisos. O sistema demonstrou ser capaz de estabelecer a transferência de potência em todas as condições, podendo ser facilmente adaptado para instalações de potência mais elevadas.

QUESTÕES DE REVISÃO

1. Quais são as características dos métodos de otimização padrões ?
2. Por que os métodos de otimização e rastreamento baseados em lógica *fuzzy* são melhores ?
3. Por que o controle e energia alternativa representa uma atrativa área de aplicação para os sistemas de otimização *fuzzy* ?
4. Descreva o método de rastreamento de ponto de potência máxima para um sistema eólico.
5. Descreva o método de rastreamento de ponto de potência máxima para um sistema fotovoltaico.

19 USANDO MATLAB PARA O PROJETO DE CONTROLADORES FUZZY

OBJETIVOS DO CAPITULO

- Desenvolvimento passo a passo de projeto de controladores fuzzy através do programa Matlab
- Integração de ferramentas no Matlab usando Simulink e Fuzzy Logic Toolbox

O programa Matlab é uma ferramenta poderosa utilizada em computação numérica em diversas áreas científicas e tem se tornado um ambiente efetivamente utilizado em engenharia para realizar cálculos matemáticos, desenvolver algoritmos, modelagem e simulação. O MATLAB está dotado de um sistema interactivo e uma linguagem de programação. Além de bibliotecas para cálculos aritméticos básicos, o Matlab ainda oferece um grande número de ferramentas especializadas (toolboxes) para a resolução de problemas em áreas específicas, tais como estatística, programação linear, sistemas de controles, processamento de sinais, simulação dinâmica (SIMULINK) dentre diversas outras aplicações. Uma biblioteca muito importante que está disponível no Matlab é o Fuzzy Logic Toolbox que contém uma interface gráfica (GUI, graphical user interface) que permite a construção de sistemas fuzzy e efetiva implementação no Matlab e uso dentro do ambiente de simulação SIMULINK.

Há cinco ferramentas GUI para projeto no Fuzzy Logic Toolbox:

- Fuzzy Inference System our FIS Editor
- Membership Function Editor
- Rule Editor
- Rule Viewer
- Surface Viewer

Estes cinco GUIs estão conectados dinamicamente de forma que alterações feitas em um processo afetam todas as demais. Além destas interfaces gráficas há ainda o ANFIS Editor GUI, utilizado para construir e analisar sistemas de inferência adaptiva do tipo Sugeno (chamado neste livro por inferência paramétrica).

Para se iniciar o FIS (Fuzzy Inference System) basta na linha de comando do Matlab digitar "fuzzy" e pressionar a tecla "Enter":

```
>> fuzzy
```

A tela básica do FIS está representada na Figura 19.1 onde caixas contendo outras interfaces gráficas podem ser disponibilizadas. A Figura 19.1 mostra em sentido anti-horário o editor de funções de pertinência de saída (Membership Function Editor), o editor de regras de inferência (Rule Editor), um menu com três opções para salvar, editar ou abrir um sistema fuzzy, o editor de funções de pertinência dos antecentedes (Membership Function Editor) e uma área abaixo dos GUIs mostrando algumas opções relativas ao sistema. Tais opções mostram as funções de inferência, o método de defuzzificação e o nome de cada variável de entrada ou de saída.

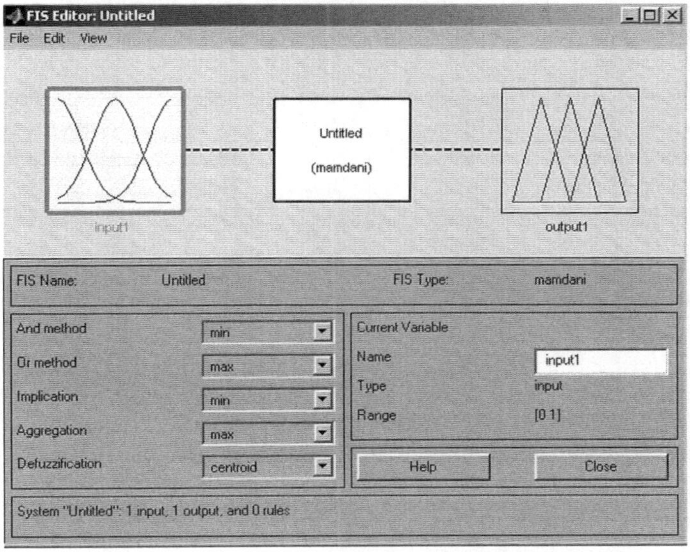

Figura 19.1: *Tela de edição do FIS – Fuzzy Inference System*

Exemplo de Projeto de Controlador *Fuzzy* PI para um Motor de Corrente Contínua

Um motor de corrente contínua pode ser servo-controlado através de um controlador proporcional-integral (PI). As equações diferenciais que descrevem um motor de corrente contínua estão apresentadas através de (19.1) a (19.2). A figura 19.2 mostra um diagrama de simulação em Matlab/ Simulink onde as equações de um motor de corrente contínua estão implementadas. O torque de carga é proporcional à velocidade, a velocidade é realimentada e comparada com o sinal de referência. O sinal de erro comanda um controle PI que impõe a tensão necessária na armadura do motor de corrente contínua. O sistema de eletrônica de potência que converte tal comando em tensão não está modelado neste problema. Tal malha de controle de velocidade é tipicamente estudada e analisada em cursos de Controle e o controlador PI pode ser projetado através de teoria clássica de controle, usando por exemplo metodologia de Diagrama de Bode ou Lugar das Raízes. Todavia, os parâmetros do motor de corrente contínua se alteram, por exemplo a resistência de armadura muda conforme a temperatura, a indutância de armadura muda conforme o nível de saturação do motor, as constantes de torque e velocidade (K_T e K_E) não são precisas, além de incertezas na inércia do sistema e do torque de carga. Portanto, por mais que um controlador PI seja projetado matematicamente, espera-se que na prática um controlador *Fuzzy*-PI seja mais adequado à esta aplicação. Logo, o objetivo deste projeto é o de trocar o controlador PI já instalado no sistema com um controlador *Fuzzy*-PI.

$$\frac{di_a}{dt} = \frac{1}{L_a}\left(V_a - R_a i_a - K_E \omega\right) \tag{19.1}$$

$$\frac{d\omega}{dt} = \frac{1}{J}\left(T_e - T_L\right) \tag{19.2}$$

$$T_e = K_T i_a \tag{19.3}$$

O controlador PI no sistema da figura 19.2 trata o sinal de erro E (equação 19.4) e gera conforme a equação 19.5 o sinal instantâneo da tensão de armadura. Na simulação deste sistema o sinal de armadura é injetado diretamente no motor de corrente contínua, porém um acionamento em eletrônica de potência poderia também ser modelado e inserido entre a conexão do controlador e o motor. Na realidade, um controlador deste tipo deveria ser implementado com duas malhas, uma externa de velocidade, e uma interna para o controle de corrente, porém o projeto baseado em teoria de controles clássica ficaria mais elaborado.

$$E = \omega^* - \omega \tag{19.4}$$

$$V_a^* = K_p E + K_i \int E dt \tag{19.5}$$

Um ponto importante a ser avaliado seria a motivação para uso do controlador *Fuzzy*-PI. Certamente a dinâmica do motor de corrente contínua é de segunda-ordem com parâmetros imprecisos ou variantes no tempo. Sendo assim, dificilmente um controlador PI seria otimizado. Além disso, um controlador *fuzzy* é facil de se implementar e de se manter, e através de ajustes heurísticos nas regras de controle a otimização de desempenho pode ser efetuada sem o uso de equacionamento ou modelagem baseada em teoria de controles clássica.

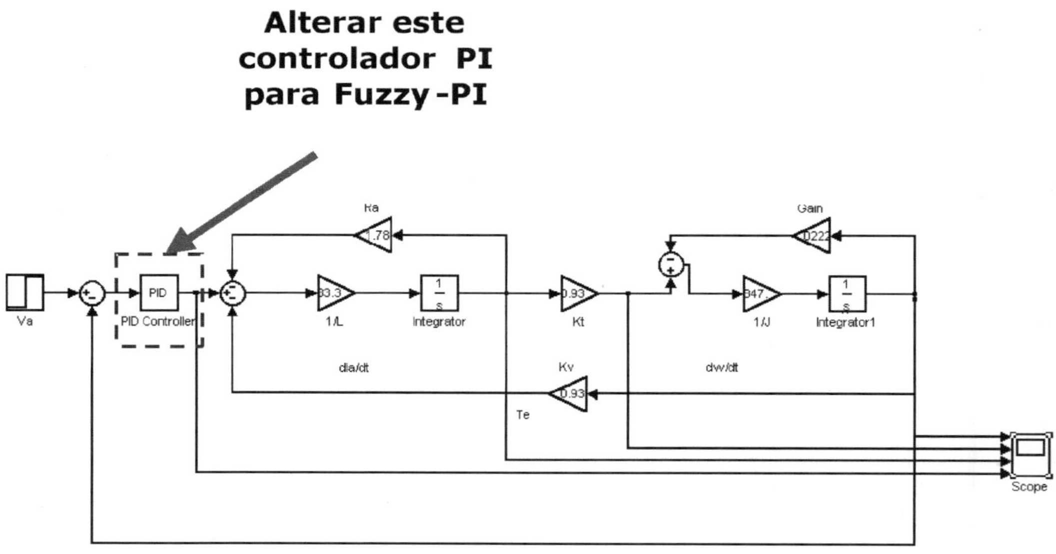

Figura 19.2: *Motor de corrente contínua em malha de velocidade controlada por um PI.*

O controlador *fuzzy*-PI conforme a Figura 19.3 compara a referência de velocidade angular ω^* com a velocidade angular do motor ω gerando ambos o sinal de erro $E_{\omega r}$ e a variação de erro $\Delta E_{\omega r}$ (através do retardo de um tempo de amostragem Z^{-1}), os blocos de retardo atrasam o sinal neste sistema por 100μs (o passo de simulação deve ser menor que esse, por exemplo 5μs). Há dois fatores de escala (K_1 e K_2) para converter os sinais de entrada para valor unitário e um fator de escala (K_3) para converter o sinal de saída do valor unitário para o nominal. O diagrama de blocos da Figura

19.4 relaciona tais sinais de entrada com a saída (variação da tensão de armadura ΔV_a^*. A Figura 19.3 mostra que a tensão de armadura V_a^* é construída através da integração discreta (somatória) da variação de tensão, onde um limitador impõe os valores máximo e mínimo da tensão de armadura. O motor de corrente contínua foi simulado inicialmente por diversas vezes, com diferentes valores de referência e transições bruscas de forma a se obter os valores dos ganhos de escala, e foram encontrados $K_1 = 40$, $K_2 = 2$ e $K_3 = 0{,}5$.

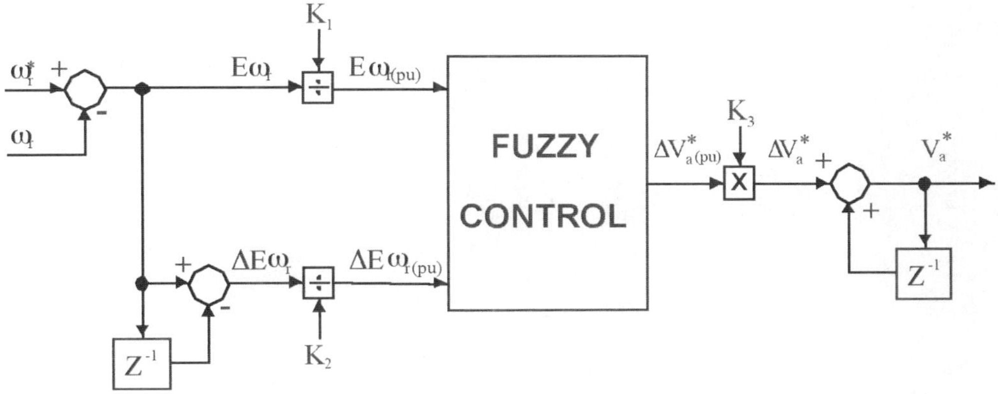

Figura 19.3: *Diagrama de blocos do controlador fuzzy-PI para motor de corrente contínua.*

ERROR

CHANGE IN ERROR	NB	NM	NS	ZE	PS	PM	PB
NB	NVB	NVB	NVB	NB	NM	NS	ZE
NM	NVB	NVB	NB	NM	NS	ZE	PS
NS	NVB	NB	NM	NS	ZE	PS	PM
ZE	NB	NM	NS	ZE	PS	PM	PB
PS	NM	NS	ZE	PS	PM	PB	PVB
PM	NS	ZE	PS	PM	PB	PVB	PVB
PB	ZE	PS	PM	PB	PVB	PVB	PVB

Figura 19.4: *Base de regras do controlador fuzzy-PI de corrente contínua.*

Implementação de Controlador *Fuzzy*-PI na Malha de Realimentação de Velocidade de um Motor de Corrente Contínua

A seguir são indicadas diversas telas do Matlab, Simulink e o Fuzzy Logic Toolbox, indicando passo a passo como proceder para construir e testar esse controlador. Alguns comentários estão intercalados com tais figuras e procedimentos. Os programas de simulação estão disponíveis com o autor. O autor não pode, infelizmente, dar apoio pessoal e individual no uso destes programas, mas certamente receberá sugestões de melhorias e sugestões de outras aplicações que tenham por ventura sido desenvolvidas através dos exemplos desenvolvidos neste capítulo.

Abrir FIS

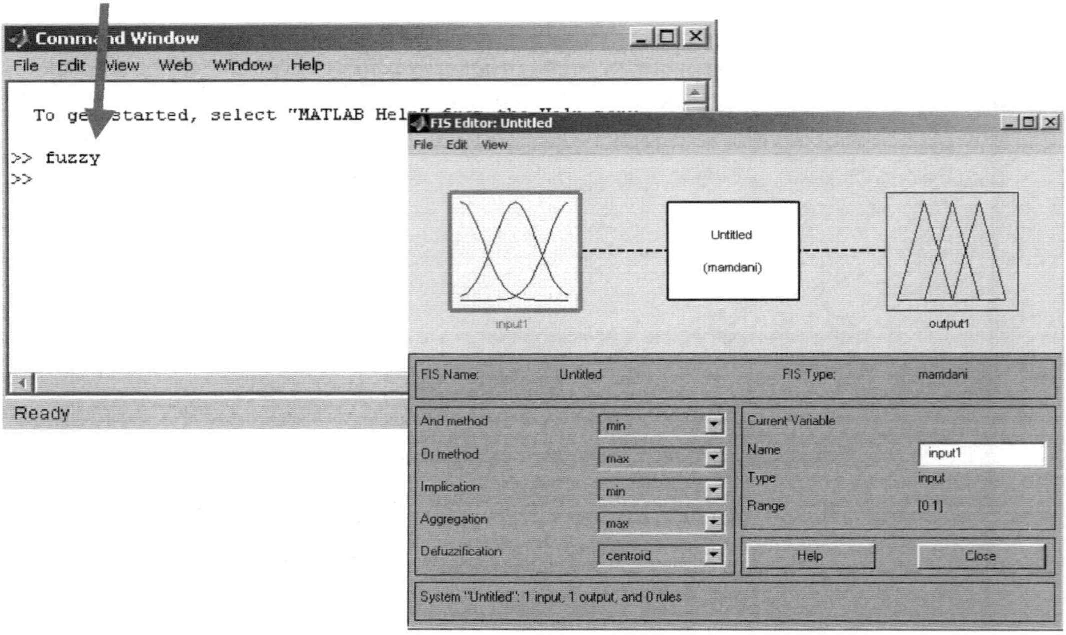

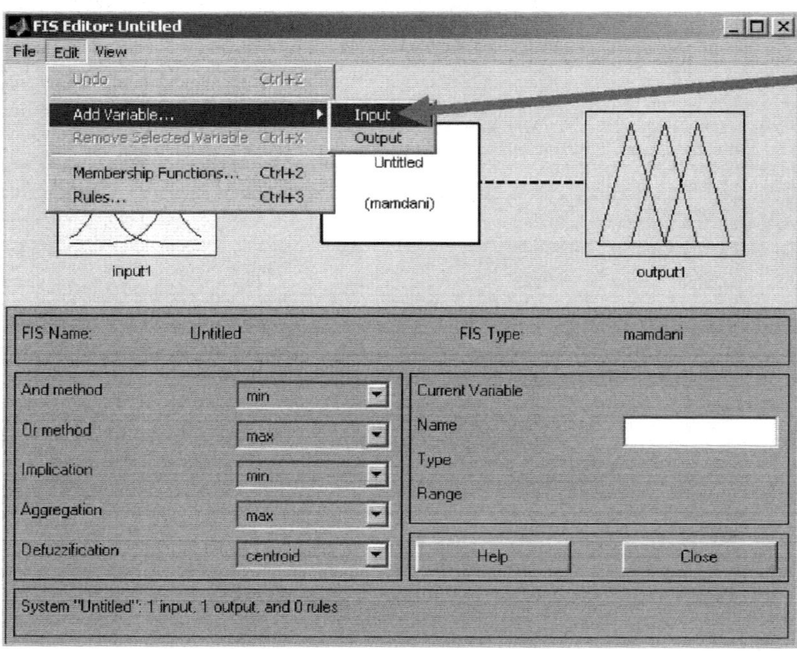

São necessárias duas entradas, este menu permite a adição de variáveis de entrada

Selecione

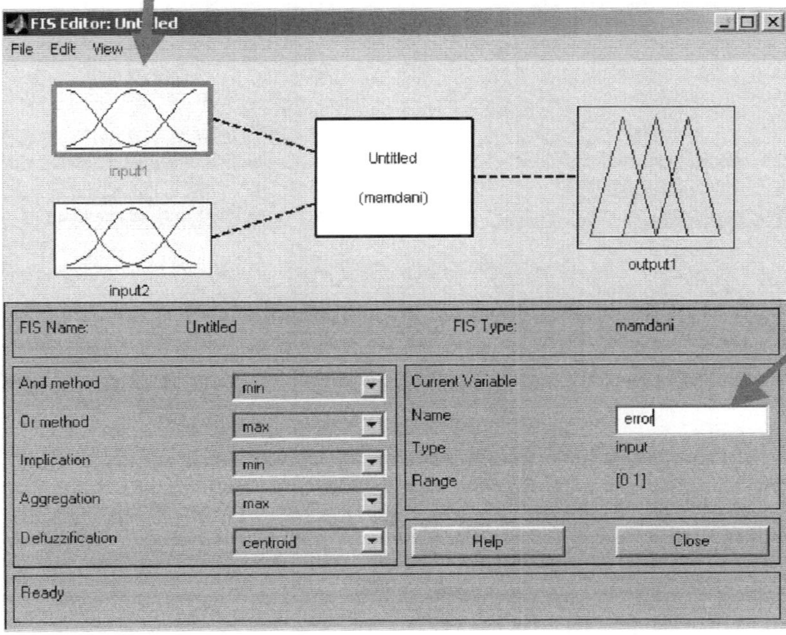

Defina tal variável como "error"

Selecione input2

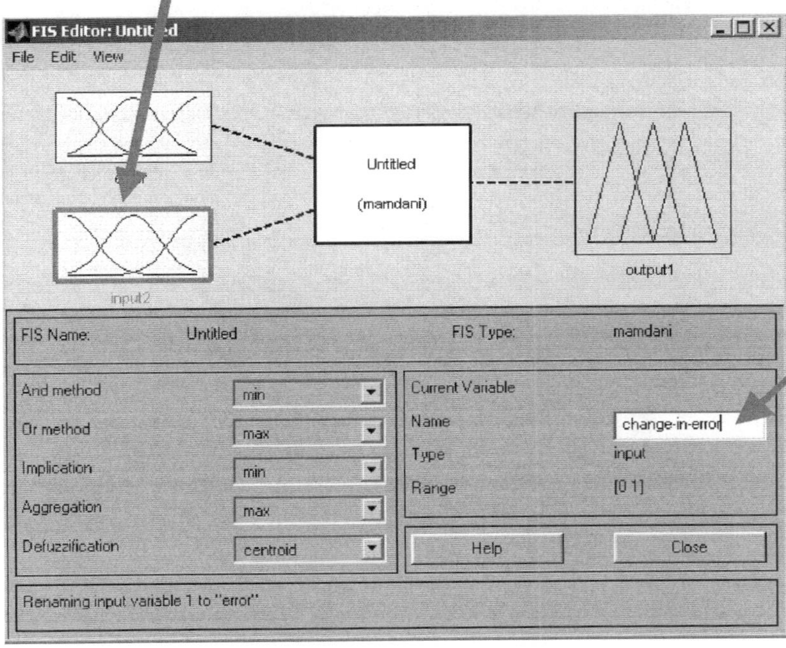

Defina tal variável como "change-in-error"

Pressione duas vezes error **Selecione output1**

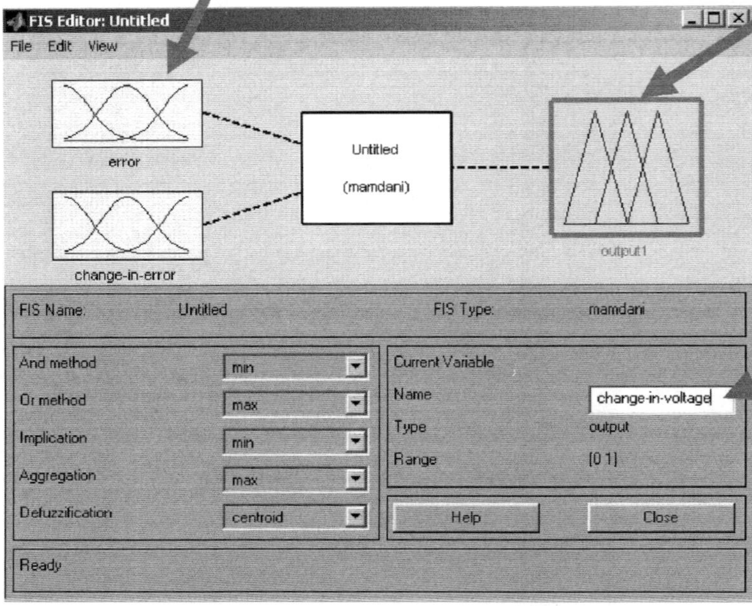

Defina tal variável como "change-in-voltage"

Remover todas as funções de pertinência

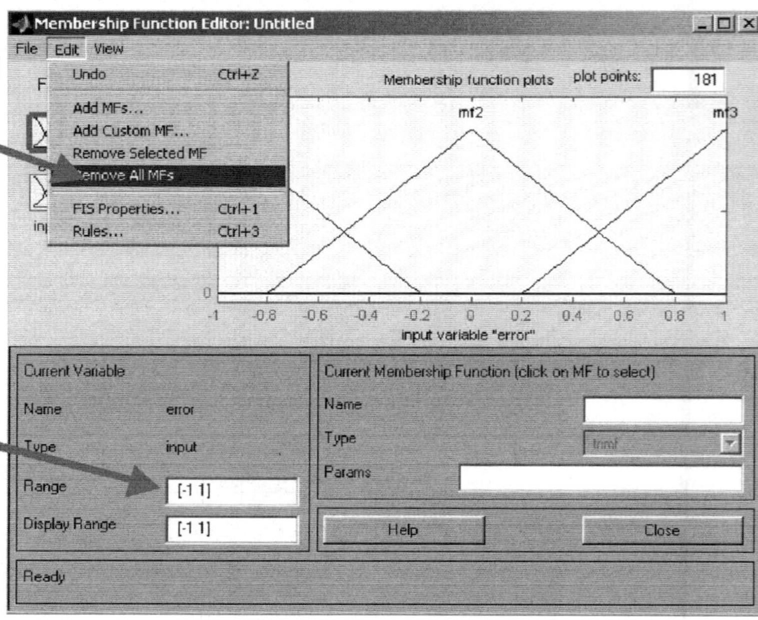

Defina a faixa entre

[-1 1]

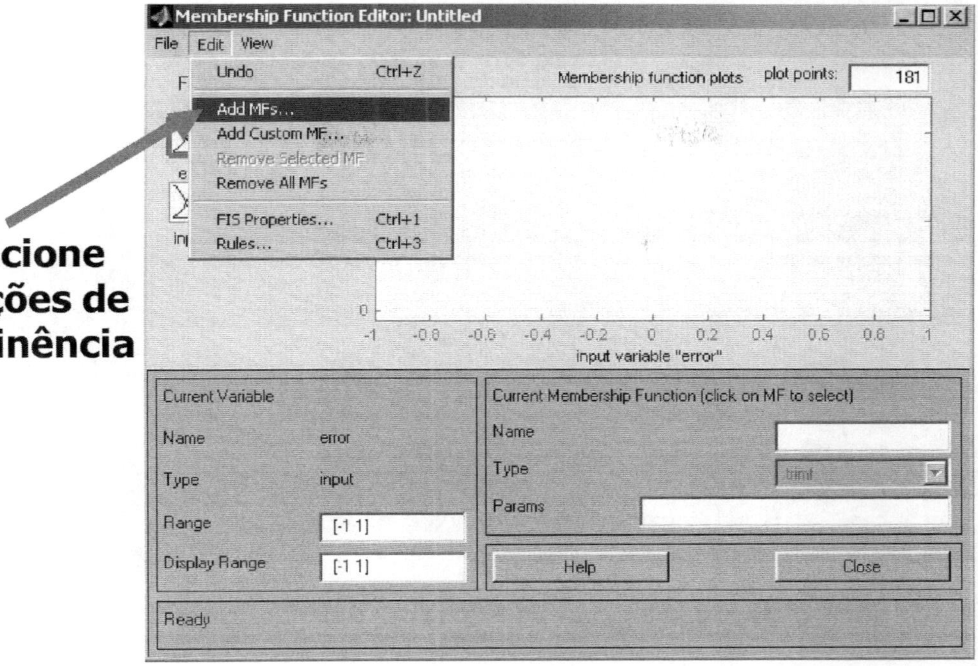

Adicione funções de pertinência

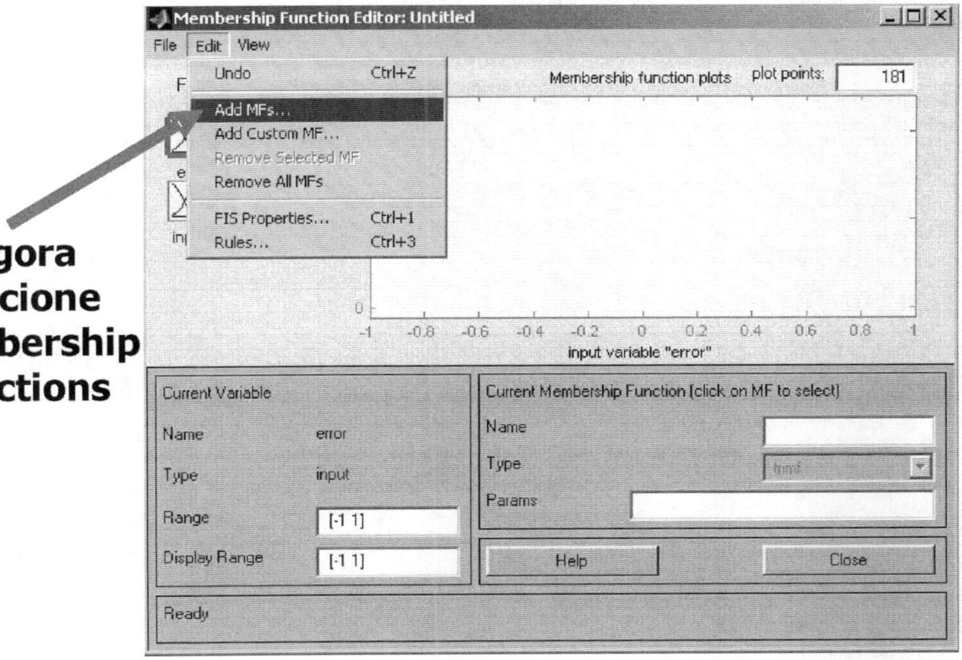

Agora adicione membership functions

- **Observando-se a Base de Regras é evidente a necessidade de sete partições fuzzy para a entrada "error".**
- **Sendo assim, o próximo passo é a criação de cinco partições triangulares e duas trapezoidais.**

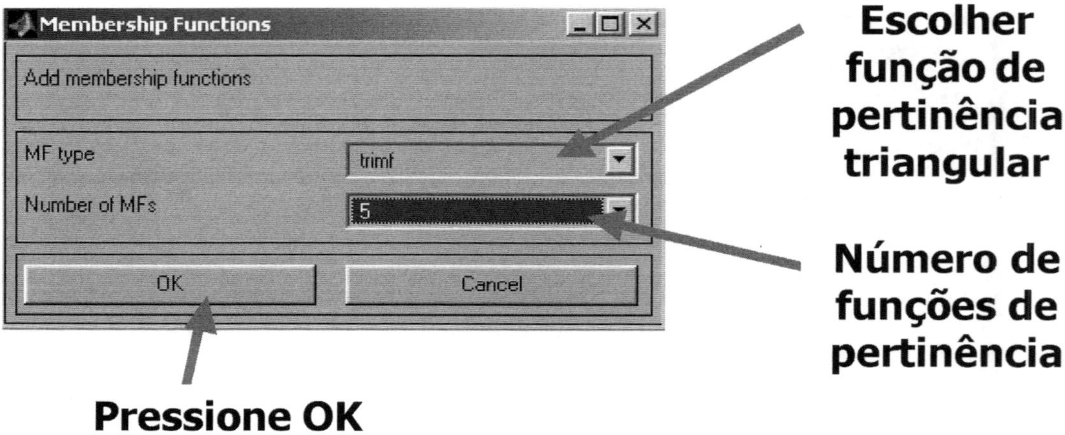

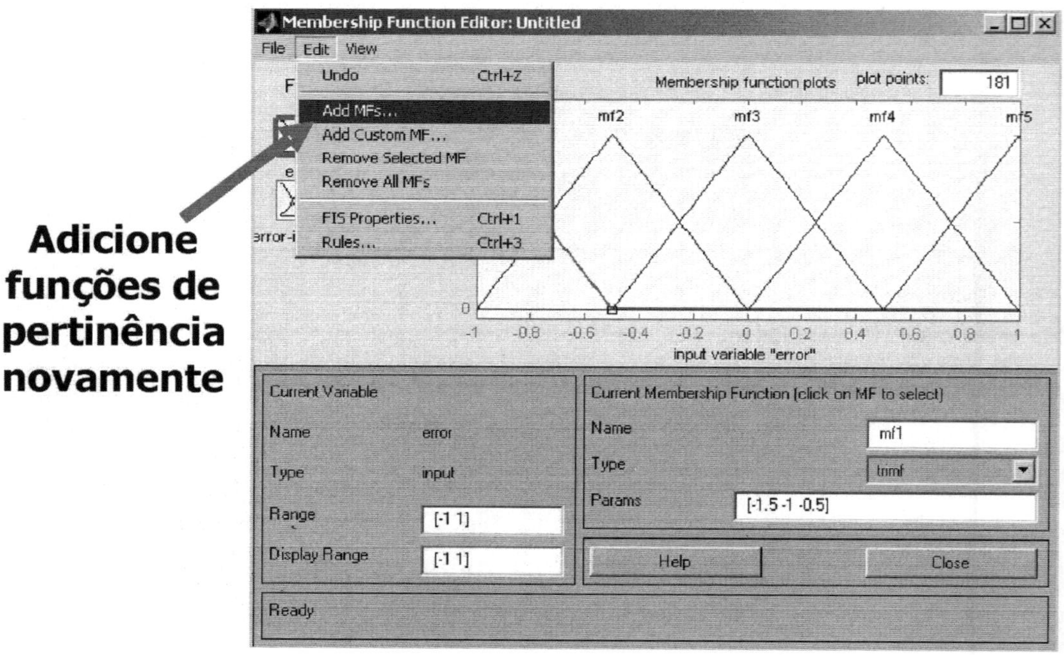

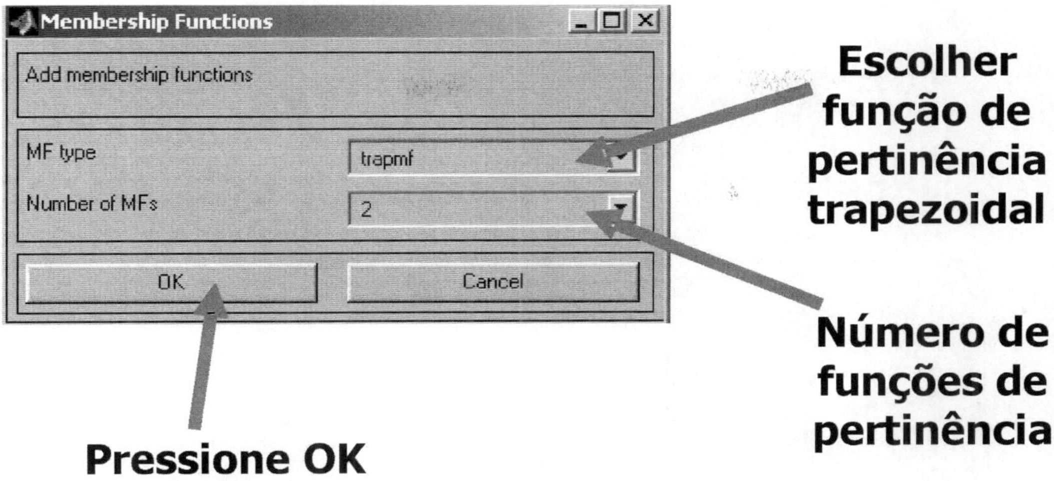
Membership Functions
Add membership functions
MF type
trapmf
Number of MFs
2
OK
Cancel
Escolher função de pertinência trapezoidal
Número de funções de pertinência
Pressione OK

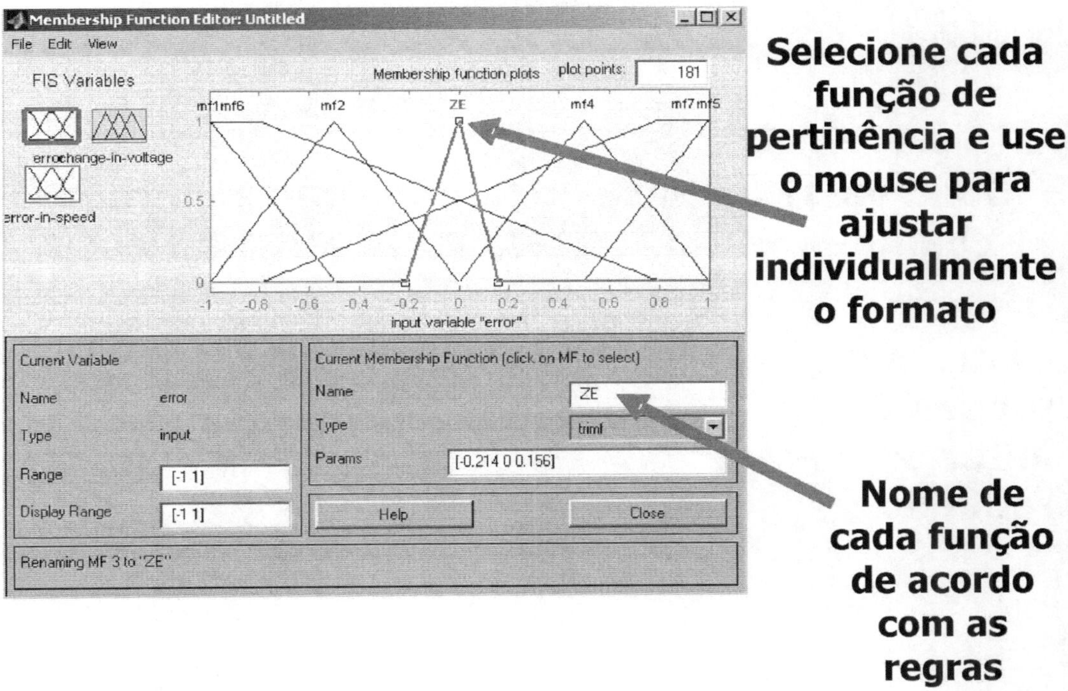
Membership Function Editor: Untitled
File Edit View
FIS Variables
Membership function plots
plot points:
181
errochange-in-voltage
error-in-speed
input variable "error"
Current Variable
Name
error
Type
input
Range
[-1 1]
Display Range
[-1 1]
Current Membership Function (click on MF to select)
Name
ZE
Type
trimf
Params
[-0.214 0 0.156]
Help
Close
Renaming MF 3 to "ZE"
Selecione cada função de pertinência e use o mouse para ajustar individualmente o formato
Nome de cada função de acordo com as regras

Após os ajustes :

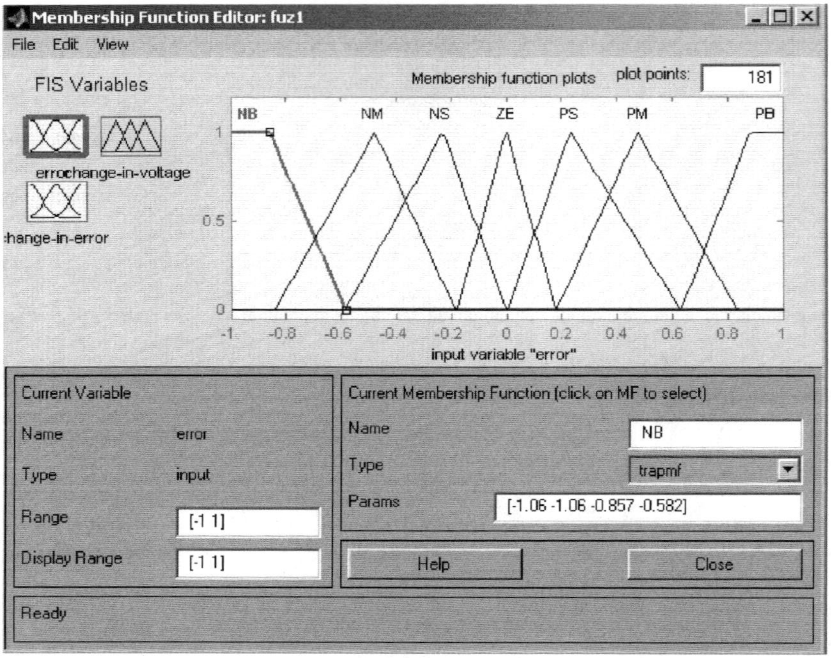

- **Observa-se na Base de Regras que a entrada "change-in-error" necessita de sete partições.**

O mesmo processo anterior é repetido

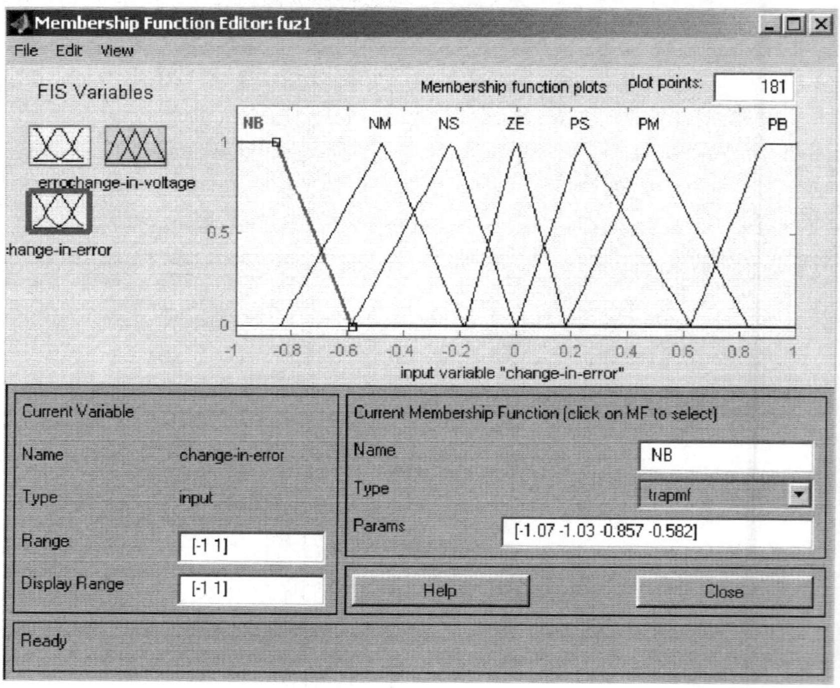

- **Observa-se na Base de Regras que a saída "change-in-voltage" necessita de nove partições.**

O mesmo processo anterior é repetido

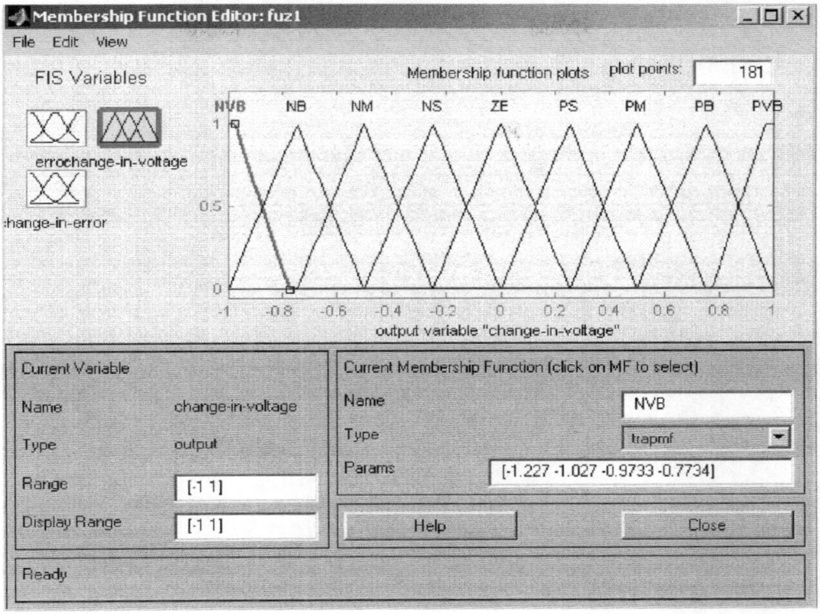

- **É necessário construir 49 regras de acordo com a Base de Regras**

Pressione duas vezes o bloco fuz1 para abrir o Rule Editor

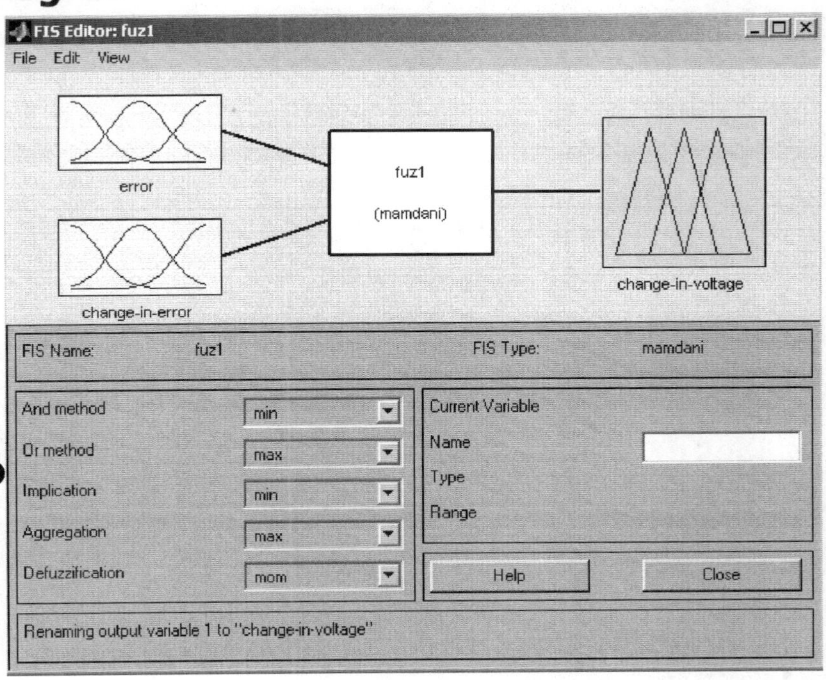

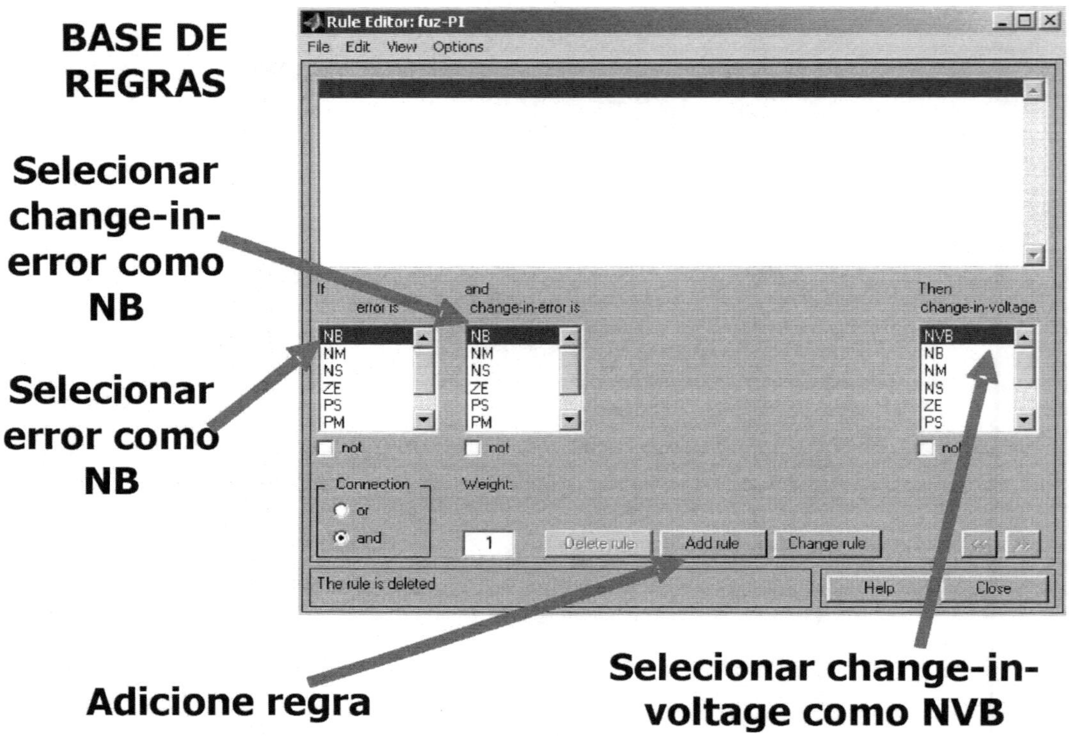
BASE DE REGRAS
Rule Editor: fuz-PI
File Edit View Options
If error is
and change-in-error is
Then change-in-voltage
NB NM NS ZE PS PM
NVB NB NM NS ZE PS
not
Connection
or
and
Weight:
1
Delete rule
Add rule
Change rule
The rule is deleted
Help
Close
Selecionar change-in-error como NB
Selecionar error como NB
Adicione regra
Selecionar change-in-voltage como NVB

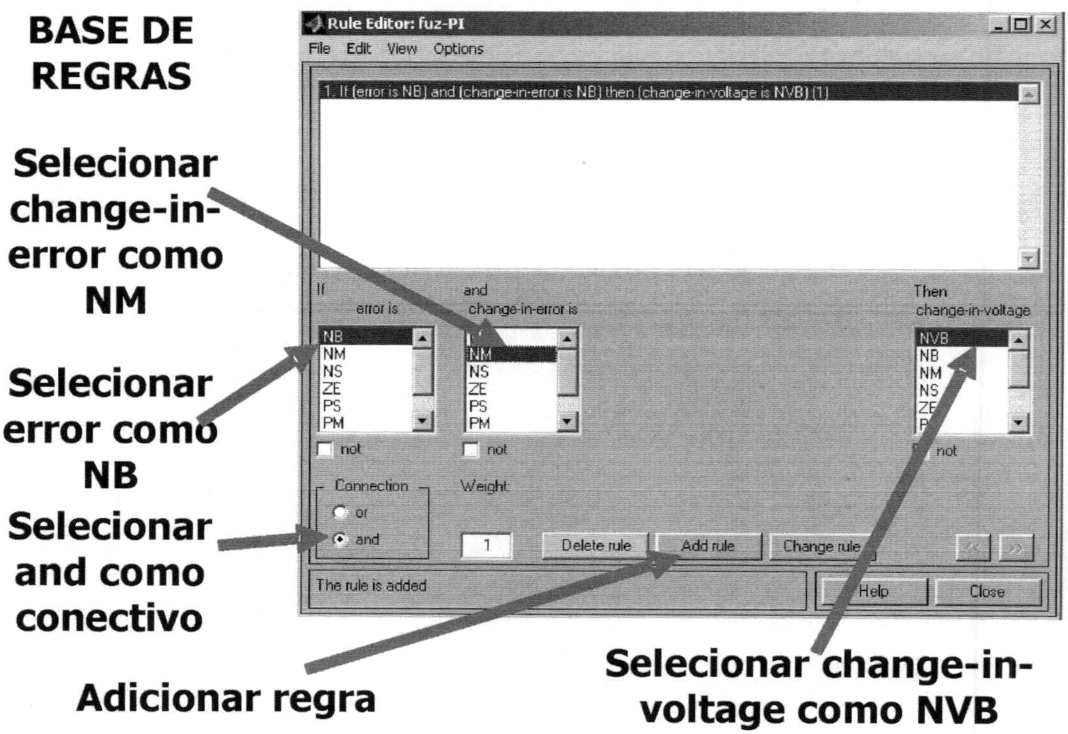
BASE DE REGRAS
Rule Editor: fuz-PI
File Edit View Options
1. If (error is NB) and (change-in-error is NB) then (change-in-voltage is NVB) (1)
If error is
and change-in-error is
Then change-in-voltage
not
Connection
or
and
Weight:
1
Delete rule
Add rule
Change rule
The rule is added
Help
Close
Selecionar change-in-error como NM
Selecionar error como NB
Selecionar and como conectivo
Adicionar regra
Selecionar change-in-voltage como NVB

Depois de adicionar as 49 regras :

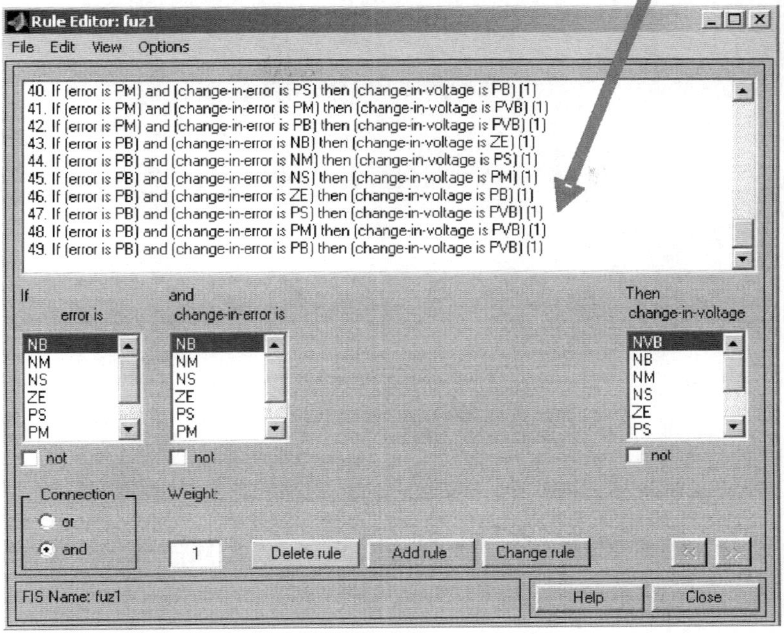

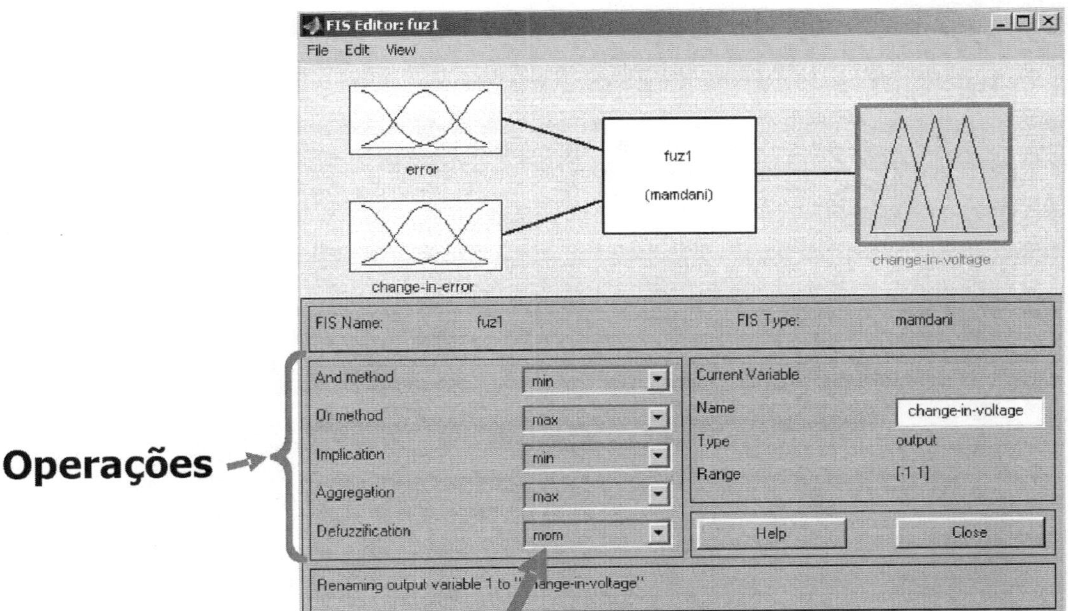

Pode-se escolher Middle-of-Maximum (mom) como o método de defuzzificação

- **De forma a se usar a estrutura fuzzy no Simulink é necessário inicialmente carregar tal arquivo . FIS no Matlab**

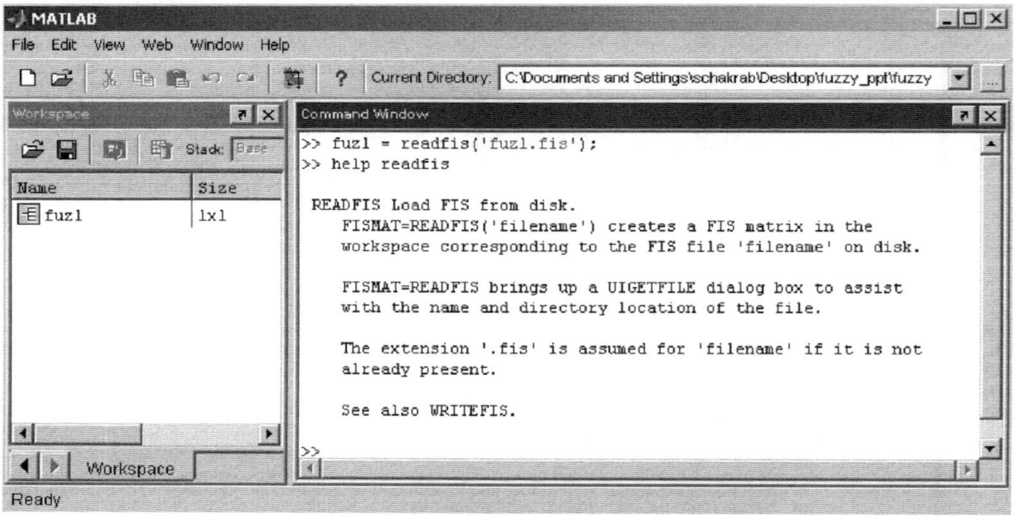

Salvar (Export) a estrutura fuzzy como um arquivo ".fis "

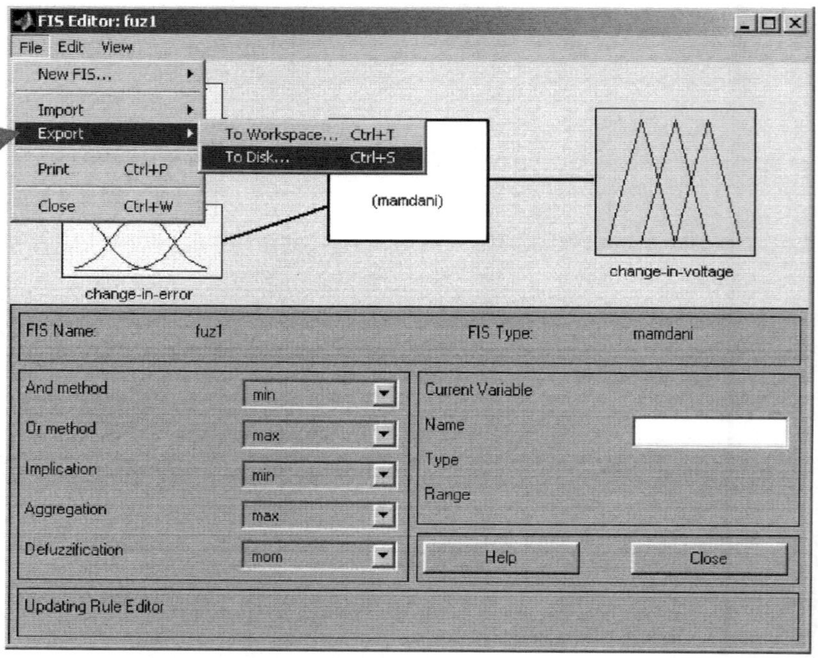

•Desenvolvimento da estrutura em Simulink

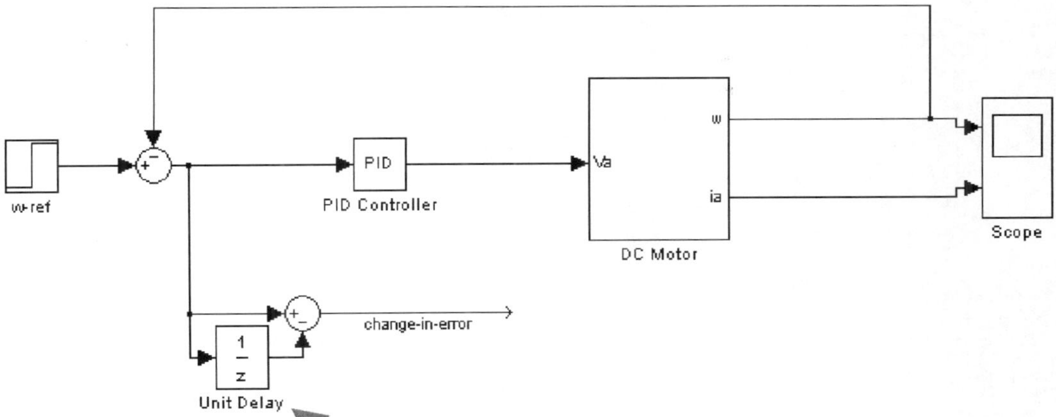

Retardo de 1e-4 segundo para obter "change-in-error"

normalização de "error" para

limitar "error" para

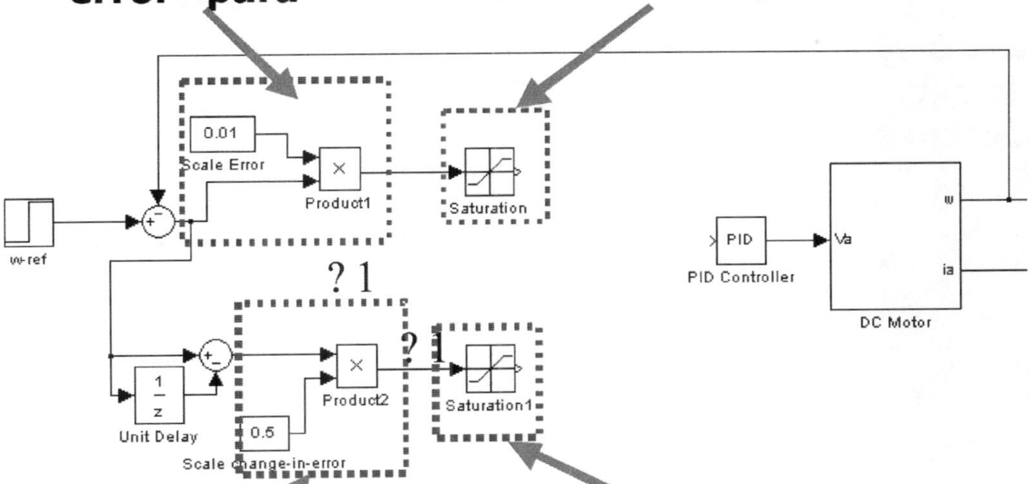

normalização de "change-in-error"

limitar "change-in-error" para

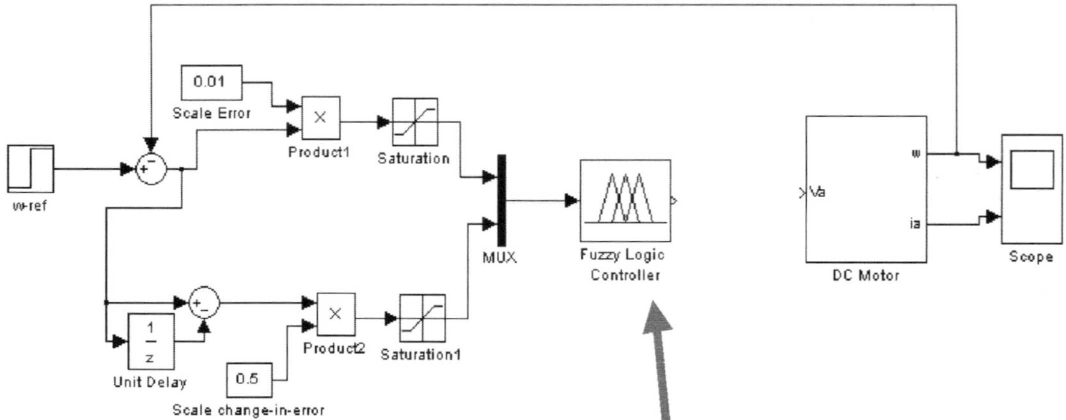

inserir o controlador fuzzy do Fuzzy Logic Toolbox

pressione o mouse duas vezes no bloco

Fuzzy Logic Controller

use o mesmo nome da estrutura fuzzy que foi desenvolvida

pressione OK

defuzzificação

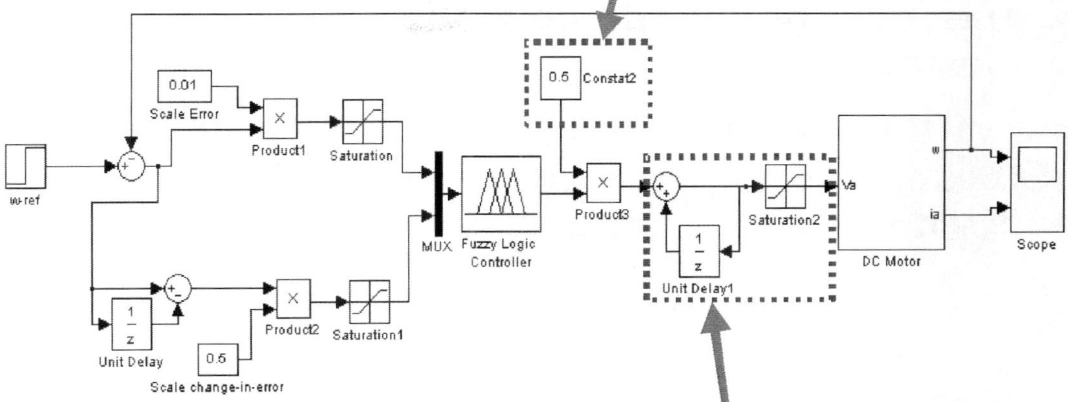

integração da variável "change-in-voltage" para obter a tensão de armadura, limitada a

resultados

PI simples

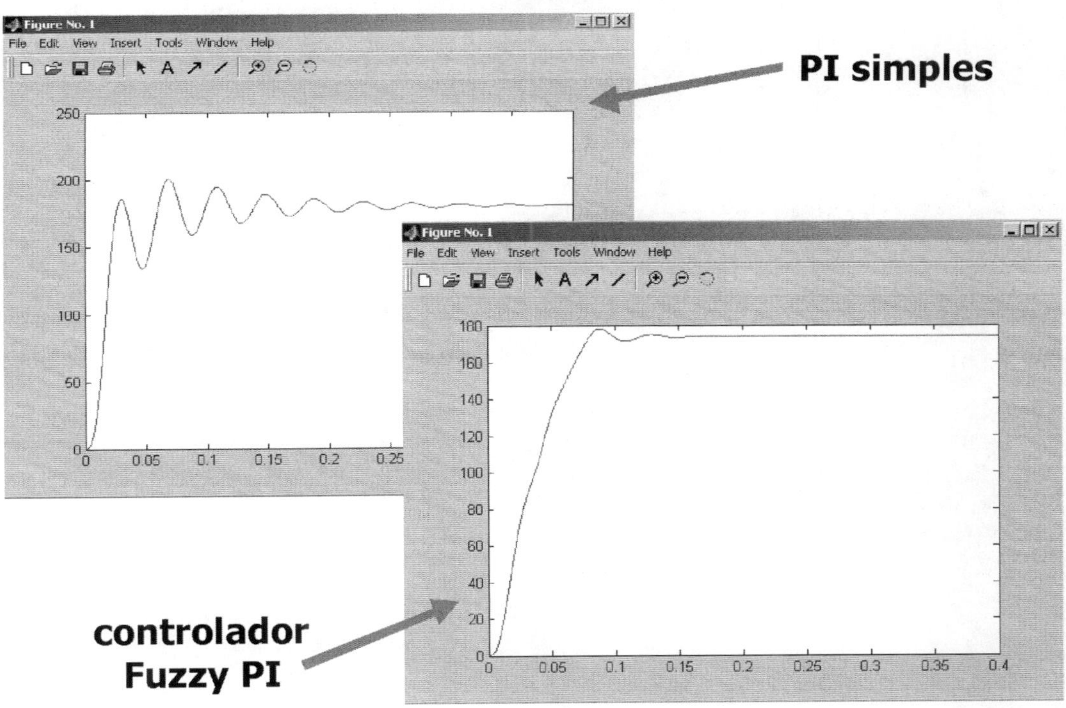

controlador Fuzzy PI

- **A mesma estrutura fuzzy pode ser utilizada para desenvolver um controlador Fuzzy PD**
- **Apenas os ganhos de normalização tem que ser ajustados**
- **Não há integração na saída do controlador fuzzy**
- **O ganho de defuzzificação na saída é muito maior devido à falta de integração**

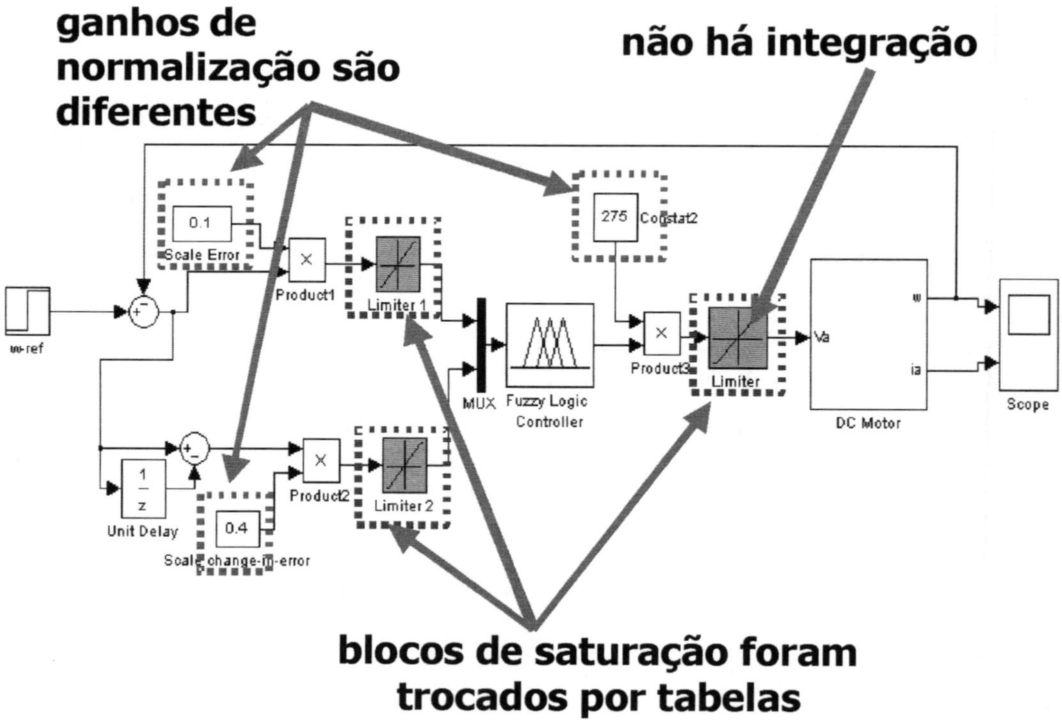

comparação entre Fuzzy PI e Fuzzy PD

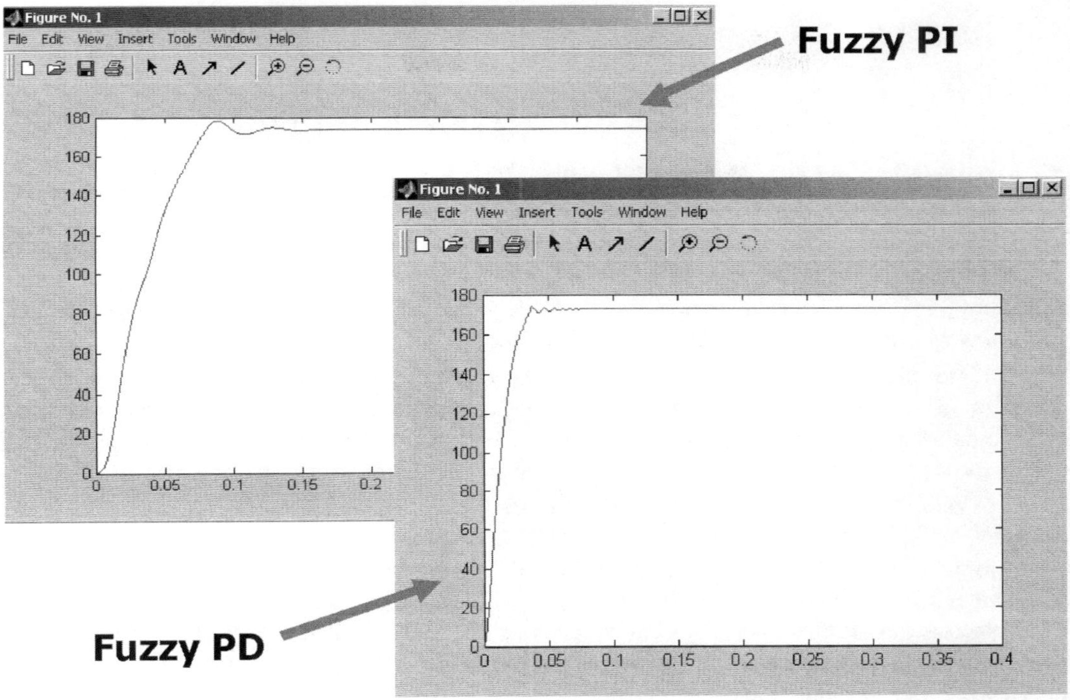

20 CONCLUSÕES

Este trabalho apresentou os conceitos necessários para a implementação de sistemas inteligentes em automação de processos industriais, enfocando tecnologias fundamentais para esse fim: *lógica e controle fuzzy, redes neurais* e a combinação de ambas nos sistemas neurofuzzy.

A lógica *fuzzy* representa uma forma inovadora de manuseio de informações imprecisas, fornecendo um método de traduzir expressões verbais, vagas, imprecisas e qualitativas, comuns na comunicação humana, em valores numéricos. Assim, a tecnologia *fuzzy* tem um imenso valor prático, na qual se torna possível a inclusão da experiência de operadores humanos, os quais controlam processos e plantas industriais em controladores computadorizados; além de possibilitar estratégias de tomadas de decisão em problemas complexos.

As redes neurais, através de algoritmos adequados, são estruturas computacionais que possibilitam o treinamento, ou aprendizado, de relações entre dados de entrada e saída, reconhecimento de padrões e correlações entre outras aplicações em engenharia. A união de sistemas *fuzzy* com redes neurais ocorre através de sistemas neurofuzzy, os quais aumentam a capacidade de aprendizado através de interface com dados numéricos.

Informações vagas, incertas, qualitativas, comunicações verbais, capacidade de aprendizado e de formulação de estratégias de tomadas de decisão são características humanas, portanto, a teoria *fuzzy*, redes neurais e redes neurofuzzy são freqüentemente referidos como *inteligentes,* devido ao fato de emularem a inteligência humana.

Visando a automação de sistemas industriais, deve-se levar em consideração que a aplicação de técnicas de sistemas inteligentes pode ser de alto retorno, seja pelo aumento de eficiência nos controladores, seja pela implementação automatizada de estratégias anteriormente delegadas apenas a operadores humanos.

Este trabalho cobriu, gradualmente, desde os conceitos teóricos necessários até exemplos práticos. Foram, inclusive propostas aplicações não convencionais de sistemas *fuzzy* paramétricos e de modelagem de comportamento de operadores; assuntos importantes para fundamentar uma excelente linha de pesquisa em controle e modelagem inteligente.

A lógica e controle *fuzzy*, os sistemas neurais e neurofuzzy, representam tecnologias emergentes, importantes para diversas aplicações em controle industrial, robótica, tomada de decisões complexas e planejamento estratégico. Devido à tamanha abrangência, espera-se que em breve tais disciplinas sejam inclusas em currículos regulares de faculdades e de escolas técnicas.

REFERÊNCIAS BIBLIOGRÁFICAS

[1] ALMEIDA PEM, *Redes Neurais CMAC Paramétricas: Fundamentos e Aplicações em Processamento de Sinais e Controle de Processos, Tese de Doutorado,* University of São Paulo (Escola Politécnica), Department of Mechatronics and Mechanical Systems, Brazil, 2002.

[2] ALMEIDA PEM, PEREIRA PT, SIMÕES MG "Mobile telephony RF mapping using fuzzy-CMAC neural networks" 27th Annual Conference of the IEEE Industrial Electronics Society, CD-ROM Proceedings, pp. 2080-2085, Denver, Colorado, Nov. 29 – Dec. 2, 2001.

[3] AEG: "A Fuzzy Logic Solution Using Standard *PLCs"*. SA Instrumentation and Control, February, 1994.

[4] BROWN M: "The Importance Of Understanding Your Controller". SA Instrumentation and Control, February, 1997.

[5] BROWN,M: "The State Of *PID* Control In South Africa". SA Instrumentation and Control, August, 1994.

[6] CARPENTER GA, GROSSBERG S, MARKUZON N, REYNOLDS JH, . ROSEN DB, "Fuzzy ARTMAP: a Neural Network Architecture For Incremental Supervised Learning Of Analog Multidimensional Maps," IEEE Trans. on Neural Networks, 1992, Vol 3,. pp. 698-713

[7] CASTRO, JL: "Fuzzy Logic Controllers Are Universal Approximators". Dep. Comput. Sci. Univ. Grenada, Artif.Int.Tech.Rep.DECSAI-93101, June, 1993.

[8] CHAKRABORTH S, SIMÕES MG "Fuzzy ARTMAP based forecast of renewable generation for a high frequency AC microgrid" 31st Annual Conference of the IEEE Industrial Electronics Society, CD-ROM Proceedings, pp. 762-767, Raleigh, North Carolina, Nov. 6 – 10, 2005.

[9] CORREA JM, HUTTO ED, FARRET FA, SIMÕES MG "A fuzzy-controlled pulse density modulation strategy for a series resonant inverter with wide load range," Proceedings of the 34th IEEE Power Electronics Specialists Conference, pp. 1650-1655, Acapulco, Mexico, June 2003.

[10] COX, E: "Adaptive Fuzzy Systems". IEEE Spectrum February, 1993, pp 27-31.

[11] CHILVERS R: "Fuzzy Control". Private correspondence, 1996.

[12] DUBOIS D, PRADE H: "Fuzzy Sets and Systems", Chapter 2, pp 191-192, Academic Press, New York, 1980.

[13] FARRET FA, SIMÕES MG *Integration of Alternative Sources of Energy*, John Wiley and Sons, ISBN 0-471-71232-9.

[14] FRIEDEL P: "Fuzzy And Neurofuzzy Application in The Consumer Market - a Philips Perspective". Dataweek, January, 1996.

[15] FROESE T: "Applying Fuzzy Logic and Neural Networks To Modern Process Control Systems". SA Instrumentation and Control, September 1994.

[16] FuzzyTECH 3.1 Explorer Manual and Reference Book, Revision 310, Dec 1993.

[17] FuzzyTECH-MP User Guide, Microchip Technology Inc, 1994.

[18] GRAHAM PG, NEWELL RB: "Fuzzy Adaptive Control of a First-Order Pro- cess." Fuzzy Sets and Systems, 1989, Vol 31, pp 47-65.

[19] GUPTA MM, KNOPF GK: "Fuzzy Neural Network Approach to Control Systems," Proc. of First Int. Symp. on Uncertainty Modeling and Analysis," Maryland, Dec. 3-5, 1990, pp. 483-488.
[20] HARRIS CJ, MOORE CG, BROWN M: "Intelligent Control: Aspects of Fuzzy Logic and Neural Nets". World Scientific Publ., 1993, Singapore, ISBN 981-02-1042-6.
[21] HEBB D.O.: "The Organization Of Behavior".1949. Wiley, New York.
[22] HOHLFELD M: "The Roles Of Neural Networks and Fuzzy Logic In Process Optimization". SA Instrumentation and Control, February 1994.
[23] HOPFIELD JJ: "Neural Networks and Physical Systems With Emergent Collective Computational Abilities," Proc. Nat. Acad. Sci. U.S.A., vol. 79, pp. 2554-2558.
[24] HORIKAWA S, FURUHASHI T, OKUMA S, UCHIKAWA Y: "Composition Methods Of Fuzzy Neural Networks," Conf.Rec. IEEE/IECON 1990, pp. 1253-1258.
[25] ICHIMORI T, MAEDA A, FUNABASHI M, OHMORI K, KOMETANI N: "Improving Fuzzy Knowledge Using a Network Representation Of Fuzzy Logic Inference Procedure," Proc. of IEEE Intern. Workshop on Neuro-Fuzzy Control, March 22-23, Muroran, Japan, 1993, pp. 102-106.
[26] JAMES W: Psychology (Brief Course), 1890, Holt, New York.
[27] KAUFMANN A: "Introduction to the Theory of Fuzzy Subsets, Vol.I." Academic Press, 1975.
[28] KAYA A: "An Intelligent *PID* Control Algorithm By Neural Networks". Proc. IFAC Symp. Int.Comp.and Instr.for Contr.Appl.,Malaga, Spain, May, 1992, pp 417-420.
[29] KEINDL H, RUGER JJ: "Fast Real-Time Fuzzy Controller Realization and Computer-Aided Proof Of Stability." First European Congress on Fuzzy and Intelligent Technologies, EUFIT'93, September, 1993, Aachen, Germany.
[30] KIM T, *Development of a Fuzzy Logic Based Utilization Predictor Model for Hard Rock Tunnel Boring Machines, Doctoral Thesis,* Colorado School of Mines, USA, 2004.
[31] KIM MH, SIMÕES MG, BOSE BK: "Neural Network Based Estimation Of Power Electronic Waveforms," IEEE Transactions on Power Electronics, March, 1996, Vol. 11 No.2 , pp. 383-389
[32] KING PJ, MAMDANI EH: "The Application of Fuzzy Control Systems to Industrial Processes" Automatica, 1977, Vol 13, No 3, pp 235-242.
[33] KLEINMAN DI, BARON S, LEVISON WH: "A Control-Theoretic Approach to Manned-Vehicle Systems Analysis" IEEE Trans.Aut.Contr., Vol 16, pp 824-832.
[34] KLIMASAUSKAS CC: "Applying Neural Networks, Part III. Training a Neural Network" PC AI Magazine, May/June 1991, pp 20-24.
[35] KOSKO B: "Neural Networks and Fuzzy Systems" Prentice Hall, 1992.
[36] KOSKO B: "Fuzzy Thinking: the New Science of Fuzzy Logic" Hyperion, New York, 1993.
[37] KRUGER JJ, SHAW IS: "A Fuzzy Learning System Emulating a Human Tracking Operator" 9th IFAC/IFORS Symp. On Sys.Ident. and Contr. Budapest, Hungary, 1991, Vol 2, pp 1266-1271.
[38] KRUGER JJ, SHAW IS: "The Application of a New Fuzzy Model Identification Technique To a Human Tracking Control Operator" First Symp.on Uncertainty Model-ing, 1990, Univ. of Maryland, College Pk, Md, USA.
[39] LEE CC: "Fuzzy Logic in Control Systems: Fuzzy Logic Controller, Parts I and II", IEEE Trans. Sys.Man.Cybern.1990, Vol 20, No 2, pp 404-435.
[40] MAMDANI EH: "Application of Fuzzy Logic to Approximate Reasoning Using Linguistic Synthesis" IEEE Trans. on Computers, 1977, Vol C-26, pp 1182-1191.
[41] MAMDANI EH, ASSILIAN S: "An Experiment in Linguistic Synthesis With a Fuzzy Logic Controller" Internat.J.Man-Machine Studies, 1975, Vol 7, No 1, pp 1 - 13.

[42] McRUER DT, GRAHAM D: "Pilot-Vehicle Control System Analysis, Guidance and Control" In LANGFORD RC, MUNDO CJ, Eds. Progress in Aeronautics, 1964, Vol 13, Academic Press, New York.

[43] McRUER DT, GRAHAM D, KRENDEL ES, REISENER W: "Human Pilot Dynamics in Compensatory Systems" AFFDL-TR-65-15. US Air Force, 1965.

[44] MCCULLOCH WS , W. PITTS W: "A Logical Calculus Of The Ideas Imminent In Nervous Activity" Bull. Math. Biophys. Vol. 5, pp. 115-133.

[45] MEIRELES, MRF, ALMEIDA PEM, SIMÕES MG "A comprehensive review for industrial applicability of artificial neural networks" IEEE Transactions on Industrial Electronics, Vol. 50, no. 3 , June 2003, pp. 585 –601

[46] MINSKY M, PAPERT S: Perceptrons, MIT Press, Cambridge, Mass., 1969.

[47] MORS W, SHAW IS, VAN WYK JD: "The Development of a Fuzzy Controller for Traction Effort of a Resistor-Technology Locomotive" Electric Power Engineering Conference, EPE'95, September 1995, Seville, Spain.

[48] NAKAMURA M: "Fuzzy Logic Helps In Sequential Control Systems" SA Instrumentation and Control, Sep 1993.

[49] NETO JLS, ROLIM LG, SUEMITSU W, HENRIQUES LO, BRANCO PJC, SIMÕES MG "Application of learning methodologies in control of power electronics drives" IEEE - International Symposium on Industrial Electronics, June 9 to 11, Rio de Janeiro, Brazil, 2003.

[50] NGUYEN DH, WIDROW B: "Neural Networks for Self-Learning Systems" IEEE Control Systems Magazine, April 1990, pp 18-23

[51] OMRON ELECTRONICS: "Fuzzy Logic: A 21st Century Technology. An Introduction to Fuzzy Logic and Its Application in Control Systems" Cat.No. FUZ-1A 11/91/3M

[52] OPITZ HP: "Fuzzy Control and Stability Criteria" First European Congress on Fuzzy and Intelligent Technologies, EUFIT'93), Sep 1993, Aachen, Germany.

[53] PARKER D: "Learning Logic" Stanford University, Dept. Electr. Eng, Invention Report 681-64, Oct. 1982.

[54] PASSINO KM: "Intelligent Control for Autonomous Systems" IEEE Spectrum, June 1995, pp 55-62. PC AI Magazine, May/June 1991, pp 20-24

[55] PELÁEZ FJR *Redes Neurais e Lógica Fuzzy sob a Perspectiva de uma Teoria Algébrica de Probabilidade, Tese de Doutorado,* University of São Paulo (Escola Politécnica), Department of Mechatronics and Mechanical Systems, Brazil, 2001.

[56] PFEIFFER BM, ISERMANN R: "Criteria for Successful Applications of Fuzzy Control" Engineering Appl. of Artificial Intell. 1994, Vol 7, No 3, pp 245-253

[57] POSTLETHWAITE B: "A Model-Based Fuzzy Controller" Trans. I. Chem. E, 1994, Vol 72, Part A, pp 39-46.

[58] POSTLETHWAITE B: "Empirical Comparison Of Methods Of Fuzzy Relational Identification" IEE Proceedings-D, 1991, Vol 138, pp 199-206.

[59] POULTON EC: "Tracking Skill and Manual Control" Academic Press,1974, New York.

[60] PROCZYK TJ, MAMDANI EH: "A Linguistic Self-Organizing Process Controller" Automatica, 1979, Vol 15, pp 15-30.

[61] RAGADE RK, GUPTA MM: "Fuzzy Set Theory: An Introduction. In: Fuzzy Automata and Decision Processes", Eds. Gupta, MM, Saridis, GN, Gaines BR. North Holland, 1976.

[62] RIDLEY JN: "Fuzzy Set Theory and Prediction of Dynamic Systems" Fulcrum, 1988, Vol 18, pp 1 - 5.

[63] RIDLEY JN, SHAW IS, KRUGER JJ: "Probabilistic Fuzzy Model for Dynamic Systems" Electronics Letters, 1988, Vol 24, No 14, pp 890-892.

[64] ROSENBLAT F: Principles of Neurodynamics, 1962, Spartan, New York.

[65] RUGER JJ, FRENCK CH, MICHALSKE A, KIENDL H: "The Vector Field Method for Stability Analysis: A Case Study" Second European Congress On Fuzzy And Intelligent Technologies, EUFIT'94 Conference Sep 1994, Aachen, Germany pp 291-294.

[66] RUMELHART DE, HINTON GF, WILLIAMS RJ: "Learning Internal Representations By Error Propagation" in: Parallel Distributed Processing: Exploration in the Microstructure of Cognition, Vol. 1 Foundations, PDP Research Group, MIT Press/Bradford Books, Cambridge, Mass., 1986.

[67] RUTHERFORD DA, BLOORE GC: "The Implementation Of Fuzzy Algorithms In Control" Proc. IEEE, April 1978.

[68] SHAW IS: "Introducing Fuzzy Logic" Computech, 1992, Vol 8, No 3,4,5,6.

[69] SHAW IS, KRUGER JJ: "New Fuzzy Learning Model with Recursive Estimation for Dynamic Systems" Fuzzy Sets and Systems, 1992, Vol 48, pp 217-229

[70] SHAW IS, KRUGER JJ: "New Approach to Fuzzy Learning in Dynamic Systems" Electron. Lettrs, 1989, Vol 12, No 25, pp 796-797.

[71] SHAW IS: "Fuzzy Model of a Human Control Operator in a Compensatory Tracking Loop" Int. J. Man-Mach. Studies, 1993, Vol 39, pp 305-332.

[72] SHAW IS: "Fuzzy Logic - An Introduction" Elektron, July 1992, pp 8-12.

[73] SHAW IS, MORS W, VAN WYK JD: "Embedded Fuzzy Controller For a DC Locomotive" Trans. of the South African Inst.of Electr.Eng., June 1996, pp650-76.

[74] SHAW IS, KRUGER JJ: "A Computer Based Sampled Data System For The Investigation Of Human Control Operator Behavior In A Compensatory Tracking Loop" Monograph, 1989, Rand Afrikaans University, Cybernetics Laboratory, Johannesburg, Republic of South Africa.

[75] SHAW IS: "Expert Fuzzy Control Based Upon Man-In-The-Loop Identification" Doctoral Dissertation,1990, Rand Afrikaans University, Johannesburg, Republic of South Africa.

[76] SHAW IS: "Neural Network Based Controller for The Balancing Tank Of a Wastewater Treatment Plant" South African Inst.of Chem.Eng. Journal, Fourth Quarter 1993, pp 12-17.

[77] SHERIDAN TB, FERREL WR: "Man-Machine Systems Information, Control and Decision Models of Human Performance" The MIT Press, 1974.Cambridge, Mass.USA.

[78] SIEMENS: "Fuzzy Control Implemented in Siemens DCS" SA Instrumentation and Control, July 1993.

[79] SIEMENS: "Fuzzy Control: The Clear Answer to Plant Optimization Problems" Pamphlet No.E80001-V0380-A023-X-7600.

[80] SIMÕES MG, BOSE BK, SPIEGEL RJ: "Design and Performance Evaluation Of a Fuzzy Logic Based Variable-Speed Wind Generation System" IEEE Transactions on Industry Applications, July/August 1997, Vol. 33, pp. 956-965.

[81] SIMÕES MG, BOSE BK, SPIEGEL RJ: "Fuzzy Logic Based Intelligent Control Of a Variable Speed Cage Machine Wind Generation System" IEEE Transactions on Power Electronics, Vol. 12, pp. 87-95, January, 1997.

[82] SIMÕES MG, BOSE BK: "Neural Network Based Estimation of Feedback Signals For a Vector Controlled Induction Motor Drive" IEEE Transactions on Industry Applications, May/June 1995, Vol. 31, pp. 620-629.

[83] SIMÕES MG, BOSE BK: "Application of Fuzzy Neural Network in the Estimation Of Distorted Waveforms" IEEE International Symposium on Industrial Electronics, pp. 415-420, Warsaw, Poland, June, 1996.

[84] SIMÕES MG, BOSE BK: "Application of Fuzzy Logic In the Estimation Of Power Electronic Waveforms" Industry Applications Society Annual Meeting (IEEE-IAS), Vol. II, pp. 853-861, Toronto, Canada,October, 1993.

[85] SIMÕES MG: "Fuzzy Logic and Neural Network Based Advanced Control and Estimation

Techniques in Power Electronics and AC Drives," Ph.D. Dissertation, The University of Tennessee, Dec. 1995.

[86] SIMÕES MG, BOSE BK "Fuzzy neural network based estimation of power electronic waveforms," III Congresso Brasileiro de Eletrônica de Potência (COBEP'95), pp. 211-216, Sao Paulo (Brazil), Dec. 1995.

[87] SIMÕES MG, KIM T. "Fuzzy modeling approaches for the prediction of machine utilization in hard rock tunnel boring machines (TBM)" IAS 2006 Annual Meeting, Tampa, Florida, USA, October 8 – 12, CD-ROM Proceedings Paper # 06_IAS23-P4, 2006.

[88] SIMÕES MG, FRANCESCHETTI NN "Fuzzy optimization based control of a solar array system" IEE Proceedings - Electric Power Applications, September 1999, vol. 146, Issue 5, pp. 552-558, Sept. 1999.

[89] SIMÕES MG "Compensatory multicriteria aggregation algorithm" Journal of Advanced Computational Intelligence (JACI), Fuji Technology Press Ltd. ISSN 1343-0130, pp. 289-298, vol.3, no.4, 1999.

[90] SIMÕES MG, FRANCESCHETTI NN, BOSE BK "Otimização de um sistema de geração de energia eólica através de controle fuzzy" [Optimization of a wind energy generator system using fuzzy logic] Revista Controle e Automação, v. 10, no. 1, pp 48-58, Jan./April, 1999.

[91] SIMÕES MG, FRIEDHOFER M. "An implementation methodology of a fuzzy based decision support algorithm," International Journal of Knowledge-Based Intelligent Engineering Systems, vol.1 no. 4, pp. 267-275, October 1997.

[92] SIMÕES MG "Intelligent control based vertical-axis wind turbine system" Journal of the Brazilian Society of Mechanical Sciences, Published by Brazilian Society of Mechanical Sciences (ABCM), Indexed in Applied Mechanics Reviews, ISSN 0100-7386, Rio de Janeiro, vol.19 no.7, p. 518-530, December/1997.

[93] SIMÕES MG, BOSE BK "Fuzzy neural network based estimation of power electronics waveforms" Revista da Sociedade Brasileira de Eletrônica de Potência, vol.1 no. 1, pp. 64-70, June 1996.

[94] SIMÕES MG, FARRET FA *Renewable Energy Systems: Design and Analysis with Induction Generators*, CRC Press, ISBN 0-8493-2031-3.

[95] SOUZA GCD, BOSE BK, SIMÕES MG "A simulation-implementation methodology of a fuzzy logic based control system" Revista da Sociedade Brasileira de Eletrônica de Potência, vol.2 no. 1, pp. 61-68, June 1997.

[96] STEPHANOPOULOS G: "Chemical Process Control" Prentice Hall Internat'l Edition,1984.

[97] STREFEZZA M, DOTE Y: "Neuro-Fuzzy Motor Controller" Proc. of IEEE Intern. Workshop on Neuro-Fuzzy Control, Mururan , Japan, 1993, pp. 72-79.

[98] SUGENO M, KANG GT: "Structure Identification of Fuzzy Model" Fuzzy Sets and Systems, 1988, Vol 28, No 1, pp 15-33.

[99] TONG RM: "A Control Engineering Review of Fuzzy Systems" Automatica, 1977, Vol 13.

[100] TONG RM: "A Retrospective View Of Fuzzy Control Systems" Fuzzy Sets Syst, 1984, Vol 14.

[101] TAGAKI T, SUGENO M: "Fuzzy Identification Of Systems And its Applications to Modeling and Control" IEEE Trans. Sys.Man.Cybern., 1985, Vol 15, No 1, pp 116-132.

[102] U.S. Patent # 5,652,485, July 29th 1997, "Fuzzy logic integrated electrical control of wind generation system" B.K.Bose and R. Spiegel. This patent was derived from Marcelo Godoy Simões doctoral research.

[103] VERBRUGGEN HB, BABUSKA R: "An Overview Of Fuzzy Modeling for Control" Control Eng. Practice, 1996, Vol 4, No 11, pp 1593-1606.

[104] VON ALTROCK C: "Recent Successful Fuzzy Logic Applications in Industrial Automation" 1996, EUFIT'96, Aachen, pp 1163-1169.

[105] VON ALTROCK C: "Fuzzy Logic and Neurofuzzy Applications Explained" Prentice Hall, 1995.

[106] STREFEZZA M, DOTE Y: "Neuro-Fuzzy Motor Controller" Proc. of IEEE Intern. Workshop on Neuro-Fuzzy Control, Mururan , Japan, 1993, pp. 72-79.

[107] WERBOS P: "Beyond Regression: New Tools for Prediction and Analysis In the Behavioral Sciences," Ph.D. Dissertation, Harvard University, Cambridge, MA, 1974.

[108] WERTH A: "Combining Neuro-Computers and Artificial Intelligence For Real Brainpower" SA Instrumentation and Control, July 1993.

[109] WIDROW B, HOFF M: "Adaptive Switching Circuits" Conv.Rec. WESCON 1960, Part IV, pp. 96-104

[110] WILLIS MJ, DIMASSIMO C, MONTAGUE GA, THAM A, MORRIS AJ: "Artificial Neural Networks In Process Engineering" IEE Proc-D Vol 138, No 3, pp 256-266.

[111] ZADEH LA: "Outline Of a New Approach To the Analysis of Complex Systems and Decision Processes" IEEE Trans. on Sys,Man, Cybern.,1973, Vol 3, pp 28-44

[112] ZADEH LA: "Is Possibility Different From Probability?" Human Sys.Mngmt, 1983, Vol 3.

[113] ZIMMERMANN HJ: "Fuzzy Set Theory and Its Applications" Second ed., Boston 1991.

[114] XU CW, LU YZ: "Fuzzy Model Identification and Self-Learning for Dynamic Systems" IEEE Trans.Sys.Man.Cybern., 1987, Vol 17, No 4, pp 683-689.

[115] YAMAKAWA T: "Intrinsic Fuzzy Electronics Circuits For Sixth Generation Computer" In GUPTA MM, YAMAKAWA T, Eds. Fuzzy Computing, North Holland, Elsevier, 1988.